SPEECH AND ELOQUENCE

高海霞——主编

高等院校通识教育新形态系列教材

演讲与口才

慕课版

人民邮电出版社

北京

图书在版编目（CIP）数据

演讲与口才：慕课版 / 高海霞主编. -- 北京：人
民邮电出版社，2021.8（2022.8重印）
高等院校通识教育新形态系列教材
ISBN 978-7-115-56957-8

Ⅰ．①演… Ⅱ．①高… Ⅲ．①演讲－高等学校－教材
②口才学－高等学校－教材 Ⅳ．①H019

中国版本图书馆CIP数据核字(2021)第140532号

内 容 提 要

本书以口头表达能力为基础，以演讲方法与技巧为核心，通过专题的形式，进行演讲与口才的系
统化训练。本书的主要内容包括初识演讲与口才，撰写条理清晰的演讲稿，提升演讲语言的感染力，
演讲时身体语言的运用，用演示文稿打造高规格演讲，有效掌控演讲现场，有感而发的即兴演讲，展
示职场才能的语言表达，彰显企业形象的商务型演讲，以及快速打动客户的营销语言等，让读者在较
短的时间内掌握公开演讲的方法与技巧，能满怀自信地走到公众面前进行演讲，同时提高日常人际交
往中的口才。

另外，本书融入了课程思政元素，配套思政讲堂音频，还提供了精讲的慕课视频，读者可以通过
扫描二维码收听和观看。

本书可作为本科与高职院校演讲与口才课程的教材，也可供各行各业的培训讲师和演讲爱好者参
考学习。

- ◆ 主　　编　高海霞
　　责任编辑　楼雪樵
　　责任印制　王　郁　焦志炜
- ◆ 人民邮电出版社出版发行　　北京市丰台区成寿寺路 11 号
　　邮编　100164　　电子邮件　315@ptpress.com.cn
　　网址　https://www.ptpress.com.cn
　　涿州市京南印刷厂印刷
- ◆ 开本：787×1092　1/16
　　印张：15　　　　　　　　　　2021 年 8 月第 1 版
　　字数：377 千字　　　　　　　2022 年 8 月河北第 2 次印刷

定价：49.80 元

读者服务热线：**(010)81055256**　印装质量热线：**(010)81055316**
反盗版热线：**(010)81055315**
广告经营许可证：京东市监广登字 20170147 号

在当今社会，口才已经成为一项非常重要的技能。好口才能让一个人应对自如，是交际中的"金钥匙"。拥有好的口才，能让一个人充分展示自我，引起他人的兴趣与关注，受到他人的欢迎与认可。

对于奋斗在职场的人来说，演讲与口才是在职场生存发展的一项必备技能。当众演讲的能力决定着一个人的沟通能力、影响力、竞争力和领导力，甚至可以说，一个人能面对多少人，在一定程度上代表了他会有多大的成就。因此，要想走进成功人士的行列，就要掌握一定的演讲能力。

演讲是一门艺术，它虽然不是朗诵，但要像朗诵那样充满激情；它虽然不是播音，但要像播音那样字正腔圆；它虽然不是讲故事，但要像讲故事那样绘声绘色；它虽然不是主持，但要像主持那样即兴发挥。演讲是一门学问，需要长期的学习与训练，一旦掌握了演讲的方法与技巧，必将终生受益。一流的演讲不但有深度，而且有感染力，它能帮助演讲者获得人气、吸引力、说服力、思维影响力和资源掌控力。

本书共有10个单元、29个专题，针对读者的需求，以口头表达能力为基础，以演讲方法与技巧为核心，进行演讲与口才的系统化训练，旨在培养读者优秀的口头表达能力，提高其当众演讲的水平。

本书集知识性、实践性、趣味性于一体，兼具以下特色。

• **内容新颖，生动易学**：本书摒弃了传统教材枯燥无味的说教模式，秉持"好懂、好看、好学"的编写原则，内容深入浅出、形象生动，能够引发读者的学习兴趣，启发读者积极思考与实践，让学习过程变得生动有趣。

• **学练并举，注重实践**：本书在编写时注重理论知识与实践练习相结合，教、学、练相辅相成，突出实用性和训练性，强调"学、做、行"一体化。专题中对知识点设有"即时演练"板块，让读者在学中做、做中学，达到敢说、能说、会说的学习效果。

• **体例新颖，形式多样**：本书每个单元都设有"课前思考"，让读者有的放矢，明确学习目标。本书以"情景还原"案例引入专题内容，在正文中穿插"小故事大道理""即时演练""情景还原解析"等栏目，有助于读者深入理解、掌握和运用相关知识与技巧。此外，每个单元的最后都设有"回顾·思考·讨论·应用"板块，让读者及时巩固所学知识。

前 言 FOREWORD

- **配套慕课视频**：本书配套了全套慕课视频，读者可以扫码观看、学习，扩展知识面，提高素质，培养高尚的道德情操。

- **资源丰富，方便教学**：本书提供了丰富的教学资源，包括PPT、教学大纲、教案、习题答案、模拟试卷等，读者可以在人邮教育社区（www.ryjiaoyu.com）搜索本书书名下载获取。

本书由杭州电子科技大学高海霞主编，受浙江省高等教育教学改革研究项目（项目编号：jg20190155）资助。特别感谢素言聚量电商为本书提供的图片及视频拍摄服务。尽管在编写过程中力求准确、完善，但书中难免有疏漏与不足之处，敬请广大读者批评指正。

编　者

2021年2月

CONTENTS **目　录**

第七单元　有感而发的即兴演讲　　　　137

10

第十单元　快速打动客户的营销语言　　　207

第一单元
初识演讲与口才

人们每天都在说话，但是未必人人都会说话。正所谓"慧于心而秀于口"，一个会说话的人在与他人交流时对答如流、有条不紊、准确得体、巧妙有趣，能让他从人群中脱颖而出，在竞争中抓住机遇。演讲是口才的一种高层次的表现形式，在人们的生活与工作中发挥着重要的作用。当今社会，学习演讲与口才的相关知识，掌握演讲能力，拥有一副良好的口才是非常重要的。

课前思考

1. 为什么新生入学、毕业生毕业时，很多大学的校长会在开学典礼或毕业典礼上发表演讲？什么样的演讲更能打动学生并引起学生的共鸣？

2. 演讲和口才对我们的现实人生有怎样的影响？

3. 我们应该如何学好演讲与口才这门课程，以提高自己的语言表达能力？

初识演讲与口才

情景还原

一次尴尬的发言

杨涛是MT公司销售部的主管，具有很强的管理能力，在他的带领下，整个团队的销售业绩非常好。在一次公司年会上，当公司的年度销售冠军，也就是杨涛部门的李静给大家分享完她的销售经验后，公司总经理突然要求没有事先准备的杨涛也上台给大家说几句话。

其实，杨涛平时和大家在一起时挺能说的，在面对客户时也能侃侃而谈，应对得游刃有余。但这次不知道怎么回事，当他站起来面对大家时，他感觉平时很熟悉的部门员工突然变得很陌生，公司其他部门的同事似乎都在用一种怀疑的眼神看着他。他大脑一片空白，竟然一句话也说不出来，只好在大家的惊讶中下了台。

这件事过后，杨涛的情绪一直很低落。他心里总是在想："我是公司的金牌销售经理，竟然在总经理和员工面前出了一个这么大的洋相，丢人不丢人？"于是，杨涛下定决心要想办法提高自己当众讲话的能力。

请分析案例中造成杨涛站起来大脑一片空白的原因是什么，试着说一说当众演讲和平时生活中的谈话有什么不同。

专题一 初识演讲

演讲是一门综合性很强的社会实践活动，在时代与社会文明的不断发展中，演讲发挥着强烈又普遍的社会作用，具有独特的社会价值。

一、演讲的发展历程

演讲，又称讲演或演说，《现代汉语词典》对演讲的解释为："就某个问题对观众说明事理，发表见解。"《辞海》对演讲的解释为："在观众面前就某一问题表示自己的意见，或阐明某一事理。"这两种解释都指出了"演讲"的基本内涵：一是面对观众，二是就某个问题发表意见、说明事理。

通俗地讲，演讲是在特定的时空环境，一个人面对观众，借助有声语言和身体或态势语言等手段，发表意见，抒发情感，从而起到启迪和感召观众作用的一种信息交流活动。

演讲作为一种以语言为工具进行宣传教育的社会活动形式，有着渊远的发展历史，古今中外，凡是在历史发展的重要关头，每当社会激烈变革之时，演讲的特殊功能就表现得更加突出。

1. 演讲在西方的发展历程

从整个世界范围来看，公认的演讲起源地是古希腊，演讲的理论正是在那里诞生的。

早在公元前25世纪，古埃及人普霍特就写下了关于如何进行有效谈话的教谕。公元前5世纪，古希腊政治中心雅典进入了经济、文化、政治的全面繁荣时期，演讲也盛极一时。在这个时期，"智者学派"应运而生，他们在高尔吉亚、普罗塔格拉等一些知识渊博、口才出众的演讲高手的组织下，专门以传授演讲逻辑、辩论技巧等知识为业，大大地推动了演讲的发展。在"智者学派"的影响下，古希腊先后涌现出了一大批富有才华和声望的演讲家，如举世闻名的苏格拉底、柏拉图、亚里士多德、德摩斯蒂尼等。

公元前2世纪，随着古罗马在地中海霸权地位的确立，西方演讲艺术经过约两个世纪的衰落之后，又一次迎来了演讲史上的第二个"黄金时代"。这一时期出现了一些具有重要价值的演讲专著和西塞罗、昆提良等一批杰出的演讲家。

自14世纪开始，演讲艺术分为两种基本类型，除资产阶级原有的演讲艺术外，还有在农民运动中产生的演讲艺术。农民运动中涌现出了一批平民出身的演讲家，其中影响最大的是捷克的约翰·胡司。

新兴资产阶级在反封建的斗争中，也涌现出了一些杰出的宗教改革家，如德国的马丁·路德和托马斯·闵采尔等。

1640年，英国资产阶级革命拉开了西方演讲史上一个新时代的序幕。各国新兴资产阶级都充分而成功地运用演讲这一有力武器开展政治斗争和思想斗争，涌现出了许多著名演讲家，如康德、黑格尔、费尔巴哈、麦尔兹里阿科夫、帕特里克·亨利、丹尼尔·韦伯斯特等。

20世纪以来，西方的演讲理论逐渐完善并系统化，涌现了大量的演讲专著。人们对演讲的研究已经从重点研究演讲的方式、演讲的语言风格，发展到研究演讲学、演讲逻辑学、演讲心理学、演讲美学、论辩术、谈话术等全方位的研究，演讲活动和演讲学研究进入兴盛时期。

在资本主义发展的同时，无产阶级日益觉醒，逐步登上历史政治舞台，并出现了无产阶级演讲家，最著名的当属马克思和恩格斯。

当代西方，演讲进入了一个前所未有的历史时期。这一时期，演讲活动遍及各个地区、各个行业，演讲成为人们普遍使用的一种交流方式。在理论方面，演讲与美学、哲学、心理学、社会学等有机结合起来，演讲学的研究领域大大拓宽，过去单一研究演讲语言和方法的格局发生了改变。同时，演讲著作无论在数量还是在种类上，都远远超过演讲史上任何一个时期。

2. 演讲在中国的发展历程

在中国，演讲的历史也是源远流长，经久不衰。据《墨子·兼爱下》记载，公元前21世纪，夏禹在出征三苗之前为鼓舞士气，举行誓师动员大会，发表演讲："济济有众，咸听朕言，非惟小子，敢行称乱，蠢兹有苗，用天之罚……"

《尚书》中记载了殷商时期，盘庚为了迁都而发表的3次演讲。盘庚的《动员民众迁都》是我国古代保存下来的较为完整的演讲词，最早见于《尚书·盘庚篇》。

春秋战国时期是我国社会由奴隶制向封建制过渡的时期，也是思想文化极其活跃的时期。诸子百家和策士说客如雨后春笋，纷纷涌现。为了宣传自己的思想主张，他们或办学授徒，传播自己的政治信仰、道德观念，或游说列国诸侯，纵横捭阖，阐述兴国安邦之策，有力地推动了演讲活动的繁盛，出现了"百家争鸣"的局面，也涌现出了一批诸如孔子、孟子、商鞅、苏秦、张仪等为代表的能言善辩之士。

秦始皇一统天下之后，"百家争鸣"的风气受到压制，但作为人类社会实践活动的演讲，并未因此而绝脉，仍然以顽强的生命力或隐或现地发展着，在政治、经济、文化、教育、军事、外交等领域发挥着举足轻重的作用。

1840年鸦片战争以后，为了寻求救国救民的真理，许多仁人志士自觉地利用演讲这一有力的武器，或主张维新改良，或倡导民主革命。在这一时期，涌现出康有为、梁启超、孙中山、蔡培元等一大批著名的演讲家。

1919年，随着"五·四"运动的爆发，演讲在我国进入了一个崭新的历史时期。这一时期，演讲涉及的领域扩大了，演讲形式多样化了，演讲活动也由思想界、学术界普及到广大民众中间，掀起了一股群众性的演讲热潮，出现了大量的演讲社团。在这一时期，涌现出李大钊、陈独秀、胡适、鲁迅、马寅初、闻一多、朱自清等一批杰出的演讲家。

1949年，新中国的成立标志着一个伟大历史时代的开始。新中国成立初期，演讲活动一度兴盛，而后又经历了一段发展曲折的时期。

随着社会的发展和改革开放的持续深入，人们的思想得到了极大的解放，沉寂了数十年的演讲重放光彩，并获得了令人欣慰的发展，为我国的物质文明、精神文明、政治文明的发展和建设做出了重要贡献。演讲与口才的学术研究和理论创新也处于前所未有的繁荣状态。这一时期涌现出李燕杰、刘吉、邵守义、张海迪、蔡朝东等一大批演讲家。

演讲与中国的崛起

时至今日，各级演讲协会、演讲学研究会、演讲培训机构等如雨后春笋，层出不穷。各类学校和企业大都把演讲与口才能力的培养纳入整个人才培养的教育体系，演讲与口才也逐渐成为考核人才的重要标准之一。如今，各种演讲比赛、辩论比赛已经成为人们喜闻乐见的社会活动和文化活动。总之，在新的历史条件下，我国的演讲事业呈现出一派空前繁荣的景象。

二、演讲的构成要素

演讲是人类的一种社会实践活动，它由演讲主体、演讲客体、演讲受体、演讲载体4个要素组成。

1. 演讲主体

演讲主体就是指演讲者，是演讲内容和形式的组织者和执行者，也是整个演讲活动的中心。演讲者的素质和演讲水平不仅代表演讲者自身的能力，还会直接影响到演讲效果，甚至决定着演讲的成败。

作为决定演讲成功与否的关键因素，一名优秀的演讲者需要具备以下素质。

（1）端正态度

演讲者要端正态度，正确认识自己在演讲中的地位，要牢记：演讲者与观众在人格上是平等的，演讲者要以平等、谦和的姿态来演讲，既要向观众宣传自己的观点和想法，又要向观众学习。

（2）高尚的道德情操

"德"体现了一个人的品质，所谓"其身正，不令而行；其身不正，虽令不从"，道德高尚的人发表的言论更具有说服力，更容易让人信服。因此，作为演讲主体的演讲者，更应该拥有高尚的道德情操，这样演讲者发表的演讲才能被观众所接受，并得到观众的认同。

（3）丰富的知识

"工欲善其事，必先利其器"，丰富的知识积累是演讲者演讲成功的基本条件之一。演讲者只有具备了丰富的知识，才能让自己在演讲中引经据典，旁征博引，灵活自如地运用各类知识证明自己的观点，让演讲内容更有说服力。

（4）较强的综合能力

演讲是一个人综合能力的反映，包括口头表达能力、应变能力、记忆力、观察能力、思辨能力等。演讲者的综合能力越强，则演讲获得成功的概率就越大。

⏰ **小故事大道理**

激动的一跤

　　侯振峰正在台上慷慨激昂地向观众讲解着公司研发的新产品，在上一个台阶时，他不小心摔倒了，衣服被撕破了，帽子也掉了。下面的观众不禁为之捏了一把冷汗，但其中也夹杂着阵阵笑声和口哨声。

　　就在观众以为侯振峰会恼羞成怒时，没想到他镇定地说道："朋友们，实在不好意思，刚才我实在是太激动了！我为自己讲的新产品而激动，也为大家耐心倾听而激动，激动得我都脚不沾地了。虽然现在我的衣服破了，帽子掉了，但不用担心，我所讲的话绝对是有价值的，只要能帮到大家就好！"

　　侯振峰刚一说完，全场响起了雷鸣般的掌声。

名师点拨

　　演讲过程中随时会发生一些意外情况，此时演讲者要保持镇定。只有保持清醒、冷静的头脑，演讲者才能化解尴尬，把演讲氛围带回正轨。当然，演讲者只保持镇定还不够，还要临场发挥，对意外情况及时做出反应和处理，以免陷入尴尬的境地。例如，演讲者可以进行自嘲，用幽默化解危机；也可以针对意外情况临场发挥，从意外情况引发一个有趣的话题，借题发挥，巧妙开场。

2. 演讲客体

　　演讲客体是指演讲的内容，它是演讲要反映的客观事物，以及这些事物在演讲主体心中形成的意识成果。

　　演讲的社会性功能决定了演讲客体应符合的要求。首先，演讲的内容和立场应是积极、正面的。其次，演讲内容要有价值，只有有价值的内容，人们才愿意听，才能发挥演讲教育人、激励人的作用。最后，演讲内容要符合时代精神。演讲是一种社会实践活动，应该为社会发展服务。

3. 演讲受体

　　演讲受体是指观众。观众是演讲活动不可或缺的一个部分，没有观众的演讲不能称为演讲。观众并非只是演讲信息的接收者，更是演讲活动的参与者，观众决定了演讲者所输出的信息是否被接收，以及信息被接收到何种程度。

　　观众在接收演讲信息的同时，还会对演讲信息做出反馈，这些反馈会通过观众的表情、行动、声音等方式表现出来。通过观众的反馈，演讲者可以评判演讲的效果，以便及时调整演讲内容，调节演讲节奏。同时，演讲者还可以与观众形成双向互动，提升演讲效果。如果没有观众，没有观众的反馈，演讲者只能自说自话，那么演讲必然不能获得理想的效果。在成功的演讲中，演讲者既要使演讲成为观众的一部分，又要使观众成为演讲的一部分。

　　作为演讲的受体，观众主要具有以下特点。

（1）观众都有心理需求

　　观众选择去听一场演讲是因为自己存在某种需求，想要从演讲中获得些什么，如增长知识，开阔眼界，获得解决问题的方法等。需求是观众听演讲的动力，一般来说，观众需求的强度越高，听演讲的积极性就会越高。

（2）观众的态度受自身影响

观众对演讲内容和演讲者的态度受观众自身认知、情感、情绪的影响。如果演讲者所讲述的内容是观众不熟悉的，并且是观众想要了解的内容，那么观众在听演讲时就会采取积极的态度；反之，观众可能会采取消极的态度。同样，如果观众喜欢演讲者的演讲内容、演讲风格，在听演讲时他们往往会采取积极的态度。

此外，对于同一个演讲者所讲述的相同的内容，观众会因为自身情绪的不同而采取不同的态度。如果观众当时心情很好，感觉很快乐，那么在听演讲时，他们也会保持一种积极向上、兴奋的状态。

（3）观众对信息的接受具有选择性

观众听演讲是一个用听觉、视觉以及大脑进行认知的过程，演讲是在观众已有认知、经验和心理期待的情况下进行的，所以观众对演讲中信息的接收具有较强的主观性和选择性。首先，观众只会关注演讲内容中自己有兴趣、渴望了解的部分；其次，观众只会记忆那些自己愿意记住的内容，忽视那些自己不喜欢的内容；最后，观众只会愿意接受和认同那些与自己的认知一致的观点。

（4）观众心理是独立意识与从众心理的矛盾统一

观众在听演讲时，既有坚持独立思考、不盲信的一面，又有因为受其他观众影响而改变自己的看法的一面。

4. 演讲载体

演讲者要想将自己的观点或看法传递出去，从而达到影响他人、说服他人的目的，就必须借助一定的传输载体，包括有声语言、态势语言和主体形象。

（1）有声语言

在演讲中，有声语言是演讲者表达思想、传递信息最重要的载体。演讲者的有声语言要准确、通俗、生动，语气、语调要富于变化，要做到科学性与艺术性的结合。

（2）态势语言

态势语言是指能够表达思想感情的身姿、手势、眼神等行为和动作。在演讲中，态势语言是有声语言的重要补充，能够辅助有声语言传情达意，增强有声语言的表现力，提升演讲效果。演讲者在运用态势语言时要注意自然、准确、协调，让观众视觉接收的信息与听觉接收的信息同步。

情景还原解析

在"情景还原"板块中，杨涛由于过于紧张、应变能力差导致自己在当众讲话场景下大脑一片空白。当众演讲与日常生活中的谈话是不同的，这种不同主要体现在以下3个方面。

一是日常生活中的谈话可以在任何时空环境下进行，而演讲则需要在特定的时空环境下进行。

二是日常生活中的谈话可以在两个人或几个人之间进行，主体和受体之间没有明确的区分，每个人都可以成为谈话的主体或受体，而演讲必须是一个人面对众多观众进行，演讲者是主体，且主体、受体有明确的区分。

三是日常生活中的谈话内容、方式比较自由，谈话者可以你一言、我一语，可以随意转换话题，谈话者所说的内容可以不连贯、不系统、不完整，只要能够表达自己的思想感情即可。而演讲的内容则具有系统性、逻辑性，在表达形式上也要讲究技巧，为了追求最佳的演讲效果，演讲者需要注意语言、语调、语速的调整，以及手势、表情、姿态等态势语言的运用等。

（3）主体形象

在演讲中，演讲者的仪表、形体等会让观众形成视觉感受，演讲者形象的美与丑、形态表现的好与坏会对观众的心理情绪和视觉的审美享受产生直接的影响，这就要求演讲者要讲究自身的形象，在自然美的基础上讲究一定的艺术美。

三、演讲的特点

学习演讲，需要了解演讲的特点，有利于演讲者更全面地了解演讲，提高演讲水平。具体来说，演讲具有以下几个特点。

1. "演"与"讲"结合

演讲，顾名思义既需要"演"，又需要"讲"，以"讲"为主，以"演"为辅。"讲"是指陈述，即演讲者将自己的思想、观点通过口头表达出来，传递给观众，它主要作用于观众的听觉。"演"是指为"讲"服务的态势语言，主要作用于观众的视觉，对口头表达起辅助作用，也就是说，"演"必须建立在"讲"的基础上，服从于"讲"的需要。

2. 艺术性

演讲的艺术性表现在以下3个方面。

其一，演讲是一种较高层次的口才表现形式，它要求演讲者要能去除一般语言表达中杂乱、松散、呆板的内容和因素，将信息以一种集中、凝练的方式表达出来。

其二，演讲具有整体感和协调感，即在演讲中，演讲者的形象、语言、声音、动作等各种因素共同作用，形成一种相互依存、相互协调的美感。

其三，演讲具有戏剧、曲艺、表演等艺术门类的某些特点，例如，演讲的语言可以具有小说、相声、诗歌等文学色彩；演讲活动在台上进行时，它具有戏剧艺术的特点；演讲者在演讲中使用态势语言时，演讲就具有表演艺术的特点。

3. 公开性

公开性是指演讲要求演讲者在公开场合当众讲话。演讲是一人讲多人听，演讲的形式是公开的。

4. 适应性

演讲具有较强的适应性。首先，演讲的题材比较广泛，社会问题、学术、法律、经济等内容都可以作为演讲的题材；其次，从演讲者和观众的角度来说，演讲不受性别、年龄、职务、学历等的限制；最后，演讲的组织形式比较灵活，既可以是经过精心组织和准备的正规演讲，也可以是临时组织、现场发挥的即兴演讲，赛场、礼堂、课堂、操场等都可以成为演讲的场地。

5. 工具性

演讲不仅是一门科学，还是人们交流思想、传播信息的工具。在演讲活动中，演讲者需要注意两种极端情况：一种是演讲者只"讲"不"演"，只注重传输信息，而忽视了演讲的艺术性，使演讲枯燥无味，缺乏感染力；另一种是演讲者过分地"演"，过度追求戏剧、曲艺、表演等艺术效果，冲淡了演讲的真实性特点，让演讲显得滑稽、荒诞，以致起不到传播信息的作用。

四、演讲的类型

按照演讲的形式、内容和目的进行划分，演讲可以分为不同的类型。

1. 按演讲形式划分

按照演讲形式的不同，演讲可分为命题演讲、即兴演讲和论辩演讲。

（1）命题演讲

命题演讲是指演讲主题和题目由别人拟定，演讲者可以按照要求事先做好准备的演讲，包括全命题演讲和半命题演讲两种形式。

① 全命题演讲：一般是由演讲组织者指定演讲题目，演讲者根据指定的题目进行演讲。命题演讲通常是为某些活动而举行的，所以它具有主题鲜明、针对性强的特点。

② 半命题演讲：指由演讲组织者限定演讲主题的范围，演讲者自己拟定演讲题目而进行的演讲。与全命题演讲相比，半命题演讲能给予演讲者较大的自由，在限定的演讲主题范围内，演讲者可以根据自己的喜好和能力确定具体的演讲内容。

（2）即兴演讲

即兴演讲是指演讲者在事先没有准备的情况下，就眼前的场面、情境、事物、人物等临时发表的演讲，具有有感而发、即时性强、篇幅短小等特点。做好即兴演讲的关键点是演讲者要能够抓住由头，紧扣主题，迅速组织演讲内容，并做到言简意赅。

（3）论辩演讲

论辩演讲是指两方或两方以上因对同一问题持有不同意见或观点而展开的面对面的语言交锋，具有坚持己方观点，批驳对方观点的特点，如法庭论辩、赛场论辩等。论辩演讲具有一定的即兴性，但是比即兴演讲更难一些，它要求演讲者不仅要具备即兴演讲的能力，还要具备严密的逻辑能力，较强的应变能力等。

2. 按演讲内容划分

按演讲内容进行划分，演讲可分为政治型演讲、学术型演讲、法庭型演讲、生活型演讲、职场型演讲和商务型演讲。

（1）政治型演讲

政治型演讲是指出于某种政治动机，为了实现某种政治目的，针对某个政治问题或与政治有关的问题而发表的演讲，如外交演讲、政治宣传演说、政府工作报告等。

政治型演讲是一种高度严肃的演讲，它要求演讲者具备高度的社会责任感，具备一定的政治远见和政治分析能力。在政治型演讲中，演讲者在发表自己的观点时要经过深思熟虑，要对观点有严密而深刻的论证，以增强自己演讲的可信度和说服力。

（2）学术型演讲

学术型演讲是指演讲者就某些系统而专业的知识而进行的演讲。常见的学术型演讲有学校或其他组织者组织的专题讲座、学术报告、学术评论、学位论文答辩、各种治学或创作的经验报告等。学术型演讲具有较强的专业性，要求演讲的内容能够体现科学性、系统性和独创性，演讲语言严谨，逻辑性强。

（3）法庭型演讲

法庭型演讲是指公诉人、辩护人、诉讼代理人等在法庭上所发表的演讲，如检察官的起诉词、律师的辩护词、被告的自我辩护等。法庭型演讲具有以下3个特点。

① 公正性：法律面前人人平等，在法庭上，无论是检察官的起诉词，还是律师的辩论词，都必须遵循公正的原则。

② 针对性：无论是公诉人还是辩护人，所发表的讲话内容都是针对某个具体的法律事件进行的。

③ 准确性：无论是谁，在法庭上发表的讲话内容都必须从事实出发，以法律为准绳。

（4）生活型演讲

生活型演讲是指演讲者针对社会生活中存在的各种问题、现象、风俗等而发表的演讲，通常是表达演讲者对这些问题、现象、风俗等的看法、见解和主张。生活型演讲涉及的内容范围比较广泛，演讲者既可以讴歌生活中的真善美，又可以鞭挞生活中的假恶丑；既可以采取命题方式进行演讲，又可以采取即兴或论辩的方式进行演讲。

（5）职场型演讲

在职场中，拥有良好的语言表达能力有助于提高工作效率，减少沟通时间，也有助于展示个人魅力，建立良好的人际关系。不管是求职面试、竞聘演讲、汇报工作、就职演讲还是述职演讲，职场表达能力都是必不可缺的能力，是提升职场竞争实力、促进职业发展的有力武器。

（6）商务型演讲

商务型演讲是商业世界里最重要、最高层次的展现方式，在产品推广、项目运作、招商投资等商业活动中都发挥着极为重要的作用。在这个品牌社会里，无论是企业高层、中层管理者、还是普通员工，演讲表达能力都是提升个人影响力和领导魅力不可或缺的技能，也是彰显企业形象的重要途径。

3. 按演讲目的划分

按照演讲的目的进行划分，演讲可以分为告知型演讲、说服型演讲、激励型演讲和娱乐型演讲。

（1）告知型演讲

告知型演讲主要是为了向观众传递信息、阐明事理。例如，企业管理者在员工大会上向新员工介绍企业的概况、规章制度、企业文化等，以让他们尽快地了解企业，适应工作环境。

（2）说服型演讲

说服型演讲是演讲者为了使人信服自己的理论或观点所发表的演讲，即演讲者发表演讲是为了说服某些态度冷漠或持有反对意见的人转变观念，让其赞同并支持自己的观点，或者采取自己期望的行动等。

（3）激励型演讲

激励型演讲是以激励观众为目的的演讲，即演讲者为了使观众在思想上与自己产生共鸣，从而产生行动的欲望而发表的演讲。

（4）娱乐型演讲

娱乐型演讲是以娱乐为目的的演讲，主要是为了活跃气氛，调节情绪，给人带来快乐。

五、演讲的准备工作

演讲者在演讲前做好充足的准备能让自己在演讲中更加游刃有余，胸有成竹。在实践中，演讲者可以参考以下步骤进行演讲的准备工作。

1. 明确演讲目的

演讲具有目的性，因此演讲者设计演讲首先要明确一个问题：为什么要做这场演讲？通过演讲想要获得什么效果？也就是说，演讲者首先要明确演讲的目的是什么，是为了向观众传递信息、阐明事理，还是为了使人信服自己的理论或观点，或者是为了激励观众，使观众产生某种行为。

2. 分析观众

观众是构成演讲的要素之一，这就要求演讲者在演讲中要考虑观众的实际情况，要事先对观众进行调查研究，以便做到"因人制宜"，有的放矢。演讲者在进行观众分析时可以从以下三个方面来展开。

（1）了解观众的人数

在一场演讲中，观众可能是几个人，也可能是成千上万人。观众人数会在一定程度上对演讲者的衣着打扮、演讲语言的使用、辅助工具的运用造成影响。一般来说，面对几个人、十几个人演讲时，演讲者的衣着打扮、表达方式在保证基本交际礼仪的基础上可以随意一些。假如是面对几千人，甚至是数万人的演讲，演讲者就需要在衣着打扮、表达形式、辅助工具的运用上多下点功夫。

此外，观众人数还影响着演讲者与观众的互动方式。如果观众人数较少，演讲者可以通过眼神与每个观众进行交流，用热情的眼神拉近与观众的心理距离，并仔细观察观众的反应，以及时对演讲内容做出调整。如果观众人数较多，演讲者无法通过眼神与每一个观众进行交流，更不可能观察到每一个观众的反应，此时演讲者可以通过激情澎湃的声音、幽默风趣的内容来吸引观众的注意力。

（2）分析观众的属性

观众的属性包括观众的性别、年龄、文化水平、职业情况等。不同属性的观众在价值观、理解能力、信息接受度等方面有所不同，其关注的兴趣点也会有所不同。分析观众的属性，能帮助演讲者预测观众可能会对演讲做出何种反应。

（3）分析观众的需求

一般来说，观众去听一场演讲是因为他们自身存在某种需求，想通过听演讲来解决自己的一些困惑。因此，演讲者要剖析观众的需求，了解他们心里最关注的是什么，他们想要通过演讲获得什么，只有符合观众需求的演讲才能吸引观众的关注。

3. 分析时间和环境因素

时间和环境因素也会对演讲的效果造成影响，因此在开展演讲准备工作中，演讲者需要对时间和环境因素进行分析。对时间因素的分析包括演讲的时长、演讲中是否设置提问环节、提问环节的时长等。对环境因素的分析包括演讲的场地在哪里、场地有多大、观众以何种方式就座、场地中可以供使用的设备有哪些等。

4. 组织演讲的内容

组织演讲的内容主要是指撰写演讲稿。演讲稿是演讲者进行演讲的依据，是演讲成功的基础。演讲稿能帮助演讲者梳理演讲思路，提示演讲内容，保证演讲的顺利进行。有了演讲稿，演讲者能做到心中有文，这有利于演讲者放松身心，缓解紧张情绪。演讲通常是有时间限制的，有了演讲稿，演讲者可以更好地把握演讲的节奏和速度，控制演讲时间。因此，对于演讲者来说，撰写演讲稿是非常有必要的。

5. 准备演讲中的辅助工具

在演讲中适当地使用辅助工具有利于丰富演讲的内容，增强演讲的表现力。演讲中的辅助工具包括但不限于幻灯片、速写图，演讲者可以根据演讲主题和内容进行准备。

6. 预演练习

对于演讲者来说，在准备阶段进行预演练习是非常有用的，它可以让演讲者检验演讲稿的内容，设计更丰富的演讲内容表现形式。在预演练习这个环节中，演讲者需要做好以下四项工作。

（1）朗读并记忆演讲稿

反复地大声诵读演讲稿，最好能将演讲稿背熟。当然，对于有丰富经验的演讲者来说，只要将演讲稿读熟并记个大概就可以了，无须全部背熟。

（2）设计演讲节奏

为了让自己的演讲语言富有节奏感，更具表现力，演讲者可以在演讲稿中用不同的符号标示出哪些地方需要使用重音，哪些地方需要停顿，哪些地方需要放快语速，哪些地方需要放慢语速等。

例如，演讲者可以在需要使用重音的词语下面标记着重号，如"张文惊疑地接过报告单。"在需要停顿的地方标示"/"符号，如"从那些古圣先贤/以及当代才俊的著述中/习得他们的人格。"对于需要使用慢语速或快语速解说的句子，演讲者可以用不同颜色的笔画出来，然后在旁边用较小的字体写上"慢"或"快"，给自己提示。这样在朗读和记忆演讲稿时，演讲者就可以按照标记进行练习，进而将这些语言技巧应用到正式演讲中。

（3）设计手势

在演讲中，既不能没有手势，也不能手势不停。演讲者要根据演讲的内容需要设置合适的手势，以增强文字内容的表现力。

（4）设计表情

所谓声情并茂，就是指声音优美和表情丰富。在演讲中，演讲者不要面无表情，而要根据演讲稿中不同的地方所表达的感情、态度，为其设计合适的表情。

设计好演讲节奏、手势、表情后，演讲者需要进行多次演练，如果有条件，可以邀请几位朋友来当观众，让他们对自己的演讲提出意见和建议，然后自己再进行进一步完善。

> **小故事大道理**
>
> ### 一场尴尬的演讲
>
> 某公司为了丰富员工的文化生活，举办了一场演讲比赛。赵慧是一名在公司工作了二十年的基层员工，她报名参加了比赛。比赛之前赵慧写好了演讲稿，她自认为已经记住了稿子里的内容，因此她并不准备在比赛时照着稿子念，但是以防万一，她将稿子放进口袋带上了演讲台。
>
> 轮到赵慧演讲时，她站在演讲台上开始背稿子，遗憾的是没背几句，她就忘词了，只好尴尬地从口袋里掏出稿子，照着稿子朗读。她朗读了一段文字，有了感觉之后，又将稿子放回口袋里接着背，结果磕磕巴巴，背了一会儿又背不下去了，她不得不再次掏出稿子继续念。
>
> 看着她在台上因为紧张而满头大汗的样子，台下的观众都替她感到尴尬和紧张，最后赵慧只能草草地结束演讲。

名师点拨

在演讲前做好演讲准备是必不可少的一个环节。缺乏演讲经验的人不必为了彰显自己的演讲能力而追求脱稿演讲。在演讲之前，演讲者可以多次演练，以找到在演讲台上演讲的感觉。

7. 调整心态，做好心理准备

要想真正做好演讲，演讲者首先必须要拥有良好的心理素质。刚开始接触演讲时，大部分演讲者遇到的难题就是心理素质不过硬。要想锻炼口才，就不能满脑子都是"面子"，想着"说错了怎么办，大家会怎么笑话我""如果我的话不被认可怎么办"等，这样的想法只会扰乱演讲者的思绪，打击演讲者的自信。下面介绍几种缓解紧张情绪的方法。

（1）适度降低期望值

很多时候，人之所以会紧张是因为自己过度追求完美，对自己的期望值太高。其实，适度降低期望值，反而更有利于自己的发挥，因为降低了期望值后，演讲者的心理压力就会有所减轻，当心理压力小了之后，发挥会更加自如。

⏰ **小故事大道理**

瓦伦达心态

瓦伦达是一个著名的钢索表演艺术家，他以高超的高空走钢索技艺而闻名，并且他从来没有出过事故，所以当演技团要为重要的客人献技时，就决定派他上场。瓦伦达知道这一次上场的重要性：全场观众都是国内知名的人物，这一次的演出不仅将奠定自己在高空钢索表演界的地位，还会给演技团带来前所未有的支持和利益。因此，他从前一天开始就一直在仔细琢磨表演的过程，每一个动作、每一个细节都想了无数次。但是，这次的演出并没有成功，瓦伦达走到钢索中间，仅仅做了两个难度并不大的动作，之后就从高空坠落身亡。

事后，有记者采访了瓦伦达的妻子，他的妻子说："我早有预感这次可能要出事。因为他在出场前就这样不断地说，'这次太重要了，不能失败'。在以前每次成功的表演前，他只是想着走好钢索这事的本身，并不会管这件事可能带来的一切。"

瓦伦达太想成功，太专注于事情的结果，太患得患失了。如果他不去想这么多走钢索之外的事情，以他的经验和技能是不会出事的。后来，心理学家把这种为了达到一种目的总是患得患失的心态命名为"瓦伦达心态"。

名师点拨

"瓦伦达心态"是一种负面情绪，它会增加人的心理负担，让人变得更加紧张，最终导致越想得到的东西就越得不到，越怕失去的东西就真的失去了。现实生活中，无论做任何事情，如果太看重它的结果，这件事情就往往做不好。而如果没有成败的忧虑，人往往会变得轻松自如。

（2）做深呼吸

演讲者可以在演讲前活动一下身体，做几次深呼吸，松弛紧张的情绪，具体的做法：站立，目视远方，全身放松，做几次扩胸运动，然后深呼吸。需要注意的是，深呼吸一定要慢，尽量让自己产生气体从全身绕过的感觉，体会呼吸的节奏，转移注意力，缓解紧张的情绪。一般情况下，这种方法能使人尽快放松身心，恢复饱满的精神，但这只是缓解紧张情绪，并不能将紧张情绪完全消除。如果刻意地要完全消除紧张情绪，效果反而更差。

（3）自我陶醉

在演讲过程中，面对全场的观众，演讲者可能会因精神紧张导致语言表达失误。这时演讲者应该把注意力放到自己所讲的内容上，而不是其他外界的因素。

演讲者要学会欣赏自己的演讲。欣赏自己的演讲，往往能使自己暂时忘记对面的领导、场下的观众，完全陶醉于自己的讲话和想象中。当一个人到达这样一种境界时，他与他所讲的内容就会达成一种共鸣，这时所有的紧张情绪都会被抛到九霄云外。不论面对的是多少人，他就都能做到挥洒自如。

（4）转移注意力

为了消除演讲前情绪的紧张，演讲者可以有意识地把自己的注意力转移到某个具体的事物上。例如，演讲者可以与前排的观众闲谈，也可以欣赏会场的环境布置等。这样既能转移自己的注意力，又能让自己熟悉演讲环境，从而缓解紧张情绪。

此外，在演讲中，演讲者不要过于关注个别点，要有意识地回避对方的直视或不必要的言行对自己的影响，以此减少接收的信息量，从而保持平和的心境。例如，某个观众目不转睛地盯着演讲者，或者表情有较大的落差，或者发出一些声响，或者做出一些反常的动作等，这时演讲者就应该转移目光，或者采取流动式的虚视方法。

（5）语言暗示

语言暗示也是一种自我调节情绪的有效方法。良好的语言暗示能够有效地改善心理状态。当自己处于紧张焦虑的情绪时，可以选择一些冷静、缓和的词语默念，并想象与该词语相关的场景。例如默念"安安静静、徐徐缓缓"等进行自我暗示，就可以逐步缓解紧张焦虑的症状。

语言的暗示也包括他人暗示。演讲者在演讲前可以听取他人的鼓励，并重复说给自己听，例如，"你最近的表现很好！一定会成功！"

初识演讲与口才

小故事大道理

用自嘲抖掉心理包袱

李芳第一次演讲时非常紧张，额头上都冒出了涔涔的汗水。她一时语噎，说不出话来。当时的她尴尬极了，真不知道自己要怎么圆场。这时，她想起了老师的一句教导，要学会适当自嘲。

于是，她站直身子说出了这样一番话："大家好，我是李芳，第一次站在演讲台上，心里很激动，心脏扑通扑通地跳个不停。正如你们所见，我很紧张，我很害怕讲不好而被大家见笑，所以刚才舌头都打结了。现在情况也不见好，双腿还在发抖呢！"

听到她的这一番自嘲，同学们不住地赞叹、鼓掌，为她鼓励加油。看到同学们的热情举动，李芳鼓足勇气，做了一场非常与众不同的演讲。

名师点拨

面对众人上台演讲，心里很害怕是很正常的心理。此时给自己打气，调节心理状态是非常重要的。如果过于紧张，则可以通过自嘲来抖掉心理上的包袱。演讲者只有克服心理上的畏惧，按照符合自己心境的方式演讲，才能把最好的一面展示出来。

专题二　初识口才

语言是人类的一种重要交际工具。语言交际主要分为书面交际和口语交际两种形式。在现代社会中，拥有良好的口才是成功者的一个亮点，也是成功者的光环。

一、口才的特点

口才是指人们运用口语准确、贴切、生动地表达自己的思想感情、进行交流沟通的才能。在现

初识演讲与口才

代语言交流中，口才表现为以一个人的思想品德、知识学问、文学艺术等综合素养为基础的规范化语言表达形式。

口才是一个人素质和能力的综合反映，它具有明显的综合性。这里所说的素质主要包括道德修养、文化素养、价值判断、心理素质等，能力则主要包括思维能力、表达能力、判断能力、应变能力等。这些素质和能力能让一个人在特定的环境中，通过联想和想象为自己获取说话的材料和说话的方式，实现口语交际的目的。

首先，口才是一个人道德修养、文化素养、价值判断、心理素质等素质的综合体现。

一个道德修养高的人在口语表达中会注意使用文明用语，并且会注意交际礼仪，以平等、尊重的态度与人交谈，而道德修养较低的人往往很少考虑别人的感受，甚至在交际中使用不文明用语。

口语表达也会受人的文化素养、价值判断的影响。例如，针对"全球海洋环境"这一话题，一个涉世未深的小学生可能只能运用从书本上学习到的知识来讲解保护森林和保护环境的关系；一个长期生活在海边的人则能以自身的生活体验和感性观察来形象地说明大海是他们赖以生存的家园；一个生态学家则会从生态学的角度，用科学、严谨的数据和事实来说明保护海洋环境的重要性和迫切性，并能理性地提出相应的保护措施。

此外，心理素质也会影响口语表达的效果。很多人口才不好主要是因为受到不自信、害怕、紧张等情绪的影响。如果一个人害怕当众讲话，那么即使他再有才华，知识水平再高，可能也无法将自己的想法很好地表达出来。

其次，口才是一个人思维能力、表达能力、判断能力和应变能力的综合体现。优秀的口才就是要求人们能借助出色的思维能力、表达能力、判断能力和灵活的应变能力，将自己的想法用准确的语言快速地表达出来。

好口才有一定的技巧性。一个人在说话时东拉西扯、言之无物，并不能说他有好口才。演讲与口才专家邵守义教授认为好口才的标准是"言之有理，言之有物，言之有序，言之有文，言之有情"。

言之有理是指一个人讲的话必须是真理，而不是歪理邪说，更不是胡说八道。言之有物是指一个人讲的话应该是有思想、有内容的，而不是空洞无物的。言之有序是指一个人讲的话应当有条理，而不是杂乱无章。言之有文是指一个人在讲话时，语言应当准确、简洁、生动、形象、活泼、有文采，而不是枯燥乏味，如同嚼蜡。言之有情是指一个人在讲话时要充满感情，通情才能达理，而不是冷冰冰的，没有一点感情。

小故事大道理

一次"伤人"的直言相告

张丹是某国有企业的办公室文员，平时说话不多，性格内向。但每当别人向她征求意见时，她说出来的话都很伤人，直指对方的痛处。有一次，同事买了一件新衣服，其他同事都夸赞她穿起来很好看，衣服很合身。但当同事问张丹的感受时，她又一次直言相告："你的衣服很漂亮，但穿在你身上就好像水桶包上了一块好看的布料。没办法，你实在是太胖了。这个颜色对于你这种年龄的人来说显得太不成熟，不合适！"

听了这番话，原本非常开心的同事表情僵硬，尴尬万分。张丹有时也会为自己说出这种话而后悔，但她总是忍不住说出这样的话。时间一长，同事们都不愿意和她说话了，有什么集体活动也不想邀请她一起参加，张丹感觉自己在办公室被孤立了。

名师点拨

人与人交谈的过程中，总会有一些让人不便、不忍或是语境不允许直说的话，这个时候说话者就要将那些不便于直说的话隐去，或者是采用委婉的方式，好让听者容易接受。其实张丹可以这样说："衣服挺合身，挺显身材的，我觉得你还可以尝试一下其他的、更显成熟一点的颜色。"

二、口才的重要性

自古以来，人们就重视口才所发挥的重要作用，刘勰在《文心雕龙·论说》中说道："一人之辨，重于九鼎之宝；三寸之舌，强于百万之师。"口才可以体现一个人的内涵和情商，一个说话有艺术魅力、讲究技巧的人，常常是说理切、举事赅、择辞精、喻世明，这样的口才不仅能陶冶他人的情操，还能让说话的人进退有余地。在当今社会，口才在社会发展和人的自身发展中发挥的作用越来越重要。

1. 人际交往的"润滑剂"

"良言一句三冬暖，恶语伤人六月寒。"在人们的日常生活中，好的口才具有增进人与人之间的感情，促进人与人之间交往的重要作用。话有三说，巧说为妙。在人际交往中，在合适的场合说合适的话，不仅能展现自身的素质，还能让对方如沐春风，倍感亲切。

🕰 小故事大道理

尴尬情景下的绝妙应答

王晓和朋友一起去参加一个聚会，聚会中有各个年龄段的人，每个人都是穿着自己最中意的衣服来的。突然，王晓的眼光被吸引到一位女士的身上，那位女士穿了一件黑色的旗袍。王晓跟旁边的朋友说："你看那位穿黑色旗袍的人，穿这个样式的衣服看着老多了……"这时正好那位女士走过王晓的身边，王晓转头正好看见，于是装作没看见继续跟朋友交谈说："真的，大街上现在穿这个样式衣服的人老多了，可流行了……"

名师点拨

口才的发挥离不开理论知识的运用，更离不开灵活的头脑。王晓的临场应变能力是非常好的，她充分运用了汉语词汇一词多义的特点，及时地转变话头，巧妙地将形容人年龄大的"老多了"的意思转换成了形容穿这种款式衣服的人多的意思，成功地避免了尴尬的发生。

2. 事业成功的"助推器"

口才好，小则可以让人获得他人的喜欢，大则可以让人获得成功。言能显才，这不无道理。口才是展示一个人道德修养、心理素质、思维能力、应变能力的有效渠道之一。口才拙劣、不善言谈的人很容易给人留下思维不灵活、能力不足的印象，这样的人很难获得他人的赏识和器重，最终沦为无足轻重的边缘人。

在当代社会，具备良好的口才不仅是对创造型、开拓型人才的要求，也是对各行各业从业者的基本要求。一个人无论从事何种职业，工作中都离不开语言交流。现实生活中，那些事业有成的人，绝大多数具有较好的口才，而且口才越好，其活动的天地就越大，成就也就越突出。因而，口才是事业成功的"助推器"。

好口才创造社会价值

⏰ 小故事大道理

不一样的推销结果

一位推销员在挨家挨户地推销洗衣机，他来到一户人家，看到女主人正在用一台老旧的洗衣机洗衣服，于是说道："您这台洗衣机真是太旧了，用它洗衣服肯定费电、费水又费力，真应该换一台新洗衣机……"

结果，还未等这名推销员说完，女主人就反驳道："你真是太没礼貌了，我这台洗衣机很耐用，都没出过故障，新的不见得多好用，我才不想换呢！"

过了几天，又有一位推销员拜访这位女主人，他对这位女主人说道："这真是一台年代久远的洗衣机，因为它耐用，一定为您提供了很多的帮助吧？"

女主人听了很高兴："是啊，这台洗衣机是用了很长时间了。"

推销员又忙说："我看出来您对它很有感情，可是它已经老了，一直让它工作无论是对您，还是对它来说都太累了，您想没想过让它休息一下，也让自己洗衣服时更轻松一些？现在我们有一款洗衣机比较适合您，您想不想看一下？"

女主人听了这些话，回答道："我也觉得这台洗衣机用起来有点费力了，那我看看吧。"于是，推销员马上拿出产品宣传册，开始为她做介绍。

名师点拨

两位推销员向同一个客户推销洗衣机，却得到了不同的结果，这主要是因为他们说话方式不同。第一位推销员上来就说客户的洗衣机不好，忽视了客户的感受，引起了客户的反感。而第二位推销员善于打感情牌，是站在客户的角度来推销新商品的，他考虑到了客户对这台旧洗衣机的感情，所以他的话让客户听起来更舒服，能够获得客户的认同。

3. 商务活动的"加速器"

在各类商务活动中，口才发挥着不可忽视的作用。在商品推销过程中，营销人员口才的好坏在很大程度上决定着商品销量的高低；在企业招商会、新品发布会上，招商演说和新品发布演说在彰显企业形象方面起着重要作用。可以这样说，良好的口才是推动商务活动获得良好结果的"加速器"。

在当今社会，口才已经成为一个人必备的重要能力之一，口才的重要性已经体现在社会生活中的各个领域。一个人练就一副好口才，必将使其在社会人际交往与工作中如虎添翼，创造不凡的成就。

三、演讲与口才的关系

演讲与口才两个概念之间既有联系又有区别。在与演讲相关的语言实践活动中，既要讲"演讲"，又要讲"口才"，这样才能更好地掌握演讲与口才的相关理论，并用这些理论指导自己的语言实践活动。

1. 演讲与口才的区别

演讲与口才的区别主要表现在以下几个方面。

首先，演讲是发表见解、阐述事理的行为，它是人们产生的一种活动。口才是说话的才能，是一个人综合能力的外在表现。

其次，演讲是口才的一种表现形式，但口才的表现形式是多种多样的，如日常人际交流、商务谈判、商品推销、汇报工作等场景中的语言活动都属于口才的范畴，而演讲只是口才众多表现形式中的一种，而且它是一种较高层次的口才表现形式。

第三，演讲是一种较高层次的口才，拥有好口才的人不一定是优秀的演讲者。例如，有的人并不懂得演讲的技巧，在演讲台上不能表现得从容不迫，其演讲也毫不精彩，但在日常与人交流中，他思维敏捷，言谈得当，进退有度，这种情况也可以说这个人拥有好口才。

最后，演讲具有一定的仪式感、艺术感，演讲的过程中需要有演讲者、较多的观众，演讲者以讲为主，以演为辅，向观众系统地阐述自己的观点，整个演讲过程需要耗费一定的时间。而口才则存在于人们生活、工作的方方面面，多数情境下是没有仪式的，人们遇到事情张口就说，说的话可长可短，长到长篇大论，滔滔不绝地阐述观点，短到一句话就能说明问题。人们可以在大庭广众下与多人进行交流，也可以私下与人进行一对一的交流。通常来说，一个人只要能在不同的场合把话说到点子上，说出的话能够解决问题，都可以称为好口才。

2. 演讲与口才的联系

虽然演讲与口才存在诸多不同之处，但两者之间也存在着密切的联系。

首先，演讲是锻炼口才的有效方法之一。很多人第一次演讲通常会非常紧张，他们可能不敢看观众，演讲时可能会语无伦次，动作僵硬、不自然，但经过多次演讲后，一些人通常能逐渐克服当众讲话的紧张感和恐惧感，在演讲中变得游刃有余。经过演讲的磨练，他们往往也能够养成良好的语言习惯，使自己的语言表达变得更加流畅、精妙。

其次，口才是成功演讲的重要因素之一，成功的演讲离不开好口才的支持。在演讲中，好口才可以提升演讲对观众的吸引力，让演讲者更容易感染观众，创造高境界的演讲。

四、培养口才的方法

好口才并非是天生的，而是后天"练"出来的。口才是一个人综合素质和能力的体现，一个人要想提高口才水平，就需要加强自身各方面素质和能力的培养。

1. 博学广闻，积累知识

首先，要广泛学习各种知识。知识是口才的基础，没有知识肯定就没有口才。要想给别人一碗水，自己就应该有一桶水。上至天文，下至地理，古今中外，有关的典章制度、政治经济、科学军事、文化艺术、诗词歌赋、风土人情、历史典故、轶闻趣事等都应该有所涉猎和学习。高尔基曾说："用知识武装起来的人是不可战胜的。一个人知道得越多，他就越有力量。"所以说，多学知识，是提高口才和演讲水平的前提。

其次，要注重学习现代汉语知识，掌握现代汉语语义、语法、修辞等知识，能够根据不同的表达需要选择合适的词语，运用合适的句式和修辞，以提高语言表达的准确性和生动性。

第三，要学习各种口才技巧。口才水平的高低，体现在一个人说话、对话、演讲或辩论的技术技巧上，诸如声音的字正腔圆、节奏的抑扬顿挫、感情的真挚动人、表情手势的生动形象、控场与应变的巧妙方法等，这些都需要进行系统的学习和运用。

2. 多方训练，持之以恒

"宝剑锋从磨砺出，梅花香自苦寒来。"与其他任何才能一样，口才的获得来自于持之以恒的勤奋、刻苦的训练。

① 语音训练：学好普通话，掌握发音吐字的技巧，做到字正腔圆、准确流畅。

② 朗诵训练：培养良好的语感，掌握说话的语气语调、节奏、感情的技巧。

③ 交谈训练：包括交谈、对话、论辩等，学会如何得当、得体、有序、简洁地说话。

④ 演讲训练：掌握演讲表达的技巧，学会如何说得抑扬顿挫、声情并茂、生动感人。

⑤ 思维训练：养成独立思考、独立判断的能力，掌握快速思考、机敏应变的技巧。

口才训练仅靠课堂练习是远远不够的，而应该是课内与课外相结合，多形式、多方法、全方位地进行。口才这个"无价之宝"的养成，绝非一时、一日之功，它只属于勤学苦练的人。

3. 全面发展，提高能力

口才是一个人综合素质的体现，口才的培养和提高过程也是一个人思维能力、心理素质、领悟能力不断得到培养和锻炼的过程。

"语言是思维的物质外壳"，语言与思维有着直接而密切的关系。思维的选择性和创造性制约着语言活动，思维的内容决定了语言表述的意义，思维的质量决定着语言表达的效果。语言交际最大的特点便是现想现说，想是说的基础，"说得好"的前提是"想得好"，因此，一个人要想提高语言交际水平就需要锻炼和培养自身的思维能力。

在语言表达中，良好的心态能使人们内心的创造性潜能得到充分的释放，使人们对语言内容及其表达形式的感应、捕捉变得越发敏感。一个有好口才的人应当具备良好的心理素质。

在语言交际中，说话者不仅要善于表达，还要善于接受，即领悟对方话语或体态语所蕴含的话中之话、言外之意，这样才能对症下药，使人心悦诚服。

🕐 小故事大道理

勤学苦练终有成

徐方是一个从小就比较内向的人，现在面临毕业，依然改不了一紧张就说不出话的毛病。但是想找到一个好工作，拥有流利的语言表达能力是非常重要的。

于是，徐方想了一个方法，他每天到菜市场里和卖菜的摊主进行交流，做生意当然要有一张好嘴。他每天坚持去买菜，问完价格以后就开始砍价。刚开始时，他并不能砍下价来，因为脸皮薄，不好意思说。一段时间后，他发现张开嘴说话并不是那么难，不会说就随便聊，聊熟了什么话都好说。慢慢地，徐方发现自己比以前敢说了，话语也有了逻辑性，并且能把自己的意思表达清楚，直到后来，他发现原来自己的话也可以来引导别人的思想了。

后来，周围的同学都很惊讶，徐方说话不仅让人喜欢听，还有自己的见解，大家都喜欢跟他聊天了。

名师点拨

不要等要用到时才想起去做，要想锻炼口才就要从平时的生活中做起，生活中处处都有锻炼口才的好机会。俗话说："台上一分钟，台下十年功。"只要肯付出，不害怕失败，你就会发现曾经吓住你的事情并非那么难。

回顾·思考·讨论·应用

一、单元知识要点

演讲的发展历程。演讲的构成要素：演讲主体、演讲客体、演讲受体、演讲载体。演讲的特点："演"与"讲"结合、艺术性、公开性、适应性、工具性。演讲的类型：命题演讲、即兴演讲、论辩演讲；政治型演讲、学术型演讲、法庭型演讲、生活型演讲、职场型演讲、商务型演讲；告知型演讲、说服型演讲、激励型演讲、娱乐型演讲。演讲的准备工作。口才的特点和重要性。演讲与口才的关系。培养口才的方法。

二、选择题

1. 我国古代保存下来的较为完整的演讲词是（　　）。

　A.《动员民众迁都》　　　　　　　　B.《尚书》

　C.《墨子·兼爱下》　　　　　　　　D.《尚书·盘庚篇》

2. 下列不属于演讲构成要素的是（　　）。

　A. 演讲者　　　　　　B. 演讲观众　　　　　　C. 演讲稿　　　　　　D. 演讲语言

3. 在演讲中，演讲者的形象、语言、声音、动作等各种因素共同作用，形成了一种相互依存、相互协调的美感体现的是演讲的（　　）特点。

　A. 目的性　　　　　　B. 真实性　　　　　　C. 艺术性　　　　　　D. 美感性

4. 下列不属于口才的特点的是（　　）。

　A. 明显的综合性　　　B. 极强的感染性　　　C. 鲜明的目的性　　　D. 技巧性

5. 下列关于演讲与口才关系的说法不正确的是（　　）。

　A. 演讲是口才的一种较高层次的表现形式

　B. 演讲是锻炼口才的有效方法之一

　C. 口才是成功演讲的重要因素之一

　D. 拥有好口才的人一定是优秀的演讲者

三、问答题

1. 什么是演讲？试说明演讲与讲话的区别。

2. 演讲从内容上分有哪几类？结合具体的作品分析其特点。

四、实践与应用

1. 形象思维训练

（1）事物连缀。学生四人一组，互相出题，出题的学生随意写出四个事物（如笔记本、微信、苹果、饮料），其他学生说一段话，在这段话中要包含这四个事物。

（2）故事接龙。学生自由分组，由一人按照自己的思路开始说一段故事，时间一分钟，时间到后由下一个人接着上一人所说故事的结尾，按照自己的思路将故事继续讲下去。

（3）"0"的遐想。"0"在你眼里是什么？根据自己的想象写一个句子，以下是两个例子。

"0"是正负数的分界线，它代表着两个方向、两种结果，失之毫厘，就会差之千里。

"0"是一无所有，象征着荒凉，但在开拓者的眼里，它又极具开垦价值。

2. 应变能力训练

请设想遇到下列情况时你应该怎么说。

（1）在元旦文艺晚会上，一位主持人在报幕时不慎将《猎人舞曲》报成了《猎八舞曲》，如果你是主持人的搭档，你应该怎么说？

（2）你在公共场合排队等候时，有人在你前面插队，假设插队的人分别是带幼儿的妈妈、中学生、男知识分子，你应该如何劝说他们不要插队？学生分组讨论，各小组分别派代表上台演示。

3. 话题讨论

（1）人生的道路上，难免留下不可磨灭的创伤。有句话却说："每一种创伤，都是一种成熟。"你同意这种说法吗？说说你的看法。

（2）"贪婪是最真实的贫穷，满足是最真实的财富"，到底什么是"贫"，什么是"富"？请说说你的看法。

（3）当清晨的第一缕阳光照耀在非洲的大草原上，羚羊会对自己说"快跑！否则你会被狮子吃掉！"狮子会对自己说"快跑！否则你会饿死在那里！"仔细品读这个小故事，然后选择一个切入点进行5分钟的演讲。

第二单元
撰写条理清晰的演讲稿

演讲稿又称演讲词或演说词，是演讲者进行演讲或讲话时使用的文稿。演讲稿是演讲者进行演讲的依据，它能帮助演讲者梳理演讲思路，提示演讲内容，把握演讲节奏，规范演讲用语。演讲稿的质量好坏在很大程度上影响演讲的效果，有一份好的演讲稿，等于演讲成功了一半。

课前思考

1 演讲稿由哪几部分构成？在撰写演讲稿时需要注意哪些事项？

2 在撰写演讲稿时，如何搜集和选择材料？

┌───┐

情景还原

把握方向更省力

　　在 MT 公司年终先进个人评选中，杨涛团队中刚入职半年的应届毕业生张铭榜上有名，于是杨涛要求张铭在部门里做一个以"岗位成才"为主题的报告。为了保证报告的顺利，张铭决定写一份演讲稿。在工作之余，张铭一有时间就在网上搜集各种与"岗位成才"相关的先进人物事例。就这样，张铭连续加了五天班才完成材料的收集工作。之后，他又加了一天班完成了演讲稿的写作。

　　事后回想起来，张铭意识到自己在收集材料时效率太低，做了很多无用功，如果自己事先做一个合理的规划，也许就不用花费这么多时间和精力，让自己总是加班了。

　　请分析张铭在搜集演讲稿材料的过程中效率为什么很低？对于提高搜集材料的效率，你有什么好的想法和建议？

└───┘

专题一　确定演讲的主题和标题

　　演讲稿属于应用文范畴，确定演讲的主题和标题，有利于让演讲者在主题和标题的统领下规划演讲稿的写作思路，决定材料的取舍，合理安排演讲稿的内容结构，从而形成条理清晰、有内容、有深度的演讲稿。

一、确定演讲主题

　　演讲的主题是指演讲的主旨、中心思想，它是整个演讲的核心，指导着演讲稿的写作方向。没有明确主题的演讲就没有灵魂，即使演讲者说得天花乱坠，观众也会不知所云。因此，演讲者在写作演讲稿之前，首先需要确定演讲的主题。

1. 确定演讲主题的原则

演讲者在选择演讲主题时需要遵守以下两个原则。

（1）演讲主题要与演讲目的相符

　　演讲者在确定演讲主题之前，首先需要确认演讲的目的，也就是说，演讲者首先要明白自己进行这场演讲是为什么。演讲的目的不同，演讲者所选的主题也就不同。如果演讲者是为了向他人传授自己成功的经验，可以将励志、奋斗作为演讲的主题；如果演讲者是为了工作中竞聘上岗，可以将展现自身的能力和优势作为演讲的主题；如果演讲者是为了宣传公司研发的新产品吸引投资，可以将彰显新产品的技术和性能作为演讲的主题。演讲者只有从演讲的目的出发来确定演讲主题，才能更好地实现演讲的目的。

"爱国情·强国志·报国行"首都大学生纪念五四运动100周年主题演讲比赛

（2）演讲主题要有适应性

　　演讲主题的适应性主要表现在以下 4 个方面。

　　其一，演讲主题要适应观众的实际情况。演讲是讲给观众听的，由于观众在性格、年龄、职业、思想认知、文化内涵等方面存在不同之处，他们的兴趣、爱好、所关心的问题也就有所不同。演讲者在确定演讲主题时就应该考虑不同类型观众的特点，从他们的需求出发来确定演讲主题。只有演

讲的主题适合观众的心理期待，才能调动他们的注意力，唤起他们听讲的兴趣和热情，从而让演讲对观众产生深刻的影响。

很多情况下，聆听演讲的观众是比较复杂的，为了让演讲的内容尽可能地照顾到大多数观众的需求，演讲者在选择主题时可以选择适应性较大的主题。主题的适应性越大，覆盖的观众范围就越大。一般来说，演讲主题的专业化程度越高，其适应性就越小。

其二，演讲主题要适应演讲者自己的身份、能力，即演讲者要选择自己比较熟悉并能胜任的主题，因为这样演讲者更容易掌控演讲的内容，能将内容讲得透彻，从而取得良好的演讲效果。

其三，演讲主题要适应演讲的时间，主题覆盖的范围面越大，需要讲的内容就越多，演讲所需的时间就越长。如果演讲的时间较短，演讲者就应该选择一个较小的主题，以免因为时间限制导致内容讲不完。

其四，主题要适应演讲的场合和气氛。显然，在悲伤的氛围中谈论高兴的内容，或在一个喜庆的场合中谈论悲伤的内容都是不合适的。

2. 演讲主题的标准

演讲者确定了演讲主题后还需要对其进行审查，也就是评判演讲主题是否达到以下5个标准。

（1）正面

正面是指主题所体现的思想观点必须是正面的、积极的，符合正确的世界观和价值观，符合客观真理，符合客观事物的本质和发展规律的。如果演讲主题的思想观点是消极的、错误的，即使演讲稿的结构再合理、材料再丰富、语言再生动，演讲者的演讲再精彩，这样的演讲也是无意义的。

（2）集中

集中是指一篇演讲稿只能有一个主旨或中心，而不能有多个主旨或中心。如果演讲者企图在一次演讲中阐述多个观点，解决多个问题，什么都想讲，最终造成的结果很可能就是什么都讲不清楚，什么都说不明白。

（3）鲜明

鲜明包括两层含义。一是演讲的主题要观点突出，能够让观众一听就知道演讲者要讲的是什么内容；二是演讲的主题要是非分明，鲜明地表达出演讲者的爱憎态度，明确地说明演讲者在肯定什么，否定什么，歌颂什么，抨击什么。

（4）深刻

深刻是指演讲主题要能透过事物现象看到本质，即使演讲的主题涉及的只是平常小事，也要能做到"见人所未见，发人所未发"。如果演讲主题肤浅，甚至低俗，就无法唤起观众对演讲的兴趣，甚至还会引起观众的反感。

（5）新颖

新颖是指演讲主题所代表的观点是演讲者自己独到的见解，具有独创性，能够给人以耳目一新的感觉，而非拾人牙慧、人云亦云。

⏰ **小故事大道理**

奉献与理解

张旭要参加一场以宣传"交通安全"为目的的演讲比赛。认真分析演讲的要求之后，张旭觉得可能很多选手都会从"有些人因交通意识淡薄而遭遇交通事故"的角度来演讲，这样观众感受到的可能就是一件件骇人听闻、惨不忍睹的血腥事件。观众听得多了可能会感觉非常压抑，时间长了可能会产生倦怠的感觉。

于是，张旭决定从一个全新的角度来切入主题。他选择从现代社会有些人不理解、不支持交通警察的工作，导致交通警察工作举步维艰，如果人们都理解、支持交通警察的工作，道路将会更加畅通，交通事故将会减少这个角度来立意，并将演讲标题确定为《奉献与理解》，演讲的主要内容就是通过赞美交通警察无私奉献的精神，呼吁人们理解交通警察的工作，遵守交通规则。

确定好演讲主题和演讲标题后，张旭认真地写了演讲稿。比赛当天，张旭新颖、独特的立意和内容为观众带来了不一样的感觉，赢得了观众热烈的掌声。

名师点拨

在演讲中，新颖的主题更容易激发观众的兴趣，给观众带来新鲜感。张旭通过转换思考角度，选择了一个与众不同的演讲切入点。所谓"横看成岭侧成峰，远近高低各不同"，任何事物都是复杂的，都有多面性，因此，演讲者在构思演讲主题时，可以从多个角度进行思考，从而挖掘标新立异的内容。

二、确定演讲标题

标题是演讲稿的重要组成部分，一个好的标题不仅能让观众迅速了解演讲的内容，还能引起观众的兴趣，吸引观众的注意力，为演讲的成功奠定基础。

1. 确定演讲标题的原则

标题概括了演讲稿的核心内容，在演讲稿中起着画龙点睛的作用。在确定演讲标题时，演讲者需要遵循以下3个原则。

（1）标题要有内容

标题要与整个演讲稿的内容密切相关，能够直接揭示或概括演讲稿某一方面的内容，明确地告诉观众他们要听的是什么。例如，《北大之精神》《论气节》《谈谈德与才》等标题都表明了演讲的主要内容。

（2）标题要简练

标题要简练，字数不宜太多，句子不宜太长，越简练越好。这里所说的简练是以标题有内容为前提的。例如，《生活万岁》《科学的春天》等都是好标题，既简练又有内容。而标题《信念》《责任》虽然非常简练，但简练到了没有内容、没有意义，这样的标题就称不上好标题。

（3）标题要表态

针对自己讲述的问题，演讲者会持有某种明朗、强烈的态度或情感。因此，在拟定演讲标题时，演讲者也可以将这种态度或情感渗透到标题中，从而让标题具有表态、含情的作用，让观众一看到标题就能感受到演讲者所持的态度或情感，如《要为自由而奋斗》。

当然，也存在一些特殊情况。有相当一部分比较有名的演讲，其标题是以演讲者发表演讲的地点或会议的名称来确定的，如孙中山的《在东京中国留学生欢迎大会上的演说》、铁托的《在普拉的演说》、拿破仑的《在米兰的演说》、闻一多的《最后一次演讲》等。这些演讲标题并不完全符合上述拟定标题的原则，但它们仍不失为切题的标题，原因如下。

第一，在某个时期或在某个地点召开的特定会议具有特殊的意义，将会议的名称、召开会议的地点作为标题也就具有了特殊的意义。

第二，会议和会议召开的地点本身就对演讲稿的主题、内容作了规定。

第三，这些演讲有些是演讲者即兴演讲，有些是演讲者按照演讲提纲做出的演讲，其演讲词是后人根据记录整理而成的，如闻一多的《最后一次演讲》。

虽然使用发表演讲的地点或会议的名称作为标题有一定的可操作性，但演讲者在实际应用时不能照抄照搬。假如在一次全国先进职工报告会上，多位报告者以《在全国先进职工报告会上的演讲》作为演讲题目，就是非常不合理的。

2. 确定演讲标题的方法

好的标题具有风流蕴藉、生动传神的特点，能够给人留下深刻的印象。演讲者在拟定标题时，可以采用以下方法。

（1）抒发情感

演讲者可以在标题中抒发某种情感，以情感人，如《我骄傲，我是努力拼搏的"打工人"》《祖国，我爱你》等。

（2）提出疑问

在标题中提出疑问有利于激发观众的好奇心，增强观众对演讲的兴趣，如《你的大脑如何区分美与丑》《当你聚精会神时你的大脑是如何运作的》《当代大学生应该具备哪些素质》等。

（3）揭示内容或场合

演讲者可以在标题中直接揭示演讲的主要内容或演讲的场合。直接揭示演讲主要内容的标题，如《人文奥运，促进和谐》《人生需要拼搏》等。直接揭示演讲场合的标题，如《在省科技会议上的讲话》《在省委组织部欢迎会上的讲话》等。

（4）使用正、副标题

演讲者可以使用正标题加副标题的形式来设置标题，正标题揭示演讲的主题，副标题是对正标题的补充说明，如《让你的大脑转起来：提高学习效率的方法》《"是"：快速说服对方的秘诀》等。

（5）发出呼吁

发出呼吁就是演讲者在标题中表明自己的态度，向观众说明应该怎么做，如《绝不向偏见低头》《让青春释放正能量》《不拖延从现在开始》等。

（6）发出警示

使用祈使句或带有哲理的名人名言发出警示，以激起人们的警觉，如《注意！人生路上处处有红灯》《敢于走自己的路》等。

（7）使用修辞手法

在标题中使用一定的修辞手法，能够让标题更出彩。

① 比喻：使用比喻手法可以将比较抽象的事物具体化、形象化，使抽象的事物变得更容易被理解，如《父爱是座山》。

② 对偶：对偶句具有语言凝练、句式整齐、音韵和谐、富有节奏感的特点。对偶手法能使两个句子的意思形成互相补充和映衬，加强语言的感人效果，如《奉献无私，青春无悔》。

③ 对比：使用对比手法有利于形成对照，强化标题的表现力，如《想，要雄心万丈；干，要脚踏实地》。

专题二　撰写演讲稿的正文

演讲稿的正文包括开头、主体、结尾三个部分。每个部分都有自己独特的写作技巧，掌握这些写作技巧有助于撰写出高质量的演讲稿。

一、撰写演讲稿正文的基本原则

演讲稿是以"写"来体现说的艺术，演讲者在撰写演讲稿正文时需要遵循以下5个原则。

1. 主题鲜明、集中

演讲者在阐述自己的主张、见解、观点时，态度要明朗，观点要鲜明。此外，主题是演讲稿的灵魂和核心，演讲者在撰写演讲稿时要以主题为核心来展开正文内容。如果演讲稿的正文内容偏离了主题，就会导致文不对题，让观众无法理解演讲者讲的究竟是什么。

2. 内容层次清晰，有条理

层次是演讲稿中各类内容出现的先后次序，是演讲者根据演讲主题的需要对演讲材料加以选取和组合形成的。它反映了演讲者对客观事物的认识过程，也体现了演讲者的演讲思路。

书面文章的结构体现在段落的划分上，读者一看就能知道哪些内容是一个层次的意思，而演讲是用"说"来传递演讲稿中的内容，观众靠听觉接收信息，无法直接凭借视觉来感受演讲稿的内容层次。因此，在演讲稿中，演讲者可以使用明显的有声语言来划分内容层次，以此让观众了解演讲者的演讲思路。例如，演讲者可以在演讲稿中使用数字序号来表达内容的层次性，如提出三个问题或三种方法，使用"第一是……第二是……第三是……"或使用过渡句来表明层次，如加上"以上是第一点，接下来讲第二点"之类的话；也可以使用"首先……其次……第三……最后"等词语来区分层次。

3. 内容具有节奏感

节奏是指演讲内容体现出来的张弛起伏，它主要是通过演讲内容的变换来实现的。演讲者要在坚持以演讲主题为核心的前提下，在演讲稿中适当地插入散文、轶事、故事等不同类型的内容，这样既能让演讲稿不显得呆板，又能借助不同类型的内容让观众的注意力保持集中。呆板、沉滞的内容固然容易使观众产生疲劳感，但内容如果变换得过于频繁，也容易导致观众注意力涣散。因此，演讲稿的内容要具有节奏感，变换要适度，不能过于频繁。

4. 内容衔接自然、紧密

演讲稿的内容衔接主要是指演讲稿层次与层次之间、段落与段落之间的转换。演讲稿中各个层次的内容衔接要有浑然一体的整体感。因为演讲稿内容有节奏感的要求，演讲稿中的内容需要适时变化。同时，演讲者在注重演讲稿内容节奏感的同时，还要保证各内容之间的衔接性，让各内容的变换更为巧妙、自然。

5. 语言规范化、口语化

演讲稿虽然是书面语言，但它最终是通过口头语言来表达的，因此演讲稿的语言要规范化、口语化，并适当使用修辞手法。

（1）规范化

演讲者在演讲时使用的是普通话，即规范化的现代汉语，因此，演讲稿中所使用的语言在语音、词汇、语法等方面都应该符合普通话的要求。

（2）口语化

演讲稿中的语言要口语化，尽量通俗易懂、生动活泼。演讲者要注意多用完整句，少用省略句；多用简单的短句，少用复杂的长句；多用通俗易懂的词语，少用生涩拗口的术语；多用生动形象的修辞手法，少用抽象难懂的概念、原理。

（3）使用修辞手法

规范化解决的是演讲稿中的语言正不正确的问题，而修辞手法解决的是演讲稿中的语言美不美的问题。演讲者在演讲稿中适当地使用比喻、排比、借代、引用、比拟等修辞手法，不仅能增强演讲稿语言的表现力，强化演讲的效果，还能让观众获得美的享受，给他们留下深刻的印象。

二、演讲稿材料的收集、选择与使用

在演讲过程中，演讲者不能强迫观众接受自己的想法或观点，而应凭借充实的内容、丰富的论证来支持自己的观点，并使观众信服。材料的充分、可靠和典型的程度都是衡量演讲稿质量优劣的尺度。因此，在撰写演讲稿时，演讲者通常需要搜集一些材料，并从中选择合适的材料用于演讲稿中，以丰富演讲稿的内容，提高演讲稿的说服力。

1. 材料的收集

丰富且合理的材料是充实演讲主题，充分论证观点的有利条件。演讲者要有充足的材料积累，为演讲稿的写作提供素材。在收集材料时，可以采取以下方法。

① 用心观察。平时就要做有心人，善于观察，善于发现，将在日常生活中观察和发现的事情，以及自己的亲身经历及时地记录下来，存储到自己的头脑中。

② 可以通过查阅书籍、报刊、文献来收集材料。

③ 可以向身边的朋友、同事、家人请教，获得自己原来不知道的材料。

④ 通过采访相关领域的专家获得材料。

2. 材料的选择

在掌握的材料中，并非所有的材料都适合放到演讲稿中。因此，演讲者需要对收集来的材料进行选择。在选择材料时，要遵守以下5个原则。

① 选择与演讲主题相符，能充分支持演讲主题的材料，即凡是能突出、烘托主题的材料就选择，否则就舍弃。

② 选择具有典型性、代表性的，最能反映事物本质、最能体现演讲主题的材料。

③ 选择真实、可靠，客观世界确实存在的、有理论依据且符合实际的材料。

④ 选择新鲜、有趣的材料，避免使用一些陈旧、常被人引用的材料。

⑤ 在符合演讲主题的前提下，演讲者选择的材料要具有针对性。这种针对性包括两个方面，一是演讲者要针对演讲的场合，以及观众的文化程度、心理需求、兴趣等特点来选用材料；二是演讲者要选择那些自己熟悉、与自身身份相符的材料，这样不仅能让演讲者演讲时胸有成竹，还能让演讲者将演讲主题表达得更深刻，更具说服力。

┌─ **情景还原解析** ─┐

在"情景还原"板块中，张铭收集演讲材料时缺乏合理的规划，效率低下。演讲者在收集材料时要有明确的方向，围绕演讲主题，有计划、有针对性地去收集材料。缺乏计划性，盲目地、随意地收集材料只会浪费自己的时间和精力。

在收集材料之前，演讲者可以先想好自己需要找哪些材料，这些材料在哪些地方可以找到，这样确定了方向后，再收集材料就会简单许多。张铭可以制定一个详细的收集材料的方案：从教育学、心理学和名人著作等书籍中收集与个人成才、青年心理特点有关的理论；从网络上收集有关青年在工作岗位上励志成才的故事；在现实生活中收集本公司的青年职员在本职岗位上积极贡献、努力进取的先进事例。有了这样一个方向和范围都很明确的方案后，张铭在收集材料时就会更加得心应手。

3. 材料的使用

在撰写演讲稿的过程中，不能只是简单地将材料罗列出来，而是应该对材料的本质进行分析、概括、延伸，然后使用合适的语言对其进行渲染，使材料的内涵得以升华，进而更好地激发观众的心理共鸣。

一般来说，演讲者可以运用以下几种方法来升华材料的内涵。

（1）由点到面地扩展

演讲稿中使用的事实类的材料，如演讲者的一次亲身经历、一段人物描写、一个小故事等，这些材料虽然个别，但它们被选用到演讲稿中就说明具有一定的典型性，因此这些"个别"材料可以成为升华材料内涵的"点"。针对"个别"材料的叙述，推及包含"这一类"全部或部分材料内涵的概括，就是由点及面地扩展材料内涵的方法。

（2）由表及里地深化

有些事实材料蕴含着深刻的意义，如果演讲者只是将这些事实材料讲出来，而不详细说明其蕴含的深刻意义，观众也许就理解不了演讲者的用意。因此，演讲者在使用某个材料时不仅要客观地陈述材料内容，还要揭示该材料蕴含的深刻意义，这样才能让演讲发人深省。这种由客观陈述材料的内容到深刻揭示材料内在思想的方法，就是由表及里地深化材料内涵的方法。

（3）由此及彼地引申

演讲者可以将某个典型事件作为触发点加以引申，联系到其他与之相关的事件或事物，以使材料的内涵得以升华。

🕐 **小故事大道理**

捡小鱼的小女孩

一位医学专家在医学院开学讲话中讲了这样一个小故事：

在一个暴风雨过后的早晨，海滩上形成了很多浅水洼，里面困着很多被暴风雨卷上岸的小鱼。一个男人在海边散步。忽然，他看到一个小女孩正在从浅水洼里捞起小鱼，然后将小鱼扔回大海。

这个男人问小女孩："孩子，海滩上有这么多浅水洼，被困住的小鱼成百上千，你救不过来的。"

"我知道啊。"小女孩头也不抬地回答道，并继续扔着小鱼。

"那你为什么还在扔？谁在乎它们能不能活呢？"

小女孩边扔小鱼边回答："这条小鱼在乎！这条也在乎，还有这条……"

讲完这个小故事，医学专家说道："今天，你们正式进入大学生活，你们每一个人都将在这里学习如何拯救一个生命。虽然你们无法拯救所有的人，但是因为你们的存在，那些被你们拯救的人可以少受痛苦，享受美好的生活，这就是医务工作者存在的意义。"

名师点拨

医学专家讲述的虽然是一个小故事，但是这个小故事蕴含着深刻的道理，如果医学专家只是讲述了这个故事，而不对故事蕴含的道理进行说明，学生们可能无法很好地理解他讲这个故事的用意，而医学专家详细地阐述了这个小故事的寓意，使小故事的内容得到了升华，能更好地引导学生们树立正确的职业观。

（4）由陈及新的点化

对于一些经常被人引用的材料，演讲者可以从材料中挖掘具有现实意义的观点，或未被他人使用过的、新的内涵，这也是一种升华材料内涵的方法。

三、撰写演讲稿的开头

演讲稿的开头相当于演讲的开场白，它是演讲者与观众初步建立联系的桥梁，在整个演讲过程中起着至关重要的作用：一是它能激发观众对演讲的兴趣和好奇心，吸引观众的注意力；二是它能为接下来的演讲做好铺垫，让演讲者顺利进入演讲主题。因此，演讲者要精心设计演讲稿的开头，力图使演讲一开始就抓住观众的心，获得观众的好感，为演讲成功奠定基础。

下面分享一些常见的撰写演讲稿开头的方法。

1. 开门见山式

开门见山式就是开头直截了当地说明演讲的主题，表明自己的目的。例如，一篇标题为《人的命运是不可能被注定的》演讲稿的开头是这样的："大家好，今天能在这里和大家面对面地交流，我感到非常荣幸！在此我希望和大家分享我的一段经历，告诉大家一句对我的人生产生重要影响的话——人的命运是不可能被注定的！"

2. 提问式

提问式就是开头以问题引路，抛出一个与演讲主题相关的问题，引发观众思考，激发观众的好奇心。例如，一篇以"如何高效率开会"为主题的演讲稿的开头是这样的："在讲座正式开始之前，我想先和大家探讨几个问题：工作中，你是不是有很多时间都在开会？你是否有过这样的经历，连续开几个小时的会，但问题仍未得到解决？那么，我们究竟应该怎样做才能提高开会的效率，更好地解决问题呢？"

提问式的开头有利于引发与观众的互动，活跃演讲现场的气氛，要想达到这种效果，演讲者在采取提问式开头时可以采用以下技巧。

（1）问题要与演讲主题有关

运用提问式的开头，无论在开头提出何种问题，都要保证这些问题与演讲主题有关，这是最基本的要求。问题与演讲主题有关才能更好地借问题引出演讲主题，让演讲内容的过渡更加自然。

（2）问题要通俗易懂

如果问题的内容比较深奥，演讲者在提问时要用通俗易懂的方式来提问，让观众更好地理解问题，只有观众理解了问题，才愿意去回答问题。

3. 设问式

设问式就是在开头用问句提出问题，之后再给予相应的解答，采取自问自答的方式，激发观众的兴趣。例如，一篇以"诚信既珍贵又脆弱"为主题的演讲稿的开头是这样的："大家都知道诚信是可贵的，但是大家想过诚信也是非常脆弱的吗？是的，诚信可贵，但它也很脆弱。它如初生婴儿一般，一旦失去呵护就会变得岌岌可危，也像小树幼苗一般经历不起风雨。"

4. 引用名言式

经典的名人名言、格言，以及常用的谚语、诗词名句等或富含丰富的感情，或蕴含深刻的哲理，再加上语言优美，因此深受人们的喜爱和传诵，人们也认可它们的权威性和说服力。因此，演讲者可以适当使用名言作为开头。例如，一篇以"学会尊重"为主题的演讲稿的开头是这样的："所谓'爱人者，人恒爱之；敬人者，人恒敬之。'每个人都希望自己能获得别人的尊重，但是我们应该明白，尊重是相互的，我们要想获得别人的尊重，首先要学会尊重别人。这也是我今天要演讲的题目——学会尊重。"

5. 故事式

所谓故事式开头，就是在开头讲一个情节扣人心弦、内容精彩的故事，制造某种悬念，引起观众的注意，激发他们对演讲的兴趣。例如，一篇以"人生的选择"为主题的演讲稿的开头是这样的：

"在此我想先和大家分享一个我在中学时代听到过的小故事：

"两个工作不如意的年轻人，一起去拜访老师，他们向老师提问道：'老师，我们在办公室被欺负，太痛苦了，您说，我们是不是应该辞掉这份工作？'老师闭着眼睛，沉默了半天，说出了五个字：'不过一碗饭'，就挥挥手示意年轻人退下。两个年轻人听了之后各有所悟，回到公司后，一人向公司领导递交了辞呈，回家种地，另一个人则决定留在公司。

"时间过得很快，转眼十年过去了。回家种田的年轻人采取现代经营理念和方法辛勤劳作，居然成了农业专家；留在公司的年轻人不再抱怨，努力学习，提升自己，渐渐受到公司领导的器重，也成了经理。这个故事所体现的是对待人生中选择的一种从容的态度，很多事不过是一念之间，无论做出什么样的选择，都应该认真对待，这样才可能获得比较好的结果。"

6. 修辞式

修辞式就是在开头使用比喻、夸张、排比、对偶、反复、设问等修辞手法，营造一种意境，感染观众。例如，一篇以"奋斗"为主题的演讲稿就运用了比喻和排比的形式来开头："如果人生如水，那么奋斗就是炽热的火焰，为人生带来沸腾的未来；如果人生是一架热气球，那么奋斗就是热烈的空气，为人生带来俯视众生的明天；如果人生是一艘扬帆起航的船只，那么奋斗就是提供动力的风，让人生之船驶向波澜壮阔的前方。"

7. 设置悬念式

每个人都有一颗好奇的心，在演讲稿的开头设置悬念，能有效地抓住观众的注意力，调动观众的情绪，使观众为了探索悬念的真相而专心倾听演讲。在开头设置的悬念之后顺势引入演讲主题，能使观众在接受真相的同时也接受演讲主题，从而更容易让主题深入人心。

例如，某位演讲者撰写的《让爱永驻人间》演讲稿，开头是这样的："世界上有这么一种东西，它能使你在浩瀚无垠的戈壁沙漠中看见希望的绿洲；它能使你在千年不化的冰山雪岭中领略温暖的春意；它能使你在雾海苍茫的人生旅途中拨正偏离的航向；它能使你在荒凉凄冷的孤寂心里收获快乐的果实。它是无形的，却有着巨大而有形的力量；它是无声的，却鸣着神奇如春雷一般的回响！也许有人会问：是什么这么伟大？这么神奇？我要说，它就是——爱，是人类对美好生活，对自己同胞的真诚的爱心！"

在这篇演讲稿的开头，演讲者很好地运用了设置悬念的方法，借助悬念先引人深思，激发观众对真相的好奇，随后演讲者在揭示悬念真相的同时也引入了演讲的主题。

8. 反向切入式

正面切入式是顺理成章、顺其自然地切入演讲主题；反向切入并不是与正向对立，而是脱离观众所熟知的视角，以出人意料的角度切入演讲主题，讲究的是出奇制胜。反向切入的角度与观众的惯性思维构成一定的反差，让观众的惯性思维受到"挫折"，从而带入新鲜内容，调动观众的积极性，使演讲渐入佳境。

例如，某位演讲者撰写的《我推崇敢于自我否定的女性》演讲稿，开头是这样的："有人推崇事业上有所作为的女性；有人推崇生活中温柔、贤良的女性；还有人推崇不但在事业上有所作为，而且生活中温柔贤良的女性，我却推崇敢于自我否定的女性。"

🕐 **小故事大道理**

出乎意料的祝福

一位班主任在学生的毕业欢送会致辞时是这样开头的："我原来想祝福大家一帆风顺，但仔细一想，这样说不恰当。祝某人一帆风顺就如同祝某人万寿无疆一样，是一个美丽而又空洞的谎言。人生漫漫，必然会遇到许多艰难困苦，如……"随后班主任列举了很多人在一生中遇到各种艰难困苦的事例，最后班主任总结道："不一帆风顺的人生才是真实的人生，在逆风险浪中奋勇拼搏的人生才是辉煌的人生。我就祝大家奋勇拼搏，在坎坷的人生征途中用坚实有力的步伐走向美好的未来！"

名师点拨

用意想不到的见解引出话题，能造成"此言一出，举座皆惊"的艺术效果。"一帆风顺"是常见的吉祥祝语，而这位班主任另辟蹊径，从另一个角度概括了人生哲理，这样的演讲发人深省，令人印象深刻。

四、撰写演讲稿的主体

主体是演讲稿开头和结尾之间的部分，是演讲稿的核心内容，它既要紧承开头，又要内容充实，逻辑清晰地说明主题，进而激发观众的认同感。一般来说，演讲者在撰写演讲稿的主体时需要注意以下几个要点。

1. 承接开头

演讲者在演讲稿的开头提出了某个观点，在主体部分就应该针对这个观点进行详细的论述。如果开头提出了一个观点，主体部分讲的是另一个观点，就会导致整篇演讲稿结构松散，甚至内容偏离主题。

2. 选好重点

任何一篇演讲稿都有重点部分和非重点部分、主要部分和次要部分。对于能够突出演讲主题的内容，我们要着力渲染；对于主题影响不大的话题，要适当修剪，不能喧宾夺主，否则影响主题的发挥。

3. 逻辑清晰

演讲稿主体部分的内容无论是叙事、说理还是抒情，都要紧扣演讲主题，逻辑清晰。为了增强演讲稿主体部分的层次性，在撰写演讲稿主体时，可以采取以下4种结构布局。

（1）直叙式结构

直叙式结构是指以时间先后的顺序，或以事情的发生、发展及变化的顺序来写作。这种结构虽然层次单一，但是能清楚地说明事情的来龙去脉，常用于介绍个人成长过程、他人先进事迹、企业发展历程等。

（2）递进式结构

递进式结构是指将演讲主题分解成若干个分论点，然后对分论点进行逐个论述，从而形成层层递进、步步深入的论证步骤。一般来说，在这种结构布局中，先讲什么内容、后讲什么内容都是有严密的逻辑的，各个内容的顺序一般是不能调换的。

（3）并列式结构

并列式结构是指围绕演讲主题，从不同的角度进行论证。各个论证的内容之间是平等、并列的关系，且位置可以互相调换。

（4）对比式结构

对比式结构是指采用同类对比或正反对比的方式对演讲主题进行论证，即在分论点与分论点之间、段落与段落之间形成对比，让观众从对比中理解并接受演讲者的观点。例如，演讲者撰写以"讲究诚信"为主题的演讲稿，就可以分别从讲究诚信如何促使人获得成功，不讲究诚信如何导致人失败正反两个角度进行论述，给人以启示。

五、撰写演讲稿的结尾

文章的写作讲究"凤头豹尾"，演讲稿同样如此。好的结尾不仅能使演讲稿的主题得到升华，还能发人深省，感召观众，激发观众的共鸣，大大提高演讲的说服力。演讲者在撰写演讲稿的结尾时，可以采用以下5种方法。

1. 总结式

总结式结尾就是演讲者在结尾用简明扼要的语言对演讲的内容和观点进行一下概括和总结，以突出中心、强化主题，加深观众对演讲主题的印象。例如，某位演讲者在《人生需要拼搏》演讲稿中这样结尾："朋友们，我们还年轻，没有资格轻视自己。我们都可以成为雄鹰，尽情地翱翔于天空。我们可以选择不同的飞翔方向，但不可以拒绝飞翔！人来世间走一回，如果只是虚度光阴，我们的人生将会是多么无趣！只要敢于展现自我，敢于拼搏，你总能找到最佳的表现时机。请记住，翅膀属于天空，年轻只有这一次，请记住——人生需要拼搏！"

2. 首尾呼应式

首尾呼应式结尾就是结尾和开头互相呼应，从而达到深化主题的目的。例如，在《人的命运是不可能被注定的》演讲稿中，演讲者在开头开门见山地指出了演讲的主题："大家好，今天能在这里和大家面对面地进行交流，我感到非常荣幸！在此我希望和大家分享我的一段经历，告诉大家一句对我的人生产生重要影响的话——人的命运是不可能被注定的！"

在演讲稿的结尾，演讲者呼应开头再次强调了演讲主题："最后，我送给大家一句话，这句话就是我在开头告诉大家的——人的命运是不可能被注定的！让我们扼住命运的咽喉，做一名生命的强者！愿各位年轻朋友都挺起胸膛，勇敢地去追求幸福的生活，去创造属于自己的辉煌人生！"

3. 号召式

号召式结尾就是演讲者以慷慨激昂、热情澎湃的语言向观众发出呼唤，或提出希望，或发出号召，以激发观众的情感共鸣，尽可能地刺激观众产生某种行为。例如，某演讲稿的结尾是这样的："朋友们，我的演讲马上就要结束了，我最后呼吁大家积极关注气候变暖现象，将自己的行动付诸实际，让我们共同为保护地球环境献出一份力！"

号召式结尾在说服型演讲、激励型演讲中产生的效果尤为显著。演讲者采取这种结尾的方式，需要注意两点：一是演讲者最好使用"我们""咱们"等词语，因为这些词语有利于拉近自己与观众的心理距离，降低观众的抵触情绪；二是在号召观众采取某种行动时，演讲者不要以一种指挥者的姿态要求观众"你们应该怎样做"，而要尽量使用"我愿""让我们"之类的字眼，以一种平等的、共同参与的态度去号召观众，这样观众才会愿意自发地采取行动。

为什么使用"我们"能够收到这样的效果呢？因为"我们""我们的""我们大家"是具有共同意识的字眼，演讲者频繁地使用这些字眼会让人产生好感。首先，这些字眼容易缩短演讲者与观众之间的心理距离，让观众觉得演讲者和自己是一个整体，是同呼吸共命运的；其次，这些字眼也能让观众觉得演讲者是有感情的，愿意接受并主动与观众融为一体的。

因此，演说词中常常会出现"我们所想的""我们这种表现"等词句。这就是演讲者的高明之处，他们用"我们""我们大家"等字眼，激发观众的归属团体意识，表示自己所说的内容是与你、我众人息息相关的。因此，演讲者往往只需简单的几句话，就能激发观众的同类同族意识，使观众产生认同心理。

4. 引用式

所谓引用式结尾，就是指演讲者可以引用名人名言或诗词作为演讲稿的结尾。

推崇权威是一种普遍存在的社会心理，引用名人名言来结束演讲，能有效提升演讲内容的权威性，增强演讲内容的说服力。在撰写演讲稿的结尾时，可以采用这种写法："最后，我想引用×××的一句话来结束我的演讲……""最后我把×××的一句话送给大家共勉……"

演讲者也可以选用一些脍炙人口、哲理性强或抒情性强的诗词作为演讲稿的结尾，可以让演讲稿显得典雅而富有魅力，给观众带来清新、优雅的感觉。

为了更好地发挥名人名言、诗词的作用，在引用名人名言、诗词时要注意以下三点：一是引用的名人名言、诗词必须正确，不能存在错误；二是所引用的名人名言、诗词要与演讲主题相关，名人名言、诗词所表达的思想要与演讲主题相契合；三是不宜选择篇幅太长的诗词，以免因诗词太长导致结尾拖沓，引起观众的反感。

5. 幽默式

除了在庄重场合发表的演讲外，演讲者可以用一段有趣的话作为演讲稿的结尾，这样可以使演讲稿更具趣味性，为观众营造愉快的氛围。在利用幽默的语言来作为演讲稿的结尾时，要做到自然、真实，保证幽默的语言与演讲主题相契合，不要矫揉造作、装腔作势，否则只会引起观众的反感。

六、演讲稿范文赏析
【范文一】

人格是最高的学位[1]

白岩松

很多很多年前，有一位学大提琴的年轻人向伟大的大提琴家卡萨尔斯讨教：我怎样才能成为一名优秀的大提琴家？卡萨尔斯面对雄心勃勃的年轻人，意味深长地回答：先成为优秀而大写的人，然后成为一名优秀和大写的音乐人，再然后就会成为一名优秀的大提琴家。

听到这个故事时我还年少，老人回答时所透露出的含义我还理解不多，然而随着采访中接触的人越来越多，这个回答就在我脑海中越印越深。

在采访北大教授季羡林时，我听到一个关于他的真实故事。有一个秋天，北大新学期开始了，一个外地来的学子背着大包小包走进了校园，他实在太累了，就把包放在路边。这时刚好一位老人走来，年轻学子就拜托老人替自己看一下包，而自己则轻装去办入学手续。老人爽快地答应。近一个小时过去，学子归来，老人还在尽职尽责地看守。学子谢过老人，两人分别。几日后在北大的开学典礼上，这位年轻的学子惊讶地发现，主席台上就座的北大副校长季羡林正是那一天替自己看行李的老人。

我不知道这位学子当时是一种怎样的心情，但在我听过这个故事之后强烈地感觉到：人格才是最高的学位。

后来，我又在医院采访了世纪老人冰心。我问先生："您现在最关心的是什么？"老人的回答简单而感人："是年老病人的状况。"

当时的冰心已接近人生的终点，而这位在五四运动中走上文学创作之路的老人心中对芸芸众生的关爱之情历经近80年的岁月而依然未老，这又是怎样的一种传统！

冰心的身躯并不强壮，即使年轻时也少有飒爽英姿的模样，然而她这一生却用自己当笔，拿岁月当稿纸，写下了一篇关于"爱是一种力量"的文章，在她离去之后给我们留下了一个伟大的背影。

今天我们纪念五四运动，80年前那场运动中的呐喊、呼号、血泪都已变成一种文字留在典籍中，每当我们这些后人翻阅时，历史都是平静地看着我们，这个时候，我们觉得80年前的事已经距今太久了。

然而，当你有机会和经过五四运动或受过五四运动影响的老人接触后，你就知道，历史和传统其实一直离我们很近。这些世纪老人在陆续地离去，他们留下的爱国心和高深的学问却一直在我们心中不老。但在今天，我还想加上一条，这些世纪老人所独具的人格魅力是不是也该作

---

1 资料来源：白岩松参加"演讲与口才杯"全国新闻界"做文与做人"演讲比赛时所作的演讲。

为一种传统被我们延续下去？

　　不久前我在北大听到一个新故事，清新而感人。一批刚刚走进校园的年轻人，相约去看季羡林先生，走到门口，却开始犹豫，他们怕冒失地打扰了先生。最后决定每人用竹子在季老家门口的土地上留下问候的话语，然后才满意地离去。

　　这该是怎样美丽的一幅画面！在季老家不远，是北大的博雅塔在未名湖中留下的投影，而在季老家门口的问候语中，是不是也有先生的人格魅力在学子心中留下的投影呢？

　　听多了这样的故事，便常常觉得自己是只气球，仿佛飞得很高，仔细一看却是被浮云拖着；外表看上去也还饱满，肚子里却是空空。这样想着就有些担心了，怎么能走更长的路呢？于是，"渴望年老"四个字对于我就不再是幻想中的白发苍苍或身份证上改成60岁，而是如何在自己还年轻时，便能吸取优秀老人身上所具有的种种优秀品质。于是，我也更加知道了卡萨尔斯回答中所具有的深意。怎样才能成为一个优秀的主持人呢？心中有个声音在回答：先成为一个优秀的人，然后成为一个优秀的新闻人，再然后是自然地成为一名优秀的节目主持人。

　　我知道，这条路很长，但我将执着地前行。

　　范文赏析：该篇演讲稿主题鲜明、深刻，标题简练，态度鲜明。演讲稿以故事开头，引出演讲主题。通过讲述生活中的名人小事，以小见大，于平实中见生动，随意中现真情，以亲切、自然的语言论证了演讲主题。最后，演讲稿的内容从名人故事转移到演讲者自己身上，通过名人故事引发对自我的思考，以呼应开头的方式来结尾再次点明了演讲主题。

【范文二】

扬自强之精神　做中流之砥柱[1]
——在清华大学2019年本科生毕业典礼上的讲话

　　亲爱的同学们，老师们，亲友们，来宾们：

　　今天是一个难忘的日子。3000多名同学完成本科学业，即将踏上人生的新征程。作为校长，我和大家一样激动，在此，向你们和你们的亲友表示最热烈的祝贺！向悉心指导你们的老师表示最衷心的感谢！

　　同学们，你们是我担任校长之后迎来的第一批本科生。我很高兴能见证你们4年的成长，很欣喜看到你们顺利毕业。从2015年8月20日的开学典礼，到今天2019年7月7日的毕业典礼，你们在这个园子里走过了1418天。你们入学的那一年，西操场换上了漂亮的蓝色跑道，紫荆园举办了"川湘美食节"。今年，你们又见证了清华田径队实现首都高校田径运动会"十连冠"、校园里诞生第一家24小时书店。4年前在东操场，你们身着迷彩服，口号嘹亮、英姿飒爽，完成了大学第一课——军训。4年后的今天，还是在东操场，你们身着学位服，心怀壮志、意气风发，参加大学里最后一次全校集体活动——毕业典礼。"春风化雨乐未央，行健不息须自强。"自强不息、厚德载物的校训涵养了你们的君子气质，行胜于言的校风塑造了你们的笃实品格。你

---
1 资料来源：清华大学新闻网。

们用热情奔放的青春活力，在清华108年的历史画卷中写下了绚丽的一笔。在过去的4年中，我们一同见证了奋进的清华不断呈现新气象，变革的清华持续展现新作为，开放的清华主动拓展新视野。在扎根中国大地建设世界一流大学的道路上，自信的清华担当起时代的责任，不断开拓进取、昂首向前。

青年是时代的先锋。一代又一代清华人爱国奉献、追求卓越，成为推动国家富强、民族复兴的中坚力量。在山河破碎的年代，清华学子在"一二·九"运动中发出了"华北之大，已经安放不得一张平静的书桌"的救亡呼声。在改革开放之初，清华人提出了"从我做起，从现在做起"的行动口号。在日新月异的新世纪，"立大志、入主流、上大舞台、干大事业"成为清华人的坚定选择。同学们，你们正处在砥砺奋进的新时代，生逢其时、重任在肩。清华为你们打下了自强的人生底色，你们要做走在时代前列的自强者，以青春之我、赤子之心，接续奋斗、凯歌前行！

自强者，强在自胜。《道德经》有云："知人者智，自知者明，胜人者有力，自胜者强。"真正的强者，不以战胜别人为目标，而以超越自我为追求。1914年11月5日，梁启超先生在清华发表题为《君子》的演讲，勉励清华学子"摈私欲尚果毅"，"见义勇为，不避艰险"，进而"挽既倒之狂澜，作中流之砥柱"。自强者要主动克服自身的弱点和不足，努力完善自我、提升自我，不断成就更好的自我。

自强者永远以国家至上，以人民为先。俄国作家果戈里曾说："为了国家的利益，使自己的一生变成有用的一生，纵然只能效绵薄之力，我也会热血沸腾。"今年90岁高龄的"两弹一星"元勋周光召学长，1946年至1952年在清华大学求学。20世纪60年代初，正在国外工作的周光召毅然放弃已取得重大突破的理论物理研究，回国参与原子弹研制。他参加领导了爆炸物理、辐射流力学、高温高压物理等研究工作，为我国国防事业和科学事业做出了杰出贡献。同学们，希望你们永远把祖国和人民放在心中最崇高的位置，在服务祖国、人民的奋斗中绽放自我。

自强者永远不惧风雨，在逆境中始终保持奋进的姿态。奋斗的道路从来都不会一帆风顺，真正的强者总是在挫折中不断奋起、永不气馁。你们之中的本科生特等奖学金获得者江国琛同学，承受着父母身患重病、家庭经济困难的巨大压力，始终坚定自立自强的信心。他学习刻苦、进步显著，曾在学校的资助下赴斯坦福大学进行暑期研修并取得优异成绩。他饮水思源、热心公益，成为一名清华大学五星级志愿者。你们之中的宫克威同学，曾为清华夺得11个冠军，去年代表国家参加雅加达亚运会并获得男子十项全能第4名。其实，他在入学之初的运动成绩并不理想，但他每天坚持训练，风雨无阻。今天，他没能来参加毕业典礼，因为他正在意大利那不勒斯世界大学生夏季运动会的赛场上全力拼搏。同学们，让我们为江国琛和宫克威点赞！也为你们每一个人过去4年的成长成熟和你们呈现出的自强精神点赞、喝彩！

自强者永远以创新为矢志不渝的追求，总是满怀"虽九死其犹未悔"的壮志豪情。当今世界正处于百年未有之大变局，新一轮科技革命和产业变革方兴未艾。在这个蕴含无限可能、充满无限挑战的大时代，创新精神是自强精神的最好体现。要自强，必创新；唯创新，才自强。在前进的路上，自强创新是我们直面风险与挑战、战胜困难与挫折的坚定姿态。同学们，希望你们将自强不息的精神融入对创新的不懈追求之中，努力破解时代难题，服务国家发展，促进人类福祉，为建设更加美好的世界贡献出全部的热情、智慧和力量。

　　"未逢黄石书谁授，不坠青云志自强。"刚健自强是清华人永远的精神气质。新时代的清华人要自觉听从历史的召唤，不断超越自我，厚植家国情怀，无畏艰难困苦，敢于引领创新，扬自强之精神，做中流之砥柱！

　　亲爱的同学们，今天是一个让人眷恋的日子。我希望你们记住，清华永远是你们温暖的家。欢迎你们随时回家！

　　范文赏析：这篇演讲稿的立意深刻，具有很强的激励意义。该演讲稿层次鲜明，结构清晰，引用案例丰富，既有古代贤人名言，又有当代名人的事例，还有学生身边同学的现实事例。通过丰富的论证，该演讲稿以总结式的方式结尾，点明了演讲主题。

回顾·思考·讨论·应用

一、单元知识要点

　　确定演讲主题：确定演讲主题的原则、标准。确定演讲标题：确定演讲标题的原则、方法。撰写演讲稿正文的基本原则。演讲稿材料的收集、选择与使用。撰写演讲稿开头、主体与结尾。

二、选择题

1. 演讲主题的适应性包括（　　）。

　　①演讲主题要适应观众的实际情况　　②演讲主题要适应演讲者自己的身份、能力
　　③演讲主题要符合时代精神　　④演讲主题要适应演讲的时间、场合和气氛

　　A. ①②③　　　　　　B. ①③④　　　　　　C. ①②④　　　　　　D. ②③④

2. "演讲的主题要观点突出，能让观众一听就知道演讲者要讲的是什么内容"体现了演讲主题要（　　）的标准。

　　A. 正面　　　　　　B. 集中　　　　　　C. 深刻　　　　　　D. 鲜明

3. 某位同学参加一场以"理想与追求"为主题的演讲，他将自己演讲稿的标题拟为《理想篇》，以下关于这个标题的说法正确的是（　　）。

　　A. 标题较好，符合演讲标题有内容、简练、要表态的原则。

　　B. 标题不好，太宽泛，违反了演讲标题要有内容的原则。

　　C. 标题不好，与演讲主题不相符。

　　D. 标题不好，内容太简练。

4. 在演讲稿中使用"第一是……第二是……第三是……"，"以上是第一点，接下来讲第二点"之类的话语，或者是"首先……其次……再次……最后"等词语能够有效体现演讲稿的（　　）。

　　A. 主题鲜明、集中　　　　　　B. 内容具有节奏感

　　C. 层次清晰，有调理　　　　　　D. 内容衔接自然

5. 有些事实材料蕴含着深刻的意义，演讲者在使用材料时不仅要客观地陈述材料内容，更要揭示该材料蕴含的深刻意义，这样才能让材料发人深省。这种使用材料的方式是（　　）。

　　A. 由点到面的扩展　　　　　　B. 由表及里的深化

C. 由此及彼的引申　　　　　　　　　　D. 由陈及新的点化

三、问答题

1. 确定演讲主题的基本原则是什么？

2. 撰写演讲稿正文的基本原则是什么？

四、实践与应用

1. 寻找幸福的人有两类。一类人像在登山，他们以为人生最大的幸福在山顶，于是穷尽一生地去攀登高峰。另一类人也像是在登山，但他们并不在意自己最终能攀登到山的哪里，一路上走走停停，看看树木、赏赏花草、吹吹清风，心灵在放松中得到某种满足。尽管他们没有获得大愉悦，然而这些琐碎而细微的小风景、小自在，萦绕于心扉，也使他们的身心获得了美好的享受。

根据以上材料，请以"寻找幸福"为主题撰写一篇演讲稿。

2. 请细心品味下面两段话，从中选择一段话并体会其深意，自定主题和标题，撰写一篇演讲稿。

（1）你不可以左右天气，但你可以改变心情；你不可以事事顺利，但你可以事事尽力；你不可以改变不公，但你可以展现笑容；你不可以预知明天，但你可以把握今天。

（2）真正让我疲惫的，不是遥远的路途，而是鞋子里的一粒沙。

撰写条理清晰的演讲稿

第三单元
提升演讲语言的感染力

书面语言的感情色彩可以体现在辞章文采上，而口头语言的感情色彩则主要体现在声音和语言上。好听的声音如悦耳的歌声一样，让人百听不厌；抑扬顿挫的语言表达能给人带来强烈的节奏感，让口头语言的表达更有感染力。因此，演讲者可以试着改善自己的声音，改善演讲时的语言表达方式，从而让演讲更出彩。

课前思考

1 在演讲时怎样让自己的话抑扬顿挫，具有节奏感？

2 试着说出几种口头表达能力的训练方法。

情景还原

慢一点也许会更好

在每年6月中旬公司组织的年中业绩报告会上，各部门的负责人都要对本部门上半年的工作情况作报告，这是杨涛的工作职责。为了避免自己再出现之前那样大脑一片空白的情况，杨涛事先做好了充足的准备，他写了一份内容详细的演讲稿，并将其背得滚瓜烂熟。

虽然做好了充足的准备，在报告会当天，杨涛仍然非常紧张，简单地介绍自己之后，他就开始向领导们介绍销售部上半年取得的成绩、遇到的困难、采取的措施，以及下半年工作的安排等情况。杨涛说话的速度非常快，本来需要半个小时完成的汇报，他只用了20分钟。

杨涛结束汇报后，总经理对他说道："销售部在上半年的工作成绩不错，希望你们继续努力。不过，我希望杨主管在下次做汇报时，在讲到一些重点事项、重点数据时能讲得稍微慢一点，你得给我们留一点时间消化，让我们跟上你的思维啊！"

你认为在做汇报时语速太快是什么原因造成的？语速过快会产生什么不利影响？你有没有一些避免语速过快的方法？

专题一 语言表达技巧

抑扬顿挫、高低起伏的语言能给观众以美的享受。演讲者发表演讲时应当吐字清晰、准确，注意运用语气、停顿、语速、重音等表达技巧，有时舒缓徐慢，有时高亢激奋，有时停顿间歇，这样才能牵动观众的思绪，扣击观众的心弦。

一、吐字清晰、准确

在演讲中，吐字清晰、准确是演讲者清楚地传达自己思想的第一要务。演讲者只有将字一个一个地说清楚，才能使观众听懂自己的话，知道自己在讲什么，从而理解自己的观点，接受自己的观点。因此，演讲者在演讲时需要注意以下3点。

1. 发准字音

发准字音是形成正确的语言表达的要素之一，只有发准每一个字、词的读音，才能将自己想要表达的意思正确地传达出来。如果发音不准，很容易造成歧义，导致观众误解。发准字音最关键的是做好声母、韵母发音，尤其是发音比较容易混淆的几组声母与韵母的发音。

（1）平舌音与翘舌音

平舌音（z、c、s）：发音时，舌尖平伸，抵住或接近上齿背，如"自愿""鱼刺""私人"。

翘舌音（zh、ch、sh）：发音时，舌尖翘起，接近或接触硬腭最前端，如"志愿""鱼翅""诗人"。

（2）唇齿音与舌根音

唇齿音（f）：发音时上齿与下唇内缘接近，唇形向两边展开，如"舅父""公费""斧头"。

舌根音（h）：发音时舌头后缩，舌根抬起，和软腭接近，唇舌部位不能接触，如"救护""工会""虎头"。

（3）舌尖中鼻音与舌尖中边音

舌尖中鼻音（n）：发音时舌尖及舌边均上举，顶住上齿龈，气流从鼻腔出来，如"楠木""无奈"。

舌尖中边音（l）：发音时舌尖前端上举，气流从舌头两边透出，如"栏目""无赖"。

（4）前鼻韵母与后鼻韵母

前鼻韵母（鼻韵母中以–n为韵尾的韵母）：发音时，元音发出以后，舌头向前移动，舌尖抬起顶住上齿龈形成阻碍，使气流从鼻腔透出，用鼻辅音n作为音节的收尾，如"扳手""女篮""反问"。

后鼻韵母（以舌根浊鼻音–ng为韵尾的韵母）：发音时，元音发出后，舌头向后面收缩，舌根抬起顶住软腭，使气流从鼻腔透出，用鼻辅音ng收尾，如"帮手""女郎""访问"。

2. 声调要准

声调是形成正确的语言表达的第二个要素。在汉语普通话中，同样的拼音会因为声调的不同产生不同的语义。例如拼音"ying ye"，音节"ying"取第二声，音节"ye"取第四声，就是"营业"；音节"ying"取第三声，音节"ye"取第四声，就是"影业"。再如拼音"zhi dao"，随着声调的不同，可以是"知道""指导""直到"等多个不同的词语。因此，演讲者在演讲时要注意发准字或词的声调，以免造成歧义，导致观众误解。

3. 杜绝"吃"字

所谓"吃"字，就是演讲者在演讲的过程中，在说某些字或词时发音不完全，没有将这些字或词的读音完全说出来，而是将其一带而过，使得这些字或词形成了一种似有若无的发音。例如，一个人问另一个人："最近忙什么呢？"如果这个人在说"什么"二字时发音很低，且说得很快，对方就很容易将其听成"最近忙呢？"这种情况就属于说话者"吃"字。在演讲的过程中，演讲者"吃"字不仅会影响观众对演讲内容的理解，还会给观众留下说话随意、不稳重的印象。

二、用不同的语气传达情绪

语气是在一定的具体思想感情支配下具体语句的声音形式。"语"是通过声音表现出来的"话语"，"气"是支撑声音表现出来的话的"气息状态"。各个语句的本质不同，语言环境不同，每一个语句必然呈现出"这一句"的具体感情色彩和分量，并表现为千差万别的声音形式。换句话说，语气既包含内在的感情色彩，又有外在的声音的高低、强弱、虚实的表现。

在语言交流中，语气是用不同的声音和气息表达不同的语意和感情的技巧，即"声气传情"的技巧。语气所表达的感情色彩是语句内在的具体思想感情的显露，这种显露表现在气息的变化上。

不同感情色彩的语气及其气息特点如表3-1所示。

表3-1　不同感情色彩的语气及其气息特点

语气类型	气息特点	例句
"爱"的语气	"气徐声柔"，发音器官宽松，用声自如，气息深长，出语轻软，给人以温和的感觉	我爱爸爸
"恨"的语气	"气足声硬"，发音器官紧窄，气猛而多阻塞，似忍无可忍，咬牙切齿，给人以挤压感	我恨你
"悲"的语气	"气沉声缓"，发音器官欲紧又松，气息先出，声音后出。声音郁闷沉静，欲言又止，给人迟滞的感觉	唉！太惨了
"喜"的语气	"气满声高"，发音器官松弛，气息顺畅，激情洋溢，给人以兴奋的感觉	啊！我终于成功了！
"惧"的语气	"气提声抖"，发音器官迟钝，气息好像是积存于胸，出气强弱不匀，出语不顺，给人以"衰竭感"	我，我再也不敢了

续表

语气类型	气息特点	例句
"急"的语气	"气短声促"，吐字弹射有力，气息急迫，出语间隙停顿短暂，给人以催促逼迫的感觉	不好了！不好了！有人落水了！
"冷"的语气	"气少声淡"，发音器官松弛，气息微弱，给人以冷寂的感觉	啊，我早就知道会这样了
"怒"的语气	"气粗声重"，发音器官力度加大，气息纵放不收，语势迅猛不可遏制，给人以震动的感觉	你给我滚！
"疑"的语气	"气细声黏"，发音器官欲松还紧，气息欲连还断，吐字夸张韵腹，给人以怀疑、踌躇的感觉	你真的不知道这件事？
"欲"的语气	"气多声放"，发音器官积极敞开，气息力求顺达，给人以伸张感	我一定要得第一名！

所有使用有声语言的场合，都离不开语气的支持。演讲者要想提升自己演讲内容的感染力，就应该掌握熟练驾驭语气的能力，能在不同的语境下使用合适的语气来表达相应的内容，传达相应的思想感情。

当演讲者想要表达充满正气的内容，传达激昂的情绪，鼓舞观众的士气时，可以使用慷慨激昂的语气。这种语气具有强烈的鼓动性和感染力，能给观众产生一种气势磅礴的感受，使他们受到激励。当演讲者讲述了一个充满悲情色彩的故事，传达悲痛的情绪时，可以使用低沉、压抑的语气，这样的语气能使观众产生沉闷、压抑的感受。

语气是有声语言重要的表达技巧之一，演讲者懂得在演讲中灵活运用语气辅助语言表达，有利于获得更好的演讲效果。

小故事大道理

用热情"燃烧"对方

曾任微软CEO（首席执行官）的史蒂夫·鲍尔默除了具备商业天赋和卓尔不群的市场直觉之外，他最引人注目的特点就是"易于激动"。激动时，鲍尔默习惯把任何东西都强调3遍。

一天，微软公司召开大会，员工们听见一个无与伦比的大嗓门喊道："有用的是市场份额！市场份额！市场份额！原因只有一条，如果你占有市场份额，你实际上就使对手们只剩下呼入维持生存的氧气的能力，而我们需维持的就是对手们奄奄一息！"

一次在新奥尔良召开的一年一度的销售大会上，鲍尔默又扯开嗓子："我爱微软！我爱微软！我爱微软！"使得5万多名销售人员热血沸腾，欢呼声长达5分钟。

名师点拨

演讲者富有激情的演讲会让观众热血澎湃，内心涌动，更能给观众带来空前的震撼，或是让人振作，或是让人悲叹，甚至是让人流泪。鲍尔默的演讲之所以能够振奋人心，就是因为他善于用极具感染力的语气去激发观众的热情。不同的语气能传达出一个人不同的情绪，所以在演讲中演讲者要懂得适时地转换演讲的语气，用语气去感染观众。

三、正确地运用停顿

停顿是指语句或词语之间声音上中断、停止的地方。停顿是口头语言表达的重要技巧，是体现文章语意，表达感情的需要。在演讲中，合理的停顿不仅是句子结构上的需要，也是充分表达演讲者思想感情的需要。同时，合理的停顿也可以为观众提供思考和接受演讲内容的时间，帮助观众更好地理解演讲内容，并加深印象。

小故事大道理

用停顿制造悬念

陈文涛是一家以生产计算机软硬件、消费电子产品为主的高科技公司的首席执行官，每当公司新产品上市时，陈文涛都会举办一场新品发布会。在新品发布会的演讲上，陈文涛总能够赋予演讲以生命，让它"自由呼吸"。当他阐述一个关键点时，他常常会停顿几秒，从而达到意想不到的演讲效果。

在一款手机新品发布会上，陈文涛说道："今天，我们将为大家推出一款能变形的智能手机。"这时，他停顿了数十秒，然后接着说："它是一款既能当手机用，又能当平板电脑用的智能手机。"他又停顿了一下，然后抛出了震惊全场的关键性话题："它就是柔性折叠屏智能手机。"

名师点拨

停顿是演讲中的"休止符"，恰到好处的停顿能够使观众对主题进行深入的关注和思考，使演讲者的信息得到更加有效而巧妙的传达。此外，停顿还带有一定的悬念意味，能激发观众的好奇心，从而提高观众的注意力，激起观众急切听下去的欲望。

1. 停顿的类型

演讲中的停顿包括生理停顿、语法停顿、强调停顿、逻辑停顿、心理停顿和特殊停顿。

（1）生理停顿

生理停顿是指演讲者在演讲时为了调节气息所做出的短暂停顿。生理停顿不影响语意表达、不割裂语法结构。遇到长句子时，演讲者很难一口气将其说完，此时就应该在句中做恰当的停顿。例如"当前人们在就业过程中面临着激烈的竞争，一名大学生经过层层选拔终于找到了一份在北京某科技公司下属分公司当软件开发师的工作。"这个句子较长，很难一口气说完，为了调节气息，可以在说的时候对句子做适当的停顿处理："当前人们在就业过程中面临着激烈的竞争，一名大学生／经过层层选拔／终于找到了一份／在北京某科技公司下属分公司／当软件开发师的工作。"

（2）语法停顿

语法停顿是反映词语间的语法关系，显示句子、段落结构的停顿。标点符号是语法停顿的主要特征，语法停顿的时长与标点符号大致相关。一般来说，句号、问号、叹号后的停顿比分号、冒号长；分号、冒号后的停顿比逗号长；逗号后的停顿比顿号长。而在段落之间，句子之间，段落与段落之间停顿的时间要比句子与句子之间停顿的时间长。

在没有标点符号的地方，为了体现词语间的语法关系，有时也需要稍作停顿。一般来说，词语间停顿的时间比标点符号停顿的时间短一些。例如，句子"我们五个人一组"在不同的词语之间停顿，可以产生不同的意思。"我们／五个人一组"这样停顿，表示每五个人为一组；"我们五个人／一组"这样停顿，则表示这五个人是一组，其他组可能是五个人一组，也可能并非是五个人一组。

（3）强调停顿

强调停顿是指为了强调某一事物，突出某种语境或某种感情所做的停顿。演讲者需要通过仔细揣摩演讲稿的内容，深刻体会其内在含义、思想感情来安排强调停顿。例如，"我希望／每个人都能像松树一样／具有坚强的意志和崇高的品质。"为了突出"希望"和"像松树一样"，在这两处作停顿处理。

（4）逻辑停顿

逻辑停顿是指为了观众更好地理解一段话的意思，在一些地方所做的停顿。逻辑停顿分为以下几种情况。

① 呼应性停顿

呼应性停顿是指在有呼有应的句子里为了体现呼应关系所做的停顿。在使用这种停顿时，演讲者要清楚句子中的呼应关系，明白哪里是"呼"，哪里是"应"；有几个"呼"，有几个"应"；是先"呼"后"应"，还是先"应"后"呼"。例如，在"下面朗读／李白的《蜀道难》"中，"朗读"是"呼"，"李白的《蜀道难》"是"应"。

呼应性停顿会出现一"呼"多"应"、多"呼"一"应"的情况。例如，"她／当过教师，当过销售员，还做过电商主播。"是一个一"呼"多"应"的句子，"她"是"呼"，后面的都是"应"。而"她很有才华，教师、销售员、电商主播／都干得不错。"则是一个多"呼"一"应"的句子，"她很有才华，教师、销售员、电商主播"是"呼"，"都干得不错"是"应"。

② 并列性停顿

并列性停顿是指在句子或段落中属于同等位置、同等关系的词语之间的停顿。例如"山／朗润起来了，水／涨起来了，太阳的脸／红起来了。"在这句话中，"山""水""太阳的脸"是并列关系，山怎么样、水怎么样、太阳的脸怎么样也构成并列关系，分别在"山""水""太阳的脸"后面停顿有利于使语义表达得更明确，并形成节奏感。

③ 转换性停顿

转换性停顿是指由一种意思转换成另一种意思，一种感情转换成另一种感情时的停顿。例如，"我们不能延长生命的长度，但／可以拓宽生命的宽度。"

（5）心理停顿

心理停顿是指演讲者根据演讲内容所体现的心理情绪所做的停顿。在使用这种停顿时，演讲者需要对演讲稿的内容有深刻的理解和精准的把握。例如"盼望着，盼望着，东风来了，春天的脚步／近了。"一句话中，在"春天的脚步"后面停顿一下，可以表现出演讲者对春天即将到来的喜悦之情。

（6）特殊停顿

特殊停顿是为了加强某些特殊效果或应付演讲现场的某些特殊需要而采用的停顿。例如，演讲者为了突出某个关键点，在讲到这个关键点时停顿十几秒不讲话，停顿结束之后再继续演讲。

在演讲中，演讲者可以在以下4种情况下使用特殊停顿。

① 控制现场秩序

如果演讲过程中出现观众交头接耳、议论纷纷，现场秩序不太好的情况，那么演讲者可以适当地停顿一下，用停顿将观众的注意力吸引到自己身上，以达到"控场"的目的。

小故事大道理

沉默的一分多钟

林彦上台后准备开始自己的演讲，此时台下有些观众还在说悄悄话。林彦向观众说了一句："朋友们，大家好，很高兴今天能和大家一起探讨一些问题。"他发现有些观众还是在说悄悄话，于是便安静地站在台上，也不讲话，就这样持续了一分多钟。台下的观众看到林彦只是站在台上也不讲话，觉得非常奇怪，纷纷停止说话，开始注视林彦，会场一片安静。

这时，林彦才不慌不忙地开口说道："作为演讲者我刚才有一分多钟的时间没有讲话，浪费了大家的时间，在此向大家说一声'抱歉'。所谓'无规矩不成方圆'，作为演讲者我需要具备一定的职业素养，遵守相关的职业要求，那么作为观众是不是也应该遵守观众的规范和要求呢？今天我要演讲的题目就是《人人都应该讲职业道德》。"话音一落，现场一片掌声，林彦得以顺利地继续自己的演讲。

名师点拨

演讲者本来应该开始演讲，但他只是站在那里不讲话，观众会好奇演讲者为什么不说话，这样演讲者就将观众的注意力吸引到了自己身上。如果演讲者保持沉默不讲话，观众却没有注意到，仍然在讲悄悄话，此时演讲者可以适当地用言语提醒观众保持安静。

② 列举事例之前

在演讲的过程中，有些演讲者喜欢在说理、议论之后讲一个故事或事例来证明前面的观点，以加深观众的理解。演讲者可以在列举事例之前稍微停顿一下，这时观众会猜想究竟演讲者接下来会讲一个什么样的事例，这样演讲者就充分激起了观众的好奇心，让他们将注意力集中在听后面的事例上。

③ 话题转移时

在书面语言中，一个段落结束后再起一个段落时需要另起一行，且新段落的前面会空两个格，清楚地表明新段落的开始。口头语言中无法用空格表示新段落的开始，但可以通过停顿来表示话题的转移。演讲者在结束一个话题后开始一个新话题之前，可以稍微停顿一下，这样既能表示话题的转移，又能让观众在理解完上一个话题之后有一个缓冲的时间，然后集中注意力听下一个话题。

④ 观众鼓掌或发出笑声时

当演讲者讲到精彩之处，现场往往会出现观众掌声大作、议论声不断或笑声不断的情况，此时演讲者就应该稍作停顿，停止讲话。如果观众的掌声、议论声或笑声持续的时间比较长，演讲者可以伸出双手，掌面朝下，双手做按压的动作，示意观众停止发出掌声、议论声或笑声，待掌声、议论声或笑声停止之后，演讲者再继续演讲。这样是尊重观众的表现，既可以为观众提供表达情感的时间，又能与观众形成良好的互动。

2. 使用停顿的注意事项

在演讲过程中，灵活运用停顿是演讲者需要掌握的一项技能。有技巧的停顿不仅能使演讲内容富有层次感和表现力，还能引人入胜，激发观众听下去的欲望。演讲者在演讲中使用停顿时，需要注意以下事项。

（1）结合具体语境

停顿具有丰富的含义，不同语境下的停顿能传达出不同的意思。有的停顿能传达演讲者喜悦的心情，有的停顿能传达演讲者思想感情的转变，而有的停顿则是语法上的需要……因此，演讲者必须结合具体的语境来使用停顿。

（2）停顿的时间长短要适度

停顿确实能对观众产生一定的影响，但如果演讲者停顿的时长不合适，结果只会适得其反：演讲者停顿的时间太短，观众没有反应过来，等于没停顿；演讲者停顿的时间太长，观众有足够的时间思考演讲者停顿的原因，在演讲者抛出高潮之前已经做好了心理准备，那么演讲者本来想通过停顿强调的话反而会变得平淡无味。因此，在具体的应用中，演讲者在根据演讲的内容、语境等使用停顿时，停顿的时间长短要适度。

（3）恰当地辅以态势语言

在演讲中，停顿只表示说话声音的停止，并不意味着演讲者要静止地站立在原地。为了增强停顿的表现力，演讲者在停顿的同时还可以通过眼神、表情等态势语言来传递某种信息。例如，演讲者在停顿的同时可以借助眼神与观众进行交流，也可以通过严肃、喜悦、忧伤或愤怒的表情向观众传达信息。此时，演讲者虽然没有说一字一词，但演讲者在停顿中所发出的态势语言也能向观众传递信息。

提升演讲语言的感染力

四、运用不同的语速增强语言感染力

演讲感染人的重要手段之一就是通过生动的语言流露感情，尤其是在说服型演讲中，要想让观众接受你的思想，首先就要能够吸引住观众，这样才有利于妙语攻心，更快地说服观众。成功的演讲者大都能够利用生动的语言抓住观众的心理，句句掷地有声，在观众平静的心湖里激起层层波浪。

语速，即人在单位时间内所吐音节的多少。在演讲中，语速的变化也是表情达意的重要手段。语速和演讲的节奏密切相关，语速有快有慢，快慢相间，变化有致，能够给人以一种变化的美感。总是保持一个语速、一个节奏，不仅不利于表情达意，还会令观众感到索然无味。

在演讲中，常见的语速有快语速、正常语速和慢语速3种，演讲者要根据自己表达感情的需要来选择合适的语速。

1. 快语速

快语速就是说话的速度非常快。当演讲者表达兴奋、热烈、激动、愤怒、紧急、呼吁的思想感情时，语速要适当加快，给观众营造滔滔不绝、势如破竹的气势；当演讲的内容达到高潮，或演讲者为制造结尾"戛然而止"的效果蓄势时，演讲者的语速也可以有一个陡然加速的过程。但需要注意的是，加快语速并不是一口气将多个句子说完，如果句子较长、较多，演讲者加快语速，在说时喘不过气来，反而会影响演讲的效果。

2. 正常语速

正常语速就是演讲者用自己平常说话时的语速发表演讲。这种语速适合表达平稳、平静的情绪。演讲者在做一般性说明或叙述时，语速不要太快，也不要太慢，使用正常语速即可。

3. 慢语速

慢语速就是说话的速度很慢。当讲到极为严肃的事情想给人以警醒时，当表达悲伤、怀念、失落、失望等情绪想唤起观众的注意时，想在自己的讲述中作特别的强调时，故设疑问引人思考时，演讲者都要注意减慢语速，以让观众有时间思考。

┤ 情景还原解析 ├

　　造成语速过快的原因，通常来说有两种：一种是演讲者比较紧张，一紧张就想赶快把话说完，赶快下台；另一种是演讲者的说话习惯，由于他平时不注意说话语速的问题，慢慢养成了所谓的"快人快语"的习惯。

　　在"情景还原"板块中，杨涛说话速度过快主要是紧张造成的。说话语速过快不仅容易导致演讲者思考的速度跟不上嘴说的速度，出现语无伦次的情况，还容易让观众跟不上说话者的思路，观众无法理解演讲者想要表达的意思。

　　如果演讲者因为紧张才导致说话速度太快，平时语速并不快，那么只要消除了紧张情绪，就会恢复良好的状态。如果演讲者是因为自身的说话习惯而语速太快，那么在平时演讲者可以用意识来控制自己，经常提醒自己说话时要慢一点。演讲者也可以采取慢读的方式做一些朗读练习，在慢读中体会慢的感觉。

五、运用重音强调语句重点

重音是指说话或演讲时为了突出主体、表达思想、抒发感情而对语句中的某些词语加以突出强调的音。在语句中，重音的位置不同，语意也随之发生变化。例如：

我知道你爱看综艺节目。（别以为我不知道）

我知道你爱看综艺节目。（你爱不爱看电影、电视剧，我不知道）

1. 重音的类型

重音可以分为语法重音、强调重音两种类型。

（1）语法重音

语法重音是指根据语句的结构特点自然表现出来的重音。语法重音有规律可循，重音的位置也比较固定，其常见的规律如下。

① 句子里的谓语部分通常是重音。例如：山朗润起来了，水涨起来了，太阳的脸红起来了。

② 定语、状语、补语常常是重音。例如：现在正是枝繁叶茂的时节。

③ 疑问代词和指示代词常常是重音。例如：这就是白杨树。

（2）强调重音

强调重音是指为了突出某种思想感情或强调某种特殊意义而把语句中的某些词语加以强调的音。强调重音没有固定的位置，不受语法制约，它是由语句所要表达的重点决定的。强调重音主要有以下4种情况。

① 突出话语重点，能表明语意的词语。例如：我是医学院的学生。（谁是医学院的学生？）我是医学院的学生。（我不是其他学院的学生。）

② 表示并列、对比、呼应、递进等关系的词语。例如：一个夏天，太阳暖暖地照着，海在很远的地方奔腾怒吼，绿叶在树枝上飒飒地响。（"照着""奔腾怒吼""飒飒地响"为并列重音。）长颈鹿很高，猫很矮。长颈鹿说："长得高多好啊！"猫说："不对，长得矮才好呢"。（对比重音，突出了两种动物对自身身高的自满和吹嘘。）

③ 表达某种强烈感情的词语。例如：别了，我爱的祖国，我全心爱着的祖国。（表达对祖国的惜别之情。）

④ 表示比喻、拟声的词语。例如：会场里响起了雷鸣般的掌声。（突出掌声的响亮。）周围一片

漆黑，我在荒地里走着，突然一只野鸟"扑棱"一声从杂草里飞了出来，吓得我直冒冷汗。（表示当时野外的寂静和"我"内心的极度恐惧。）

2. 重音的表现方法

重音的表现方法主要有以下4种。

① 加强音量：有意识地将某些词语读得重一些、响一些，使其音量增强。例如：让暴风雨来得更猛烈些吧！

② 拖长音节：有意识地拖长某些词语的音节，以突出重音。例如：太阳像负着什么重担似的，慢慢儿，一纵一纵地使劲向上升。

③ 重音轻读：用减轻音量的方法将需要突出的词句轻缓而有力地读出来。一般在表达极为细腻的感情时常用这种方法。例如：漓江的水真静啊，静得让你感觉不到它在流动；漓江的水真清啊，清得可以看见江底的沙石；漓江的水真绿啊，绿得仿佛那是一块无瑕的翡翠，船桨激起的微波扩散出一道道水纹，才让你感觉到船在前进，岸在后移。

④ 停顿强调：在需要强调的词语后面做短暂的停顿。例如：经过上千次的失败后，今天终于成功了！

六、语言表达的9个要求

演讲者在进行语言表达时，要达到以下9个要求。

1. 准确

演讲者应当做到发音准确、吐字清晰、措辞精当、语法正确、词达意明、合乎逻辑。只有这样，演讲者才能传递出准确的信息，进而引起观众的共鸣。

2. 明白

演讲应该思路清晰、通俗易懂、有条有理，直叙其意、直抒其情、直言其理、不过分雕琢、不牵强附会，否则观众就会如坠云里雾中，演讲效果就大打折扣了。

3. 简洁

演讲语言应简约而明达，既言简意赅、画龙点睛，又见解独到深刻，令人耳目一新。这样的语言才会具有感染力和吸引力，演讲内容才能够像春雨一样流入观众心田。

4. 通俗

通俗是为了易懂，但通俗易懂并不等于可以掺杂方言土语、南腔北调。通俗易懂的启发式演讲语言能产生"一石激起千层浪""言有尽而意无穷"的效果。

5. 文雅

文雅的语言最能体现演讲者的文化素养和道德修养。因此，演讲的一言一语都要做到温文尔雅、吐词自然、语调和谐、悦耳，杜绝粗言秽语、野话、粗话。

6. 优美

优美的演讲语言不仅要求流利的普通话，而且要求有抑扬顿挫和轻重缓急。演讲语言应时如滔滔激流，叩醒头脑；时如霏霏细雨，润入肺腑；时而慷慨激昂，催人奋进；时而轻言慢语，诱人善良。

7. 生动

演讲语言的生动性、启发性、趣味性和感召力，能使演讲达到新鲜活泼、绘声绘色、活灵活现地再现表达内容和思想感情的效果。

8. 有情

语言是传播媒介，演讲实质上是通过语言传达感情，将演讲者内心的情感转化为语言符号传播出来，演讲的语言必须以真情实感打动观众，才能以情育情，引起观众心灵的颤动和共鸣。

9. 幽默

幽默的语言具有高雅性、启发性和教育性。在演讲过程中，恰如其分地使用一些幽默的语言，不仅可以使分享气氛活跃而轻松，增强演讲效果，而且还能让演讲者和观众在笑声中交流和深化感情。

七、避免使用无意义的口头禅

口头禅是指一个人习惯有意或无意间讲的话语。一个演讲者是否可以在演讲中使用口头禅呢？如果口头禅是经过设计的，用来作为一个演讲者或一场演讲的标志，彰显演讲者或演讲的特色，那么这样的口头禅是可以使用的。这就像在一些电视剧或电影中，主角会说一些口头禅一样，这些口头禅往往就是为了体现角色的性格特征而专门设计的。

有些演讲者在演讲中却经常使用一些毫无意义的话语，如"嗯""啊""然后""这个""那个"等。这样的口头禅是不建议使用的，因为这些话语在演讲中并不能表示任何有意义的内容，演讲者在演讲中偶尔使用一次无伤大雅，一旦这些话语成为演讲者的口头禅，频繁地出现在演讲中，就容易影响演讲的效果，甚至引发观众的反感。因此，演讲者要想追求好的演讲效果，就应该改掉自己在演讲中频繁地使用无意义口头禅的习惯。

🕐 小故事大道理

令人厌烦的"是不是"

张军是一个自主创业者，随着公司业务的发展，他的"出镜率"越来越高，公司的招商路演、新品发布会都是由他去上台发言。为了提高自己当众讲话的水平，让自己在路演和发布会上讲话时变得更加得心应手，张军经常观看自己在路演和发布会上讲话的视频，从中寻找自身存在的问题。

通过观看视频，张军发现自己在讲话时非常喜欢说"是不是"这三个字。一次15分钟的讲话就出现了30多次"是不是"，张军觉得自己听着都累，但回想起来，当时他完全没有感觉到自己说了这么多次"是不是。"

名师点拨

在演讲过程中，演讲者自己也许意识不到自己的口头禅。如果经常当众演讲，演讲者可以通过观看自己讲话时的视频来发现问题，也可以在结束演讲后询问观众，通过他们听演讲的感受，来发现演讲有待改进的地方。

口头禅在一定程度上能反映说话者的心理状态。对于演讲者来说，在演讲中频繁地使用没有意义的口头禅，通常是因为演讲者紧张、对演讲内容不熟悉，或者是太想追求演讲过程的流畅性。了解了演讲中说口头禅的原因后，接下来演讲者就可以采用以下方法，对症下药，改掉在演讲中说口头禅的习惯。

1. 做好充分准备

在演讲之前，演讲者最好准备一份演讲稿，并熟读、熟记演讲稿中的内容。有条件的话，演讲者可以进行反复的预演甚至彩排。

2. 自我纠正

在预演或彩排时，演讲者可以邀请朋友或同事旁听，并请朋友或同事在听到自己说口头禅时及时提示，也可以在预演或彩排时使用手机或录音机录音，预演或彩排完后进行复听，统计口头禅出现的次数和位置，分析出现口头禅的原因，然后在后续的预演或彩排中进行相应的调整和改进，直至口头禅出现的次数不会对演讲效果造成不良影响，甚至是演讲中没有出现口头禅为止。

3. 控制语速

在演讲的过程中，演讲者可以适当地放慢语速，这样能向观众展现出自己从容不迫的状态。同时，演讲者语速慢一点，也能给自己充分的组织语言的时间，让自己的思维跟上自己的语速，让语言表达更加顺畅，这样能避免自己因语速过快，思维跟不上而说一些无意义的口头禅。

4. 适当地增加停顿

演讲者可以在演讲中适当地增加停顿。这样一方面观众可以利用停顿的时间消化刚刚听到的内容，另一方面演讲者也可以利用停顿的时间快速思考接下来自己要说的内容，从而避免自己因为紧张忘词而说一些无意义的口头禅。

5. 多做即兴发言的练习

演讲者可以多方寻找能够让自己当众讲话的机会，锻炼自己当众讲话的能力。演讲者练习得越多，越能在当众讲话时不紧张，从而减少因紧张说口头禅的情况的出现。

专题二　提高口头表达能力的方法

人们的口头表达能力是可以通过后天不断地学习和锻炼来提高的。下面将介绍几种提高口头表达能力的方法。

一、发声训练法

演讲者要想提高口头表达能力，需要掌握一定的发声技巧、采用发声训练法锻炼发音吐字，可以让自己说出的语音既准确、清晰，又响亮、圆润，具有音乐美。

1. 呼吸控制训练

"气乃音之本"，呼吸是声音的动力来源，充足、稳定的气息是发音的基础。人体呼吸运动原理如图3-1所示。

胸腹联合呼吸法充分调动了肋骨和膈肌的运动，呼吸活动范围大，肋骨和膈肌伸缩性强，可以使气息均匀平衡，其理想的状态是做到"吸气一大片、呼气一条线；气断情不断，声断意不断"。需要注意的是，呼吸训练不能在饱腹时进行，否则容易造成胃下垂。因此，呼吸训练最好在空腹时进行。

胸腹联合呼吸法的训练方法如下。

（1）调整姿势

练习胸腹联合呼吸法之前，演讲者要有良好的状态，并调整好姿势，无论采取坐姿还是站姿，都要保证姿势端正，眼睛平视前方，胸部、双肩放松，保持精神饱满的状态。

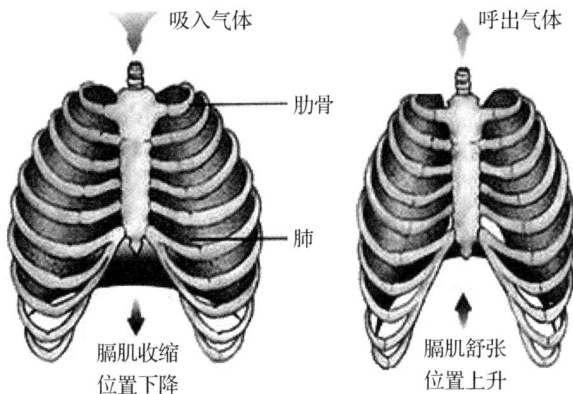

图3-1　人体呼吸运动原理

（2）吸气要领

气息下沉：引导气息到达肺的底部，以增加进气量。

两肋打开：放松肩部、胸部，随着气息的吸入，下肋自然地向两边扩展，此时腰部有种发胀的感觉，腰带逐渐变紧。

膈肌下降：有意识地收缩膈肌并让其下降。

收起小腹：胸部因吸气而扩张的同时，让腹部肌肉向小腹肚脐下三指处收缩，而上腹壁保持不凸不凹的状态。

（3）呼气要领

小腹收缩：保持吸气肌肉群不松动，小腹仍然保持收缩状态。

两肋回收：收缩呼气肌肉群，两肋慢慢回缩。

膈肌上升：两肋回缩的同时膈肌慢慢上升，随着肺部气息的逐渐呼出，小腹慢慢地放松。

双向对抗：呼气的同时自然地保持着吸气的状态，让吸气肌肉群与呼气肌肉群之间形成一种对抗，以便让呼气变得均匀、稳定。

人类的声音绝大多数是在呼气的过程中发出的，因此，使用胸腹联合呼吸法锻炼发声的关键点在对呼气的控制上。

2. 气息控制训练

气息是人体发声的基础和动力，气息的速度、流量、压力的大小会直接影响声音的高低、强弱、长短及共鸣情况。可以这样说，要想控制声音，驾驭语言，就要学会控制气息，这样才能做到以气驭声，以声传情。对于演讲者来说，掌握一定的气息控制方法对控制气息有着非常大的帮助。演讲者可以参考以下方法来进行气息控制训练。

（1）气息体操

训练方法：双目微闭，以站立姿势为宜。整套体操共分为10节。

第1节：快吸快呼　第2节：慢吸慢呼

第3节：快吸慢呼　第4节：慢吸快呼

第5节：深吸浅呼　第6节：浅吸深呼

第7节：鼻吸鼻呼　第8节：口吸口呼

第9节：鼻吸口呼　第10节：口吸鼻呼

（2）闻花练气

训练方法如下。

① 坐直，静心，躯干略前倾，头正、肩松、小腹微收，舌尖抵住上腭，如闻花香般从容吸气，感觉气流好像沿脊柱而下，后腰部逐渐有胀满感，两肋向外扩张，小腹逐渐紧收，吸气至七八成满；控制一两秒，然后缓缓吐气，以达到20～30秒为合格。

② 缓慢地吸气，然后缓慢地呼气。呼吸过程要慢而不僵，各部分器官配合协调，气息均匀。

③ 缩短吸气时间（急吸气），像要喊住突然发现的远方走来的熟人似的，急速吸气，两肋一下子提起，但动作不能让人有明显察觉。气息很快地进入肺部，然后相当缓慢地呼出，每一瞬间使用的力量都应当是相等的。

（3）气息数数

训练方法：先吸足一口气，屏息数秒，然后用均匀的、轻微的、带有气息的声音（如说悄悄话那样）数1～100的数字。在开始阶段不要求数太多，应该逐渐增多。数数时尽量不撒气、不跑气。

（4）"数葫芦抬米"

训练方法：吸足一口气，然后数词。先做词组练习，"一个葫芦、两个葫芦、三个葫芦……"再做短语练习，"一只蚂蚁抬一粒米、两只蚂蚁抬两粒米、三只蚂蚁抬三粒米……"

（5）压腹数数

训练方法：平躺在床上，在腹部压上一些书或其他重物（开始阶段压的重物可少些，逐渐增加）。吸足一口气，从1开始数数，一直数到气息用尽。这是对气息输出做强制训练，目的是增强腹肌和膈肌的控气力度。这个练习可以在睡前做。

（6）偷气换气

训练方法：选一篇长句较多的文章，也可找来一段快板书或山东快书，用较快的速度念，在气息不足时运用"偷气"技巧，读后确定最佳换气处。

（7）软口盖练习

训练方法：最常见的是"闭口打哈欠"，即打哈欠时故意不张开嘴，而是强制用鼻吸气、呼气。

（8）跑步背诗

训练方法：在户外或室内跑步机上跑步出现轻微气喘时，背一首短小的古诗。也可两人配合练习，并肩小跑，一人一句地背诵古诗或其他经典诗词。背诵时要尽量控制不出现喘息声。一首诗背完后，要调节呼吸，再继续进行。需要注意的是，激烈运动时不可进行此项训练。

3. 共鸣控制训练

由声带振动产生的声音的音量是非常小的，这些声音必须借助共鸣器官的作用才能扩大音量。科学地调节共鸣器官可以丰富或改变声音色彩，同时起到保护声带、延长声带寿命的作用。

（1）口腔共鸣训练

口腔共鸣最主要的一点，就是发声时鼻咽要关闭，不产生鼻泄露。练习者可以通过诵读带有a、o、e、u、ü等韵母的字词来进行口腔共鸣训练。采取这种方法训练时，需要注意以下3点。

① 唇齿贴紧，可以提高声音的亮度。训练时可适当收紧双唇，使其贴近上下齿。缩短声腔的长度，使声音快速透出口腔，改善共鸣。练习者可先用单元音做练习，待唇部相对稳定后，再用小的句段进行练习，比较这样发音与自然状态发音音色的区别。

② 嘴角略微上抬，消除消极音色。发音时习惯嘴角下垂，不利于表达欢乐、积极的感情。可以

结合"提颧肌"动作，使嘴角略微上抬，体会声音色彩的变化。先用单元音做练习，再用小的句段进行练习，比较它与习惯发音有何不同。在进行声音训练时，多使用阴平声调，这样有利于体会声音和气息。

③ 在发带有o、u、ü韵母的字时，嘴唇不要过度撅起，否则容易导致音色黯淡、字音含混不清。

（2）鼻腔共鸣训练

鼻腔共鸣是通过软腭来实现的，标准的鼻辅音m、n就是这样发声的。因此，练习者可以用m、n开头的音训练，体会鼻腔共鸣，如"弥漫""泥泞""美貌""妈妈""命名""头脑""牛奶"。

（3）胸腔共鸣训练

胸腔的空间及共鸣能量大，发出的声音不仅有深度和宽度，还更浑厚、宽广。

用较低的声音发ha音，声音不要过亮，这时的声音是浑厚的，可以感觉到是从胸腔发声的。如果感觉不明显，可以逐渐降低音高，也可以用手轻按胸部帮助感觉发声的变化。

用a做练习音，从高到低，从实声到虚声发长音，练习者可逐渐体会声音在上胸腔振动的强烈程度，然后在这一声音段做胸腔共鸣练习。一般来说，较低而又柔和的声音易于产生胸腔共鸣。

4. 吐字归音训练

吐字归音是指我国传统戏曲声乐艺术的一种发音方法。它根据汉语语音特点，将一个音节的发音过程分为"出字""立字""归音"三个阶段。对每一个发音阶段的控制，可以使吐字达到清晰有力、珠圆玉润的效果。

下面以"diàn"这个音节为例，具体介绍吐字归音法的发音方法。

（1）出字

出字是指字头（声母）和字颈（介音，又称韵头）的发音过程，即"咬字"阶段。出字要求干净利落、弹发有力，并与韵头迅速结合。在实际发音中，主要是声母的发音要达到这个要求。例如，音节"diàn"的声母"d"的发音过程是：舌尖与上齿背形成阻力，蓄积足够的气力，然后迅速消除舌尖与上齿背的阻力，打开口腔。

（2）立字

立字是指韵腹（字腹）的发音过程。韵腹的发音应有"拉开立起"之势，要"立得住"。韵腹的发音直接影响着整个音节的发音效果。在音节"diàn"的发音过程中，出字阶段完成后就应该打开口腔，并将口腔调整至发"a"音的状态。此时，气息要跟上，并保持充实状态。与韵头和韵尾相比，韵腹发音持续的时间最长，口腔应该有"立体"展开的感觉。即使是i、u、ü等窄元音充当韵腹时，在发韵腹的音时也要将口腔适当地张开得大一些。

（3）归音

归音是指音节发音的收尾过程，要求字尾弱收，肌肉由紧渐松，口腔随之由开渐闭、渐松。归音要干净利索，不可拖泥带水留尾巴，不能因为韵腹发音要响亮就任意延长发音的收尾过程，这样容易造成因声废字；归音也要趋向鲜明，唇舌的动作要准确、"到家"。

二、速读法

顾名思义，"速读"也就是快速地朗读。这里的"读"是指用嘴大声地读出来，而不是用眼去读。速读法锻炼的是口齿的灵活度。

找一篇演讲词、一首诗词，或一篇散文。先用词典把作品中自己不认识或弄不懂的字、词查出来，分析并理解作品的中心思想，然后开始朗读。一般第一次朗读时速度比较慢，以后朗读的速度逐次加快，直到自己所能达到的最快速度。

速读的"快"必须建立在吐字清楚、发音干净利落的基础上。也就是说，在速读时发音要准确，吐字要清晰，每个字音都要尽量达到发声完整。因为如果不把每个字音都完整地发出来，那么速度一旦加快后，就会让人很难听清楚。因此，训练时不能为了追求速读的语速，而忽视语音、语义的完整性。

速读法的优点是不受时间、地点的约束，无论在何时何地，只要手头有一篇文章就可以进行练习。而且这种训练方法也不受人员的限制，不需要他人的配合，一个人就可以独立完成。

当然，练习者也可以找一位同伴听听自己的速读练习，让他指出自己速读中存在的问题，如哪个字发音不够准确，哪个地方吐字不够清晰等，这样就更有利于有目的地纠正与训练。练习者也可以使用录音机把自己的速读录下来，然后认真听，从中找出不足并进行改进。

三、朗诵法

朗诵是锻炼个人口才的有效途径之一。朗诵训练不仅能使人口齿伶俐、吐字清晰、语音准确、语流顺畅，还能有效地培养一个人对语言词汇的体味能力，以及确立口语表述最佳形式的自我鉴别能力。

1. 朗诵与朗读的区别

朗诵和朗读都属于将书面语言转换成有声语言的活动，但两者有着本质的区别。朗读是指清晰响亮地把文章念出来，它本质上是一种"念读"，其目的是将书面文字清晰、准确地转化为有声语言。朗读不追求以情动人的艺术表达，而强调忠于原文，注重的是让观众听清楚。

朗诵是指大声诵读诗或散文，把作品的感情表达出来。朗诵是高层次的朗读，是一种对语言表达再创造的过程。练习者需要在深入理解文稿内容的基础上产生真实的感情，然后通过富有感染力的声音准确、生动地还原作品的语气、语调、情感节奏，使无声的书面语言变成形象、生动的有声语言，因此它具有表演的成分。朗诵注重的是让观众受感动，它呼唤的是观众的情感共鸣，追求的是使观众听之入耳、入心、动情的艺术感染力。

朗读不要求脱稿，朗读者可以手拿着文稿进行朗读。朗诵属于艺术性的表演活动，它要求练习者要通过生动的声音、动人的眼神、优雅自如的形体动作等产生动人心魄的力量，从而打动观众。因此，朗诵要求练习者脱稿以站立的姿势进行，因为手拿着文稿不利于形体动作的表达。此外，如果练习者没有背会文稿，频繁地看文稿也会限制练习者通过眼神、表情与观众进行交流。

2. 朗诵的训练方法

朗诵的训练方法包括以下 5 个步骤。

（1）选择材料

练习者选择合适的朗诵材料，最好是语言形象生动、易于上口、感情色彩较浓的文学作品。

（2）清除障碍

阅读作品，通过查阅字典或词典将作品中不认识或不熟悉的字、词、成语等读音标注出来，避免出现读错音的情况，对于不熟悉的成语、典故，要弄明白其含义，不要囫囵吞枣，望文生义。

（3）深入地理解作品

练习者对作品有深刻的理解是把作品朗诵好的重要前提。因此，在朗诵之前，练习者要对作品进行认真的研读，要了解作品的创作背景、作者的写作心境、作

舒婷《祖国啊，我亲爱的祖国》朗诵要诀

品的主题，正确、深刻地理解作品的情感基调，以及表达的思想感情等。

（4）感受作品的情感

有的人的朗诵听起来也有抑扬顿挫的语调，但就是无法打动观众，无法调动观众的情绪。这主要是因为练习者并没有真正地进入作品中，他只是在"挤"情。

如果练习者对作品的情感体验并没有达到一定的真切度，而只是单纯地追求声音的起落强弱，就会给人带来矫揉造作之感。因此，练习者在研读作品的过程中，还要发挥自身的想象力，将自己代入文学作品所创造的情境中，使文学作品的内容在自己的心中、眼前活起来，如同自己亲身经历一般。

（5）深情地朗诵

使用标准的普通话朗诵作品。练习者可以先低声朗诵，读准每一个字音，并且慢慢地让自己的情感与作品中的情感融合在一起，然后深情地朗诵，并运用停顿、语速、重音、语调等语言技巧，准确地表达作品所传达的思想感情。

四、背诵法

背诵既是一种学习方法，又是提高口才的途径之一。人们通过背诵不仅能提高自己的记忆能力，还能积累素材。一个人只有大脑中积累了大量的素材，才可能张口即出，滔滔不绝。如果一个人的大脑中是一片空白，那么即使伶牙俐齿，也讲不出有意义的内容来。

口才与记忆一样，它并不是一种天赋，后天的锻炼对它同样起着至关重要的作用，"背"正是对这种能力的培养。"诵"是对口语发音及表达能力的一种训练。这里的"诵"就是"朗诵"，它要求练习者在准确把握作品内容的基础上将作品内容有感情地表达出来。因此，背诵并不仅仅要求人把某篇文章简单地背下来就算完成任务。背诵法要求的背诵一是要"背"，二是要"诵"。

1. 背诵前的准备

练习者在背诵前需要做好以下准备。

首先，选一篇自己喜欢的演讲词、散文或诗歌等。

其次，认真看完作品，通过查阅字典或词典，将不熟悉的字的拼音标注出来，并理解它们的语义。

第三，对选定的作品进行分析、理解，体会作者的思想感情。练习者最好逐句逐段地进行分析，推敲作品中的每一个词句，从中感受作者的思想感情，并激发出自己的感情。

最后，对所选的作品进行一些处理，如找出重音、停顿等，这些都有利于练习者准确地表达内容。

2. 背诵的步骤

在做好准备后，练习者就可以按照以下步骤进行背诵了。

首先，进行"背"的训练，也就是练习者要先将作品背下来。在这个阶段暂不要求声情并茂，达到熟练记忆作品的程度即可。在背的过程中，练习者要慢慢地将自己理解的感情融入进去，进一步领会作品的格调、节奏，为准确把握作品打下基础。其次，在背熟作品的基础上进行大声地、有感情地朗诵，并随时注意发声的正确与否。完成以上两个步骤后，练习者就可以开始用饱满的情感，准确的语言、语调进行背诵训练，此时追求的重点是情感的表达。

背诵法不同于前面讲的速读法，速读法的着眼点在"快"上，而背诵法的着眼点在"准"上。也就是说，练习者背诵作品一定要准确，不能有遗漏或错误的地方，而且在吐字、发音上也一定要准确无误。训练时最好能有相关老师在朗诵技巧上给予指导。

五、复述法

复述就是在理解和记忆的基础上，对选定的作品内容进行整理，然后将其有条理、生动地用口头语言表达出来。背诵法要求背诵者把原作品的内容准确无误、带有感情地背出来，而复述法只要求练习者将原作品的内容说出来即可，并不要求说出来的内容与原作品的内容一模一样。因此，复述既能锻炼一个人的理解和记忆能力，又可以锻炼一个人的语言组织能力。

1. 复述前的准备

选一段长短合适、有一定情节的文章或视频，最好是小说或演讲中叙述性较强的一段，也可以选择结构分明的叙事性散文。认真地阅读作品，理解作者想要表达的思想感情。

2. 对作品进行复述

复述分为3种类型，即简单复述、详细复述和创造性复述。

（1）简单复述

简单复述是指阅读作品后，归纳并记忆作品的主要内容，以及内容出现的先后顺序，然后通过抓重点的方式，用简明扼要的语言将作品的主要内容，按照原作品中的顺序叙述出来。

（2）详细复述

详细复述是一种接近原文的复述方法，要求练习者在不删减内容、不打乱内容结构的情况下，将原作品的内容用口头语言叙述出来。

（3）创造性复述

在进行创造性复述时，练习者可以结合自己的思路，对原作品的结构或内容进行调整，或者加入自己的观点。例如，将第一人称变为第三人称；改变原作品的叙述顺序，将顺叙改为倒叙，或将倒叙改为顺叙；对原作品中描述得不详细的地方，通过合理的想象进行补充。

六、描述法

描述法类似于看图说话，只是练习者要看的不再仅仅是书本上的图，还有生活中的一些景、事、物、人，而且描述法的要求也比看图说话要高一些。

简单地说，描述法就是练习者把自己看到的景、事、物、人用语言表达出来。与前面几种训练法有所不同的是，描述法没有现成的演讲词、散文、诗歌等练习材料，要求练习者自己组织语言。

描述法的训练方法如下。

首先，练习者选择一幅画或一个景物作为描述的对象。

其次，对要描述的对象进行观察。例如，要描述的对象是"公园的售货亭"，那就要观察这个售货亭中和周围都有些什么，售货亭中有琳琅满目的商品，售货亭旁有树，有凉亭，还有游人；商品都包含些什么，凉亭是什么样子；售货亭在这些游人和树的衬托下又是什么样子，公园里游人的表情是什么样的等。这一切都需要练习者用自己的眼睛去观察。只有有了这种观察，练习者的描述才有基础。

最后，对要描述的对象进行描述。描述时一定要抓住景物的特点，要有顺序地进行描述，并且注意用词的丰富性、精准性。

在通过描述法锻炼即兴构思能力时，练习者需要注意以下两点。

一是练习者要能抓住被描述对象的特点对其进行描述。语言要清楚明了，有一定的文采，千万不要描述成流水账，平平淡淡，毫无生气。

二是描述时要讲顺序，不要东一句，西一句，让人听了之后不知所云。描述时允许练习者有联想与想象。例如，当观察到热闹的售货亭前一位老爷爷带着他的孙子在挑选玩具，就可能有一种联想，想到自己的爷爷，或想到这位老人的生活晚景……那么，练习者在描述时就可以把这些联想加进去，使描述更充实、更生动。

七、模仿法

人除了与生俱来的本能外，其余都是通过模仿而来的，如模仿大人做事，模仿大人说话。人们锻炼口才也可以采取模仿法，模仿口才方面有专长的人。模仿久了，自己的口语表达能力也能有所提高。

模仿法主要包括以下3种形式。

1. 模仿专人

练习者可以在自己周围找一位口语表达能力较强的人，关注对方说话的方式，并经常模仿练习。练习者也可以把自己喜欢的，又适合自己模仿的播音员、演员的声音录下来，然后认真进行模仿。

2. 专题模仿

几个好友在一起，请一个人先讲一段小故事，然后大家轮流模仿，看谁模仿得最像。为了增加活动的趣味性，提高每个人的积极性，可以设置打分环节，模仿后大家互相评分。

学习他人，成长自己

3. 随时模仿

当听广播或看电视、电影听到自己喜欢的话语或台词时，练习者可以对其进行模仿。在模仿时，练习者要注意分析播音员或演员讲话时的语气、语速、语调和神态，边听边模仿，边看边模仿。

模仿法是一种简单易学、娱乐性强且见效快的方法。在模仿的过程中，练习者要有创新思维，力争在模仿中有超越，逐渐形成自己的特色。

🕐 小故事大道理

刻苦训练终有成

陈永正是一名颇具知名度的培训师，他的培训课引经据典，内容丰富，讲解风趣幽默，场场都是学员爆满，反响热烈。

有学员和陈永正聊天："陈老师，您真是天生的好口才，您讲的课真是既有趣又有用，我不仅学到了很多以前没有接触过的知识，还从您身上学到了很多与人交流、沟通的技巧，真的是受益匪浅。"

陈永正笑着说："我哪是天生的好口才呀，可不敢当。我小时候性格内向，一当众讲话就非常紧张，越紧张就越不知道说什么，有时候紧张得脸通红也说不出一句话来。后来，我就有意识地训练自己，比如观看其他培训师、企业家、演讲家的演讲视频，然后模仿他们的讲话方式，背诵经典的文学作品，参加辩论赛、朗读比赛，我还参演过话剧。总之，我就是抓住了一切"说"的机会，才有了现在讲话的水平。"

提升演讲语言的感染力

名师点拨

很多人的好口才并不是天生的，而是通过刻苦的训练练就的。只要掌握一定的训练方法，具备坚持不懈的毅力，每个人都有机会提高自己的说话水平。

回顾·思考·讨论·应用

一、单元知识要点

语言表达的重点：吐字清晰、准确，用不同的语气传达情绪，正确地运用停顿，运用不同的语速增强语言感染力，运用重音强调语句重点，语言表达的9个要求，避免使用无意义的口头禅。提高口头表达能力的方法：发声训练法、速读法、朗诵法、背诵法、复述法、描述法、模仿法。

二、选择题

1. 读句子"我真是太高兴啦！"时所采用的语气特点是（　　）。

A. 气徐声柔，出语轻软，给人以温和的感觉

B. 气满声高，激情洋溢，给人以兴奋的感觉

C. 气短声促，给人以催促逼迫的感觉

D. 气多声放，给人以伸张感

2. 在读句子"父亲要走大路，大路平顺；孩子要走小路，小路有意思。"时，合理的停顿方式是（　　）。

A. 父亲要／走大路，大路平顺；孩子要／走小路，小路有意思。

B. 父亲要走／大路，大路／平顺；孩子要走／小路，小路／有意思。

C. 父亲／要走大路，大路／平顺；孩子／要走小路，小路／有意思。

D. 父亲要走大／路，大路平顺；孩子要走小／路，小路有意思。

3. 根据语法重音的要求，句子"东风来了，春天的脚步近了。"中的重音是（　　）。

A. 东风来了，春天的脚步近了。　　　　　　B. 东风来了，春天的脚步近了。

C. 东风来了，春天的脚步近了。　　　　　　D. 东风来了，春天的脚步近了。

三、问答题

1. 重音的表现方法有哪些？

2. 朗读与朗诵的区别是什么？

四、实践与应用

1. 语言表达训练

（1）词语听辨。两人为一组，一人读词语一人听。读的人随机从以下成对的词组中挑选词语来读，看听的人是否能听清；听的人要认真听，并纠正读的人的发音错误。

新春—新村　　宗旨—终止　　资助—支柱　　近似—近视　　搜集—收集　　增订—征订

方地—荒地　　防止—黄纸　　奋战—混战　　斧背—虎背　　凡是—环视　　西服—西湖

陈旧—成就　　真气—蒸汽　　整段—诊断　　担心—当心　　粘贴—张贴　　水干—水缸

（2）绕口令练习。5人为一个小组，在小组内进行读绕口令比赛，看谁读得既准又快。

①山前有四十四只石狮子，山后有四十四个野柿子，结了四百四十四个涩柿子。涩柿子涩不到山前的四十四只石狮子，石狮子也吃不到山后的四百四十四个涩柿子。

②史老师，讲时事，常学时事长知识。时事学习看报纸，报纸登的是时事。常看报纸要多思，心里装着天下事。

③老龙恼怒闹老农，老农恼怒闹老龙。农恼龙怒农更恼，龙恼农怒龙怕农。

④黑肥混灰肥，灰肥混黑肥。黑肥混灰肥，黑肥黑又灰。灰肥混黑肥，灰肥灰又黑。黑肥混灰肥，肥比黑肥黑。灰肥混黑肥，肥比黑肥灰。

⑤陈是陈，程是程，姓陈不能说成是姓程，姓程也不能说成是姓陈。禾旁是程，耳朵是陈。程陈不分，就会认错人。

（3）标注重音。请根据右侧的语义说明，在左侧语句中画出相应的重音。

我知道你会跳舞。→ 你为什么说自己不会呢？

我知道你会跳舞。→ 别人会不会跳我不知道。

我知道你会跳舞。→ 会不会唱歌我不知道。

我知道你会跳舞。→ 你不要瞒我了。

我知道你会跳舞。→ 别人不知道你会跳舞。

2.口头表达能力训练

（1）朗读训练。自选一首文学作品，在充分准备的基础上当众朗读。在朗读的过程中要注意语气、停顿、语速、重音等语言技巧的运用。

备选推荐：

《再别康桥》（徐志摩）　　《致橡树》（舒婷）　　《乡愁》（余光中）

《春》（朱自清）　　　　　《故都的秋》郁达夫

（2）场景描述。仔细观察图3-2所示的场景，用尽可能详细并带有特色的语言对其进行描述。

图3-2　场景

第四单元
演讲时身体语言的运用

4

我们通常把演讲中的语言分为口头语言和身体语言两种。仪表、体姿、手势、表情等一些非口头语言被统称为身体语言。这些无声的语言不仅能传递信息，而且会影响演讲的效果。身体语言能强化演讲中的重点内容，辅助演讲，使演讲更生动，更具吸引力和感染力。

课前思考

1 要参加演讲比赛前，应如何修饰自己的仪容仪表？

2 在正式演讲时，演讲者应采取怎样的站姿、走姿？

3 在参加指定主题的演讲时，如何对演讲内容进行手势设计？

演讲时身体语言的运用

"高人"的指点

　　杨涛在一次业内演讲中，遇到了自己曾经的老师，老师是一名非常优秀的演说家。杨涛知道他的老师非常注重自我形象。老师去全国讲课，随箱都会带一个电熨斗，上台演讲时非常注重细节，头发、胡子、面容都会精心打理，西装、皮带、领带、眼镜、手表、衬衫、袜子、皮鞋都会认真搭配，一丝不苟，每次都是穿戴整齐再出场。

　　演讲结束后，杨涛找到老师，非常真诚地向老师请教如何塑造自我形象的问题。老师当时给他的建议是："你定做的西装很合身，皮鞋很好，但我注意到你穿的是普通的黄色袜子，要换成深色高档棉袜，这会提升你的整体气质。另外，你现在戴的这副无边框眼镜不适合大的讲台，最好配金色边框眼镜，这样更显大气，有张力。"

　　杨涛听后非常吃惊，原来老师对他的观察如此细致。杨涛十分感谢老师，并毫不迟疑地听取了老师的建议，第二天就购买了十双高档深色棉袜，替换了原来的普通袜子，并换上了一副金色边框眼镜。

　　请分析案例中杨涛在参加演讲时，着装方面存在哪些问题？参加演讲时应如何进行着装？

专题一　演讲者的服饰仪表

　　要想成为一个优秀的演讲者，就要从拥有得体的服饰仪表开始。

一、演讲者着装的基本原则

演讲者的着装非常重要，需要遵循以下基本原则。

1. TPO原则

TPO是英文中的时间（Time）、地点（Place）、场合（Occasion）3个单词的缩写，即演讲者的服饰着装要考虑时间、地点、场合，力求着装及其具体款式与时间、地点和场合协调一致。

（1）时间

　　时间原则是指演讲者的着装应考虑时代的发展、四季的变化和一天各时段的差异。服饰要顺应时代发展的主流，不能过于超前或滞后。服饰穿着还要考虑四季的变化和一天不同时段的温度差异，以舒适为主，如夏季，演讲者的穿着应凉爽、简洁，冬季的穿着应保暖、轻便。

　　每天的早、中、晚3个时间段不同，存在着一定的温差，阳光照射程度也不同，演讲者需要选择适宜的着装。例如，白天参加演讲时，适宜穿灰色等浅色的服装，因为白天的阳光充足，浅色的衣服显得清爽、鲜艳，不会显陈旧。而晚上面对观众进行演讲时，穿着应更讲究，可以考虑选取更亮丽一些的颜色，这样会显得比较正式。

（2）地点

　　地点原则是指演讲者的服饰要与所处的位置、场所、环境相适应。在特定的地点必须配以与之相适应、相协调的服饰，才能获得观众视觉和心理上的美感。例如，穿着西装在娱乐场所进行即兴演讲，或者穿着休闲服、牛仔裤在公司年会上当众讲话，都是服饰与地点不和谐的表现。

（3）场合

有时尽管地点相同，但在不同的场合下，演讲者的穿着要求也是不一样的。例如，在欢度节日、结婚典礼、联欢会、舞会等喜庆场合里讲话，演讲者适宜穿鲜艳明快、潇洒时尚的服装，如红色唐装、红色西装等，但在参加葬礼、追悼会等悲伤肃穆的场合里发言时，最好穿深色服装，如黑色、深蓝色西装等。

演讲者的服饰款式与色彩还要适合观众。例如，观众是年轻群体，穿着可以时尚一些，以满足年轻群体的审美要求；如果观众是亲子群体，演讲者最好穿着颜色亮丽、款式可爱、彰显青春活力的服饰，以赢得亲子群体的喜爱。

⏰ **小故事大道理**

扎眼的红色皮衣

一次，培训讲师王老师作为嘉宾给外企做分享，课堂上有许多欧洲人。在休息室里，王老师穿着件休闲的红色皮衣正准备上场。旁边有位嘉宾善意地提醒他："王老师，您今天穿红色皮衣呀？"王老师得意地回答说："是呀，全真皮进口的，意大利名牌，8万多元呢，好看吧！"看他夸耀得起劲，嘉宾也感到无语。

王老师上场后，主办方很尴尬，王老师的分享也遭到了观众的抵触，大大影响了分享的效果。后来，这家外企再没有邀请过王老师。

名师点拨

故事中王老师的衣服很好，但是穿着的场合不对。男士在正式的场合适宜穿西装，特别是外企单位。如果自己不是主角就不能穿得太显眼，否则可能会喧宾夺主。着装并非一定要穿名牌，关键是要符合身份与场合。作为培训讲师，着装不宜过于前卫，否则容易惹来不必要的争议，分散学员的注意力。在正式的商务场合，着装要讲究庄重保守，最好穿西装，这既是对自我形象的要求，又是尊重对方的表现；休闲场合适合穿休闲装，如果穿得太正式，就会给人过于严肃、拘束的感觉。

2. 和谐原则

和谐原则是指服饰不仅要与自身的体形、肤色、气质等相协调，还要符合自己的职业、社会地位等。服装选择的和谐原则包含以下几个方面。

① 服饰与自己的自然属性（年龄、体型、肤色、发型、相貌特征、性格特征）相和谐。例如，身材矮小的人适合穿造型简洁、色彩明快、带有小花图案的服装；肤色白净者适合穿各种颜色的服装，而肤色偏黑或发红的人不适合穿深色服装，比较适合穿浅色服装。

② 服装与自己的社会属性（职业、社会地位、文化修养）相和谐。例如，教师穿着要庄重，不能打扮得过于艳丽，衣着款式不能过于怪异；学生的穿着要朴实、大方、整洁，不要穿奇装异服；演员和艺术家的服装可以根据职业特点适当穿时尚一些。

③ 服装的配色也要遵循和谐原则。服装的配色可参考同色搭配法、相似色搭配法和主辅搭配法等，一般全身服饰配色不超过3种。

3. 个性原则

由于年龄、性格、体型、职业和文化素养的不同，不同的人会有不同的气质，演讲者的穿着要符合自身的个性气质。因此，演讲者要深入了解自我，选择适合自己的服饰，从而彰显自己的风采。

4. 整洁原则

人们不一定非要追求服装的高档时髦不可，但要庄重、整洁，避免邋遢。穿着整洁能够给人一种积极向上的感觉，而穿着邋遢会让人感觉消极颓废。整洁原则有三点要求：一是整齐，不折不皱；二是清洁，勤换勤洗；三是完好无损，没有补丁。

二、演讲者仪容仪表修饰技巧

一个人的形象对信息的传递起着巨大的作用，演讲者的外在形象在一定程度上能够显示出其职业、社会地位、性情、气质、品味、爱好、文化修养、生活习惯等无声的信息。一个人的服饰仪表能够提升他的魅力值，而一个看上去更有魅力的人通常更容易被人接受，说出来的话也更容易被人相信和认可。因此，演讲者保持良好的仪容仪表，有助于获取他人的好感，增强自身语言的说服力，同时传递出尊重对方、尊重自己的信息。

1. 仪容修饰

仪容通常是指人的外貌，包括发型和面部妆容。在塑造演讲者的形象时，仪容修饰是重中之重。

（1）发型得体

头发要干净、健康、整齐、美观。如果一个人的头发脏乱粗糙，给人的印象会大打折扣。演讲时，头发要清洗干净，梳理柔顺，做好护理。头发的长短要适中，男士要求前发不覆额，侧发不掩耳，后发不及领；女士要求长发不过肩，若头发过长，可以束发或盘发，注意不要有过多的装饰及怪异的造型。

演讲者的发型要得体，要符合其性别、年龄、职业等要素。例如，教师的发型要端庄大方，商务人士的发型要成熟稳重，学生的发型要活泼有朝气。

发型要根据自己的发质、服饰、身材、脸型等进行选择，得体适宜的发型可以扬长避短，增加人体的整体美，给人一种整洁、庄重、洒脱、文雅的感觉。

（2）面部妆容自然

演讲者要注意面部清洁，用适合自身肤质的洁面用品清洗面部，然后用护肤品涂于面部，并进行适度的按摩，促进吸收，缓解面部疲劳，使面部轮廓更加清晰，面部皮肤自然有光泽。

面容还可通过修饰来达到容光焕发、充满活力的效果。演讲者通过化妆可以突出想让他人注意的优点，遮蔽自身的缺点，如使扁平的鼻子显得高挺，青白的面色变得红润等。女士可以进行适度而得体的化妆，要保持面部妆容自然，让人看起来舒服，切不可浓妆艳抹。淡雅的妆容与得体的衣着相互配合，可以烘托出女士端庄、美丽、温柔、高雅的气质。需要注意的是，化妆或补妆时应到化妆间进行。

2. 仪表修饰

在演讲现场，演讲者不仅可以通过生动的演讲感染观众，还能通过良好的仪表吸引观众的注意力，使观众受到美的熏陶，获得美的享受。演讲者应注意仪表的修饰，以美的姿态出现在观众面前，营造融洽和谐的演讲气氛，给观众留下良好的第一印象。人们可以通过演讲者的服饰来判断其性格、气质、涵养和身份地位。因此，演讲者要注意服装的修饰，以彰显自己的仪表魅力。

（1）男士的服装修饰

演讲者的服装修饰能够反映出其精神风貌和文化素质。男士在演讲时一般会选择得体的西装，不仅从款式、面料、色彩、图案、尺寸等方面挑选适合自己的西装，还要根据西装搭配好衬衫和领带，整体着装要能够展现自身的风度、气质，以提升自身魅力。

演讲者穿在身上的西装应当平整、挺括、干净。西装的袖口和裤脚不能挽起来，否则会给观众以粗俗之感。在参加正式演讲时，演讲者穿西装就一定要穿皮鞋，可选黑色皮鞋或深色皮鞋，同时要保持鞋面的清洁光亮。需注意的是，袜子的颜色要比西服稍深一些，使其在西装与皮鞋之间有个过渡，切忌穿白色袜子。

（2）女士的服装修饰

演讲时，女士一般以西服套裙为主流选择。恰当的西装套裙能够给观众以精明干练、富有权威的感觉，完美地展现女士演讲者的魅力。穿西服套裙，一定要注意成套着装，并配上与之相适应的衬衣。与衬衣搭配时，领口应系上领结、领花或丝巾、领带。

① 套裙的选择。西装套裙必须整洁、挺括，以一步裙为宜。套裙的尺寸要合理，上装和裙子都不能过短或过长。裙子的下摆应恰好到小腿肚的最丰满之处，这是比较标准的裙长。套裙的款式不能太怪异、太暴露，色彩不宜太鲜艳、醒目，更不能满身珠光宝气，根据演讲主题、场合、性质不同进行不同的选择。

② 穿着到位

女士在穿西装套裙时，上装的衣扣要全部系上，衣领要翻好，口袋的盖子要拉出来盖住口袋，切忌将上装搭在身上或披在身上；裙子要穿着整齐，上下对齐。

③ 兼顾举止

由于穿着裙装，演讲者要时刻注意自己的站姿、坐姿和走姿。就座时，切忌双腿分开，跷起腿来，而要双膝并拢。走路时不能大步流星地奔向前去，应以小步行走，行进之中步子要稳、轻。

④ 搭配得当

在考虑西装套裙的搭配问题时，演讲者应主要考虑衬衫、内衣、鞋子和袜子等方面。

• 衬衫。西装套裙的衬衫面料要求轻薄而柔软，熨烫平整，颜色与套装相搭配，单色是最佳之选。

• 内衣。内衣要让人感觉舒适，颜色最好为单色，且与外部的套装颜色保持协调，切不可对比鲜明。

• 鞋子。鞋子要选择真皮皮鞋，款式大方、简便，无须太多修饰色彩，鞋跟不能太高太尖，以中跟为宜，鞋子的颜色要与套装的色彩相搭配。

• 袜子。袜子以丝袜为主，连裤袜或长筒袜是西装套裙的标配。袜子的颜色以肤色为宜，正式场合，女士切忌穿有颜色、有花纹、带网状的袜子。

总之，演讲者留给观众的第一印象，往往是从个人形象开始的。青年人要张扬青春风采，以淡妆体现自然美、个性美。中年人要展现成熟风韵，以高雅的气质体现沉稳、俊逸之美。老年人要突出深沉理性，以平和体现睿智、淡定之美。

小细节，大文明

演讲时身体语言的运用

┌─────────────── 情景还原解析 ───────────────┐

在"情景还原"板块中，杨涛在演讲时不注重细节，穿西装、皮鞋，但搭配的是普通的黄色袜子。在正式场合穿西装时，袜子必须选深色棉袜，切忌浅色或白色。另外，眼镜等饰品要能起到锦上添花的作用，既适合自己，又能体现出稳重自然文雅大方的气质。总之，在塑造自身形象时，要注重细节，细节决定成败，着装不规范会毁掉演讲者的形象。参加大型演讲时，要注意时机与场合，演讲者的仪容要精心设计，服饰的选择也要用心。

└──┘

专题二　演讲者的身姿风貌

一个演讲者的身姿风貌能够展现出其气质风度，对整体形象的塑造起着很重要的作用。美好的身体姿态和良好的精神风貌能给人以舒适、坦荡、自然的感觉，能够辅助演讲达到预期的效果。

一、站姿

站姿是身体语言的一种，即通过站立的姿态传递信息的语言。站姿是演讲时的最佳姿势。从一个人的站姿可以看出一个人的状态，演讲者站立时应挺胸、收腹、精神饱满，表现出愉悦、自信的感觉。演讲者优雅的站姿不仅能引人注意，还能给人留下深刻的印象。

扫码看视频
演讲者的站姿

正确的站姿能够给人以端正、稳重、自然、亲切的感觉。精彩的演讲往往是在站立的状态下完成的。对于演讲者来说，站着演讲的优势体现在以下几个方面。

首先，站着演讲有利于演讲者的语音发声，可以保证所有共鸣腔（如口腔、鼻腔、咽腔、胸腔等）的畅通，有利于最大限度地发声，可以把激昂的慷慨陈词、振臂呼吁淋漓尽致地发挥出来。

其次，站着演讲有利于演讲者运用身体的优美动作及大幅度手势，如斜劈、横扫等力量性手势，同时也有利于展现服饰仪表，提升整体形象。

第三，站着演讲可以让演讲者保持亢奋的状态，始终保持斗志昂扬，同时也迫使演讲必须精练简短，避免长时间站立的疲惫。

最后，站着演讲能让演讲者本人处于激情四射、精神抖擞的状态，体现了演讲者本人对演讲抱有极大的热情和期待，对观众有着高度负责的态度，这样会赢得观众的喜爱。

演讲时正确的站姿，主要有以下几种。

1. 前进式站姿

前进式站姿是比较灵活的一种站姿。右脚在前，左脚在后，前脚脚尖指向正前方或稍向外侧，两脚延长线的夹角成45°左右，脚跟距离在15厘米左右，如图4-1所示。一般重心略侧重于前脚，身躯微向前倾，给观众一种向上的、振奋的感觉。演讲者也可以随着上身前倾与后移的变化而分别把重点放在前脚跟和后脚跟上，这样演讲时间长，而演讲者身体姿势有变化，不会给观众以僵硬、不美观的感觉。

演讲者保持前进或站姿时，上身可前可后，可左可右，还可以转动，这样能保证手做出不同的姿势，表达出不同的感情，因此许多演讲者经常采用这种站姿。

2. 自然式站姿

自然式站姿即两脚平行站立，与肩同宽，相距约20厘米为宜，太宽会影响呼吸声音的表达，太

近则显得拘束，如图4-2所示。对于控场经验不足，上场后容易紧张的男士来说，这种站姿是很不错的选择。它可以使演讲者身体保持平衡的状态，重心下沉，给观众一种沉着稳重的印象。女士的自然式站姿一般是两脚并拢。

图4-1　前进式站姿

图4-2　自然式站姿

3. 稍息式站姿

稍息式站姿即一只脚自然站立，另一只脚向前迈出半步，两脚跟之间相距12厘米左右，两脚之间形成约75°夹角，如图4-3所示。运用这种姿势，形象比较单一，重心总是落在后脚上。一般适应于长时间站着演讲中的短期更换姿势，使身体在短时间里松弛，得到休息，一般不长时间单独使用，因为它给人一种不严肃之感。

4. 小丁字步式站姿

小丁字步式站姿是女性演讲者常采用的姿势。双脚保持60°左右的夹角，左边的脚跟在右脚脚跟和脚窝的中间位置，如图4-4所示。如果双脚呈90°的夹角，左脚的脚跟在右边脚窝的位置，就是正丁字步。但采用正丁字步这种站姿，会显得过于正式和呆板。相比之下，小丁字步站姿更能突显女士的端庄、自然、优雅。

无论演讲者采用哪种站姿，都应挺胸、收腹、两肩放松、两腿绷直、精神饱满，带给观众稳重自信的感觉。切忌来回晃动身体，双手挂着桌子，或双手插在衣兜内，否则有损自身形象。

图4-3　稍息式站姿

图4-4　小丁字步式站姿

演
讲
时
身
体
语
言
的
运
用

⏰ **小故事大道理**

令人晕眩的演讲

张蓓作为公司代表去听一场销售演讲。在倾听过程中，她总觉得头晕，也不知道为什么。演讲结束后与其他代表讨论交流时，她才发现原来是因为演讲老师边讲边左右晃动身体，晃动身体的频率很高，把观众晃晕了。有些代表反映，演讲老师不仅摇晃身体，还不自觉地摸鼻子、挠头发，小动作很多。

一场演讲下来，代表们不太记得演讲内容，但对演讲老师的"肢体语言"特征却印象深刻。

名师点拨

演讲者演讲时要稳重大方，保证身体重心要稳、不要晃动、抖动，站立姿势要挺拔，头要正、颈要直、腰要挺、手臂自然下垂、两腿绷直，抬头、挺胸、小腹微收、下巴微收、眼睛平视前方。如果演讲者站姿不对，老是晃动身体，既有损自身形象，又影响观众接收信息的效果。演讲者要尽量减少与演讲内容无关的动作，包括摸鼻子、挠头发等小动作，因为这些动作会传递错误、混乱的信息给观众。演讲者的所有动作都是精准设计、为了更好地与演讲内容有效配合的，小动作太多就会减弱身体语言的效果。

即时演练

请教师做示范或播放教学视频，学生模仿练习正确的站姿。

头位：头部抬起，垂直于地面，双目平视前方，脖颈挺直，面带微笑，精神饱满。

上体：双肩放松下沉外展，两臂自然下垂，挺胸、收腹、立腰，自然大方有朝气。

腿位：臀部略收，双腿并拢直立，双膝收紧，挺拔自然。

脚位：男生可两脚平行分开。女士可以选择两脚并拢或小丁字步式站姿。

要求站立时，竖看要有直立感，即鼻子为中线，头顶、肚脐、脚跟成一直线；横看要有开阔感，即肢体及身段给人以舒展的感觉；侧看要有垂直感，即耳、肩、膝、脚跟成一直线，并给人一种挺、直、高的美感。整体上要给人一种挺拔俊秀、精力充沛、信心十足、积极向上的感觉。

二、坐姿

坐姿也是一种身体语言，即通过各种坐的姿势来传递信息的语言。对于演讲者来说，采用坐姿演讲的情况不多，除一些学术性较强的讲座之外，一般不采用这种姿势。因为坐着演讲会限制演讲者的空间发挥，无法展现那些表现力较大的动作。

完整的坐姿动作包括入座、坐定、起座3个程序。

入座要从容大方、轻稳和缓，款款走到座位前，背向椅子，轻缓落座，此过程不应发出嘈杂的声音。女士要双手从臀部将过裙子，顺势坐下。

入座后，演讲者的坐姿要保持自然放松，面带微笑，上身挺直，头部端正，目光平视前方，如图4-5所示。在正式场合，或有尊者在座，一般不能坐满座位，应坐在椅子面积的1/3或2/3处，两手掌心向下，叠放在两腿之上，或两手放在椅子扶手或桌面上，两腿自然弯曲，小腿与地面基本垂直，两脚平落地面，两膝间的距离，男士以松开一拳或两拳为宜，女士则以不松开为好。非正式场合，允许坐定后双腿叠放或斜放，交叉叠放时，力求做到膝部以上并拢。

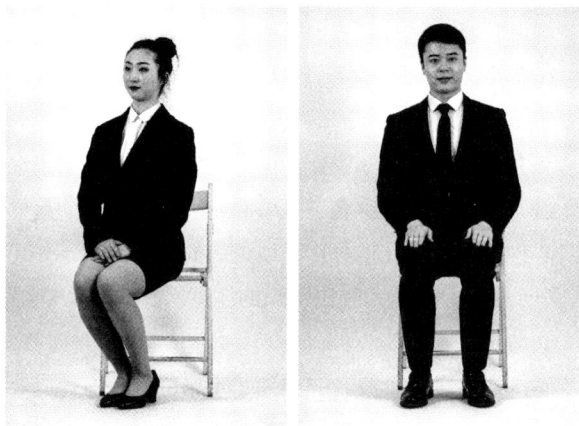

图4-5　演讲者的坐姿

起座时，可右脚向后收半步，用力蹬地，起身站立，或用手掌支撑大腿，重心前移，起身站立，动作舒缓、自然，给人以高贵、文雅的感觉。

三、走姿

走姿也是一种身体语言，即通过行走的步态传递信息的语言。与站姿和坐姿不同，走姿是动态的。优美的走姿直接反映出一个人良好的精神面貌、性格特征，给人以自然、轻盈、敏捷、稳健的美感。走姿是演讲者亮相时给观众留下良好印象的第一步，也是演讲结束时画上圆满"句号"的最后一步。

扫码看视频
演讲者的走姿

演讲中专业性的走姿大致分为三类，分别为礼仪性走姿、场景性走姿和互动性走姿。

1. 礼仪性走姿

礼仪性走姿一般跟演讲的内容无关，它出自于社交中礼节的需要，因此，这种走姿也很重要，必须做得很规范才行。礼仪性走姿主要包括以下几种。

（1）前行式与前行转身式走姿

前进式走姿即直线前行，是演讲者离开座位走上演讲台所用的走姿。规范的前行式走姿是首先缓慢起身，从椅子的左侧离开，然后向演讲台方向走去。前行转身式走姿是演讲者走到演讲台的指定位置时转身所用到的走姿，即在前行中需要转弯时，应慢慢转身，动作尽量优雅，不可过于鲁莽。

（2）后退式与后退转身式走姿

后退式走姿一般是在演讲者演讲结束准备离开演讲台时所用到的走姿，也就是当演讲结束之后，与观众告别时，演讲者不能直接扭头走人，否则是很不礼貌的。演讲者应先后退一步，向观众鞠躬或以其他手势示意这场演讲已经结束，再转身离去。需要注意的是，演讲者必须先转身再转头。后退转身式走姿与前行转身式走姿类似，在转身的过程中，必须慢慢转身。

2. 场景性走姿

演讲者演讲时，为了增强画面感，提升演讲的感染力，需要在演讲台上走动以配合辅助，并且需要根据演讲的内容来选择不同的走动方式，这些走动方式统称为场景性走姿。场景性走姿主要包括以下几种。

（1）闲庭信步

闲庭信步就是演讲者在演讲台上，从左边慢慢地走向右边，或是从右边慢慢地走到左边，一般步速较缓慢，双臂摆动的幅度较小。这种走姿主要用于演讲者在开始讲故事时的场景，为故事的发展做铺垫，目的是要吸引观众并将观众带入自己所讲述的故事情境中。

（2）来回健步

来回健步的步速稍快，是指演讲者在演讲台的中心位置，多次来回走动，走动的距离较短，次数较多。这种走姿多用于制造悬念，如演讲者讲故事的发展阶段，目的是要调动观众的情绪，吸引观众的注意，使观众全身心地倾听演讲；也可用于演讲者的提问环节，如走到左边向左边的观众提问，再走到右边向右边的观众提问，目的是吸引观众的注意，激发观众的倾听兴趣。

（3）戛然停步

戛然停步是指演讲者在演讲台上走动时，突然停了下来的姿势。这种走姿一般用于演讲中的最紧要关头。例如，演讲者讲到故事高潮时突然停住了脚步，顿时提高音量，宣布故事的结局，目的是给观众一个意外，使观众记忆深刻。

3. 互动性走姿

演讲者在演讲时，不能自己讲自己的，而要适时地跟观众互动。通过问答的方式互动时，演讲者就适合采用互动性走姿。

（1）有意提问

有意提问是指演讲者在演讲的过程中，发现某位观众跟自己配合默契，如观众不停地点头、目不转睛、全神贯注。此时，演讲者为了让自己的演讲更有说服力，就可以借助他人之口来印证自己的观点。于是，演讲者就会向这位观众走去，并提出相关问题。演讲者可以走向演讲台的边沿，距离此观众更近些，也可以直接走到他面前，这时步速稍慢，步幅较小，步伐轻盈，面带微笑。这种方式不会让观众感到突然，观众更易于接受。

（2）特意回答

特意回答是指演讲者在演讲的过程中，台下突然有观众举手提问。这时演讲者就需要走到观众身边或演讲台上离这位观众最近的地方回答他提出的问题，充分体现对观众的尊重。演讲者走向观众时，步伐应稳健有力，步速稍快，步幅较大，体现出对观众的真诚态度。

（3）顾及全场

顾及全场是指演讲现场如果出现左边的观众兴致很高，积极与演讲者互动，而右边的观众却保持沉默、反应平平的情况，这时演讲者为了顾及全场观众的感受，就要掌控好演讲氛围，在频频走向左边的同时，也时不时向右边走去。走向右边的观众时，应步伐有力，步速稍快，以引起右边观众的注意，激发他们倾听的兴趣和参与互动的积极性。

除了以上3种走姿，根据演讲者行走时的步态和演讲场地、主题及目的的不同，走姿还可分为以下4种类型。

① 自然稳健型：步伐稳健，步幅不大不小，速度不快不慢，上身直立，两眼平视，两手自然摆动，表现出轻松平静的状态。

② 自信高昂型：昂首挺胸，步态轻盈，步伐较缓，步幅较大，表现出愉悦、自信、自豪的感觉。

③ 若有所思型：步速稍缓，步伐迟疑，表现出心事重重的状态。

④ 消极沉郁型：步伐沉重，步幅小，步速慢，表现出沮丧和痛苦的状态。

即时演练

请教师做示范或播放教学视频，学生模仿练习正确的走姿。

头位：头部抬起，双目平视前方，面带微笑，精神饱满。

上体：挺胸、收腹、立腰、上身略前倾。

摆幅：双肩自然下沉，手臂放松，手指自然弯曲，以肩关节为轴，上臂带动前臂摆动，两臂前后摆动的幅度不得超过30°。

步幅：每迈出一步，前脚跟到后脚尖之间的距离，一般为1个脚长。

步位：女生行走时两脚内侧着地的轨迹应在一条直线上。男生行走时两脚内侧着地的轨迹应在两条直线上。

步速：一般女生的标准步速为每分钟118～120步，男生为每分钟108～110步。

四、致意礼

致意礼包括挥手致意、点头致意、微笑致意、躬身致意、注目致意和脱帽致意等多种行礼方式。演讲者在演讲过程中可以交替使用，也可以几种同时使用。例如，步入演讲台时，可以挥手致意和微笑致意；站在指定的演讲位置，开始演讲前，使用微笑致意和躬身致意。

1. 挥手致意

在公共场合演讲时，距离观众的距离较远，演讲者将右臂向前上方伸直，右手掌心朝向观众，轻轻摆手。需注意的是，挥手时不可反复摇动，也不要将手上下摆动，也不要把手背朝向观众。挥手致意较适合在演讲者上台时或演讲结束离开演讲台时使用。

2. 点头致意

点头致意又称颔首致意。演讲者头部向下轻轻一点，面带微笑，并且身体略向前倾15°。需注意不宜反复点头，点头的幅度也不必过大。演讲过程中，如有观众进行提问或发表观点意见，演讲者往往采用点头致意的方式。

3. 微笑致意

微笑是友好的使者，微笑致意可以用于同不相识的观众会面之时，也可以用于向在同一场合反复见面的老朋友们"打招呼"。微笑致意往往与其他形式的致意礼同时并用。

4. 躬身致意

躬身致意就是通过弯身行礼的方式表示对观众的敬意。躬身致意也称鞠躬礼，根据弯身程度不同，可以分为不同的致意形式。

（1）15°鞠躬礼。演讲者双手自然交握于腹部上位（右手轻握左手指部位），上身前倾15°左右，眼睛看脚前方1.5米处左右，此种致意礼表示一般敬意。

（2）30°鞠躬礼。遇到观众是师长、领导、长辈时，躬身致意时，双手自然交握于腹部上位（右手轻握左手指部位），或两手自然下垂放在身体的两侧，上身前倾30°左右，眼睛看脚前方1米左右。

（3）45°鞠躬礼。演讲者上台演讲时，双手自然交握于腹部上位（右手轻轻握住左手指部位），上身前倾45°，目视下方点头，然后抬头起身，目视观众，以表示对观众的谢意。

5. 注目致意

注目致意就是演讲者挺胸抬头，双手自然下垂或贴放于身体两侧，面容庄重严肃，双目正视被行礼对象，并随之缓缓移动。一般来说，在升国旗、剪彩揭幕、大型庆典场合进行演讲时应行注目致意礼。行礼时需注意不可戴帽子，不可东倒西歪，不可嬉皮笑脸，不可大声喧哗。

6. 脱帽致意

脱帽致意通常用于较正式的场合或参加葬礼等，为了表示对尊者的顺服，戴着礼帽或其他有檐帽的男士，应自觉欠身主动地摘下自己的帽子，并将其置于大约与肩膀平行的位置，同时与对方交换目光，行完礼后将帽子置于指定位置，待演讲结束再戴上。需要注意的是，一般男士可行脱帽礼，女士是不行脱帽礼的。

以上几种致意方式，在同一场合、同一时间对相同的演讲对象，可以使用一种，也可以几种并用，依对演讲对象表达友善恭敬的程度而定。致意要精神饱满，动作文雅，切忌一手致意一手插在裤兜里，嘴里叼着香烟或嚼着东西致意更是不礼貌的。致意的动作必须是认认真真的，以充分显示对观众的尊重。

五、头部活动

演讲者可以通过头部活动传递信息，头部活动主要包括点头、摇头、侧头、昂头、低头等。

① 点头一般表示同意、致意、肯定、承认、赞同、感谢、应允、满意，也可以表示理解、顺从等情绪。

② 摇头表示不满、怀疑、反对、否定、拒绝、不同意、不理解、无可奈何等。

③ 侧头有多种含义，可表示思考，表示疑问，需配合有声语言理解。

④ 昂头表示充满信心、胜利在握、目中无人、骄傲自满等。头一直向后仰，还可表示陶醉。

⑤ 低头表示顺从、听话、委屈，也可以表示另有想法等。

头部活动的注意事项如下。

（1）头部活动要明显。尤其是头部活动发挥替代作用时，要注意动作要明显，例如到底是点头还是摇头，对方看清楚了才能正确领会。

（2）头部活动要注意配合口头语言的使用，如点头时配合"嗯嗯""是的"等，就不至于产生误会。也可以配合其他身体语言使用。

（3）头部活动频率不宜过高。在聆听对方说话时，适当地点头或侧头会让说话的人觉得自己在用心听，但过高的使用频率则会影响说话者的注意力或让其感到肤浅。

专题三　演讲者的手势

手势是给观众的视觉刺激，带给观众以直观、形象的印象，也是情感交流，传播思想、观点和情感的最重要的辅助手段之一。手势用得好，自己的观点、思想才会表达得更加完美，所传递的信息才会得到观众的理解和共鸣。

一、手势的作用和类型

演讲者的手势是指从肩部到指尖的各种活动，包括手臂、手指、手掌等的各种协调动作。手势既可表情达意，又可摹形状物，是演讲中必不可少的肢体语言。

1. 手势的作用

手势在演讲中起着重要的作用。手势是语言的形象化表达。例如，摸摸胡子表示高兴，捶胸顿足表示气愤或悲痛等。演讲者在演讲中适当地加一些手势，不但能强调和解释语言所传达的信息，还能使演讲更丰富、形象、生动，让观众可听、可看、可悟。一个恰当的手势会对演讲的主题或内容起到画龙点睛的作用，使重点内容更加突出、清晰，加深观众的印象。

手势可以吸引观众互动。演讲者可以通过手势的变化吸引人们的视觉注意力，以达到引导观众跟上自己讲话思路的目的。通过手势的不同变化引导或带动观众，会使观众有一种非被动的参与感，进而达到身心的互动。

手势还可以强化语气、节奏。在需要重点强调的内容上加上手势，能起到加强语气的作用。例如，在喊口号时加上一些如挥拳的手势动作，既表明了坚定的决心，又利于气息和声音的发挥，使语气增强。恰当的手势可以强化语言的节奏。例如，在讲话开始加一个号召或就座的动作，会让观众快速进入聆听的状态；在讲话结尾处加一个告别的动作，可以提示观众起身离去。

2. 手势的类型

演讲中的手势动作有很多，手势表达的含义也相当丰富。

（1）根据手的动作范围，一般将手势分为3个区域，分别为上区、中区和下区，在不同区域有不同的意义。

① 上区（肩部以上）：在这一区域的手势活动，主要表示坚定的信念、殷切的希望、美好的憧憬等情感，常用以表达激昂慷慨、积极向上的演讲内容。例如，讲到"让我们团结一致，为实现宏伟目标而努力奋斗"时，右手向前上方伸出，以表示为实现目标而奋斗的决心。再如，讲到"中国人民是无所畏惧的，就是天塌下来，我们也能顶起来"时，手心向上猛力推顶，表示强大的力量。

② 中区（肩部至腹部）：在这一区域的手势活动，主要表示叙述事实、说明情况、阐述理由等，常用于较理智平静的情绪。例如，讲到"生命的意义不在于索取，而在于奉献"时，双手从胸前平伸向外，臂微弯，手心向上。

③ 下区（腹部以下）：手臂在这一区域活动，除指示方位、列举数目以外，主要表示憎恶、鄙夷、厌烦、否定等感情。例如，讲到"彻底清除形式主义的不正之风"时，右手从胸前迅速向右斜下方劈出，表示痛恨和厌恶。

（2）根据手势所表达的含义和作用，手势大致可分为情意手势、指示手势、象形手势与象征手势。

① 情意手势用以表达情感，渲染气氛，使抽象的感情具体化、形象化，使观众易于领悟演讲者的思想情感，如挥拳表示义愤、推掌表示拒绝等。例如，讲到"打击腐败，我们必须重拳出击"时，右手握拳挥出，如图4-6所示。

② 指示手势用以指明演讲中涉及的人或事物及其所在位置，从而增强真实感和亲切感，如图4-7所示。这种手势比较简单明了，没有感情色彩，比较容易做。指示手势又分实指、虚指两种。实指涉及的对象是在观众视线所能到达的范围，如"我""你""上面""地下"等；虚指涉及的对象远离会场，是观众无法看到的，如讲到"很久很久以前""在那遥远的地方"时常用虚指，可伴有"那时""后面"等词出现。例如，讲到"请注意，这是非常关键的一次"时，右手食指向上伸出。

③ 象形手势就是演讲者用手势模拟事物的形状、体积、高度等，给观众以具体、明确的印象。这种手势常略带夸张，只求神似，不可过分机械地模仿。例如，讲到"让我们将这片情谊凝聚成爱

心"时，用双手在胸前模拟出心的形状，如图4-8所示。

④ 象征手势用以表现某些抽象的事物或概念，以生动、具体的手势和有声语言一起构成一种易于理解的意境。例如，讲到"让我们迎接美好的明天"时张开双臂；再如，讲到"有一颗无私奉献的心"时，双手做捧物上举的姿势，自然构成一种虔诚、奉献的意境，给观众留下鲜明、具体的印象，如图4-9所示。

图4-6　情意手势

图4-7　指示手势

图4-8　象形手势

图4-9　象征手势

除以上介绍的几种手势以外，每一位演讲者都有自己的一些习惯性手势。这些习惯性手势含义并不明确且不固定，随着演讲内容的不同而体现出不同的含义。还有些手势是演讲者无意识做出的，不代表任何意思，但这种手势不宜过多。

二、手势的运用

演讲中手势是一种无声的语言，是演讲者运用手掌、手指、拳头等的动作变化来辅助有声语言表情达意的一种方式。它是一种特殊的语言，手势的方向、位置、速度和力度都与演讲内容和演讲者的情感紧密相连。

手势变化的形态很多，表达的内容十分丰富，不同的手势表达不同的含义，在演讲中具有极强的表现力和吸引力。

1. 手掌的运用

手掌的运用主要有以下几种。

（1）手心向上，胳膊微曲，手掌稍向前伸，主要表示请求、欢迎、赞美、贡献等意义。例如，讲到"让我们张开双臂，迎接这个灿烂的春天吧"时，左右两手分别向斜前上方伸出，如图4-10所示；讲到"看着这些孩子在网吧中一天天堕落，家长伤心、气愤却无可奈何"时，两手摊开，如图4-11所示。讲到"你和我都是未来的人民教师"时，右手分别指向观众和自己，以拉近与观众的距离。

图4-10　张开双臂

图4-11　两手摊开

（2）手心向下，胳膊微曲，手掌稍向前伸，表示神秘、压抑、否认、制止、不喜欢等意义。例如，讲到"政府有关职能部门，该拿出一些有力措施，来制止这种恶果的蔓延了"时，手心向下，胳膊微曲，手掌稍向前有力地伸出，表示阻止，如图4-12所示；讲到"那些害民害国的东西，必须彻底清除"时，左小臂向胸前，然后迅速向斜下方打出，表示厌恶、憎恨，如图4-13所示。

图4-12　表示阻止的手势

图4-13　表示厌恶、憎恨的手势

（3）两手由分而合，表示团结、亲密、积极等意义。例如，讲到"五十六个民族的兄弟姐妹，团结起来一家亲"时，双手掌心向上，向前伸出，然后慢慢靠拢到胸前，如图4-14所示；讲到"这一番真诚的话语，一下子就融化了我的心"时，双手掌心向上，稍向胸前伸出，然后双手重叠靠拢到胸前，如图4-15所示。

（4）两手由合而分，表示空虚、失望、消极等意义。例如，讲到"我死盯着刚发下来的成绩单，心想，这下全完了"时，双手掌心向上靠拢在胸前，然后自然地坠落，如图4-16所示。

（5）手掌指向人或身体的某一部位，表示忠诚等意义。例如，讲到"我有一颗忠于祖国和人民的心"时，右臂抬起，手抚心区，如图4-17所示。

演讲时身体语言的运用

图4-14　表示团结的手势

图4-15　表示真诚的手势

图4-16　表示失望的手势

图4-17　表示忠诚的手势

2. 手指的运用

在演讲中演讲者可以借助手指动作表情达意，手指具有象形、暗示、指向、指示等作用。通常右手手指比左手手指的使用频率高。不同手指的运用或手指组合运用表达不同的意思，具体如下。

（1）拇指式：竖起大拇指，指尖向上，其余四指自然弯曲，表示强大、肯定、赞美等意，如图4-18所示。

（2）食指式：食指伸出，其余四指弯曲并拢，如图4-19所示。这一手势在演讲中被大量采用，用来指示事物、方向，或者表示观点。使用这一手势时胳膊向上伸直，食指指向空中则表示强调，也可以表示数字单位"个""十""百""千"等；食指弯曲或成钩形表示与9相关的数字；食指齐肩画线表示直线；食指在空中画弧线表示弧形。

（3）小指式：竖起小指，其余四指弯曲合拢，表示精细、微不足道或蔑视对方，如图4-20所示。这一手势在演讲中用得不多。

图4-18　拇指式

图4-19　食指式

图4-20　小指式

（4）食指与其他手指并用式：五指并用，表示与5相关的数字；拇指、食指并用，拇指、食指分开伸出，其余三指弯曲表示与8相关的数字，拇指、食指并拢有肯定、赞赏之意，如果两者弯曲靠拢但未接触，则表示微小、精细之意。

例如，讲到"苹果树上挂满了这么大的苹果"时，用双手拇指和食指围成一个立起的圆形，如图4-21所示；讲到"飞机的发动机里哪怕仅仅混进这么一小点的铁钉，也会造成机毁人亡的灾难啊"时，用拇指和食指比画，如图4-22所示。

（5）"O"形手势：这种手势又叫圆形手势，表示"好的""可以"的意思，也表示"零"，如图4-23所示。

演讲时身体语言的运用

图4-21　比大　　　　　　　图4-22　比小　　　　　　　图4-23　"O"形手势

演讲者的手势不仅要准确自然，美观、得体，更重要的是配合演讲内容。例如，当演讲者说有"3"点时，手势动作应当在说到"3"时同时做出，早做或晚做都起不到应有的效果，甚至还会适得其反。

3. 拳头的运用

拳头多运用在政治、法律道德等方面的演讲中，可以表示愤怒、破坏、决心、警告等意义，也可表示团结、有力量。

例如，讲到"这个仇，我们一定要报"时，将右手握拳过肩并颤抖，表示愤怒，如图4-24所示；讲到"做有志青年，为中华崛起而读书"时，有力地举起右拳，表示决心，如图4-25所示。

图4-24　表示愤怒的手势　　　　　　　　图4-25　表示决心的手势

小故事大道理

手势的魅力

一位女士站在台前，边用右手把头发撩到耳后，边说道："我的绝妙想法，实际上看似微不足道。"她把右手放到胸前，大拇指与食指捏在一起，表示"微不足道"，继续说，"却能够激发层出不穷的绝妙创意。"

她把双手的手指指向自己："这些想法雪藏于酣睡时我们的大脑中，那么如何用我的想法使之释放呢？就是睡觉。"说着，她把双手摊开，并微微屈膝，就像我们平时比画床一样。她扬起右手从左边滑向右边说："在座的各位女士都是最优秀的人，但也都饱受睡眠不足的折磨，我不断地思索着睡眠的价值，两年半以前我因为劳累而昏倒，头撞在了桌子上，下颌骨也骨折了，我的右眼缝了针……"随着话语，她的手在做着动作，手摸向头，摸向下颌骨，摸向右眼。

她的演讲生动有力，吸引观众认真倾听，最后赢得了观众热烈的掌声。

名师点拨

没有任何肢体语言的演讲就如同一潭死水般毫无波澜，这样的演讲很难得到观众的认可，只有配合生动形象的肢体语言的演说才更贴近观众，也最容易被观众所喜欢。在演讲中，手势的使用频率最高。使用手势要精准确、自然，不能过于机械化，否则看上去就像个机器人。每个人都有自己不同的风格，单纯模仿会非常生硬。最好的办法就是找一面大镜子，对着镜子练习，琢磨出最适合自己的手势。

三、手势运用的注意事项

准确自然、适度得体的手势动作能产生极大的魅力，激发观众的热情，加深观众对演讲内容的理解，使演讲获得成功。演讲时手势运用的注意事项如下。

1. 手势要准确、自然

演讲者的手势并不是随便做出来的，而是其内心状态的外在表现，真实情感的自然流露。演讲者的手势运用要准确、自然，能够使观众完整、明晰地理解自己的用意，能够提升演讲内容的吸引力和感染力，能够带给观众赏心悦目的美感。演讲者在公共场合演讲时，手势既不能太浮夸，又不能太正式，即使手势是预先设计好的，也要让观众感觉是情之所至，由感而生，避免给人僵硬、做作的感觉。

2. 手势要适度、得体

在演讲中，当演讲者的情绪、感情或语言需要特别强调或表现力需要增强时，演讲者就可以顺其自然地做一些增强表达力的动作。但手势运用要适度、得体，不可滥用，切忌使用频率过高或使用毫无意义的手势，否则会分散观众的注意力，甚至引起观众的反感。如果演讲者没有任何手势动作或只使用一种手势，也会显得刻板、僵硬、毫无生趣，不利于情感的表达。

手势动作的快慢也要根据演讲者的感情或内容的需要而快慢有致。语速快，动作也要快；语速慢，动作也要相应地慢下来。手势在动作幅度方面也要适度，在不同的演讲场合有不同的要求。在正式的演讲场合，演讲者面向很多观众演讲时，适合大胆、大幅度、具有戏剧性的手势，而非正式情境下，面对小范围内的观众，则适合较为自然的手势，动作幅度不宜过大，否则会显得得跟周围的环境格格不入，给人以"作秀"的感觉。

3. 手势要干净、利落

演讲者在运用手势时，千万不要顾虑，要直截了当，简洁明了，这样才比较容易被观众理解和接受。演讲者的手势动作需要与口语表达密切配合，使演讲内容更具说服力。演讲者应选择在演讲的关键时刻使用手势，并且手势动作要做得干净利落、优雅到位，千万不要拖泥带水。也不可为了手势而做手势，否则会让观众觉得刻意、做作，甚至眼花缭乱、晕头转向，起不到助推演讲的作用。

4. 手势动作要与内容、表情及身体协调

手势动作的幅度、方向、力度应与演讲内容、面部表情、身体姿态密切配合、协调一致，不可生搬硬套，过于勉强。手势、眼神、表情、身体姿势与口头语言都是一体的，无论哪一方面没有跟上节奏，都会给人一种不协调的感觉，这种不舒服的感觉会分散观众的注意力。

例如，当讲到兴奋的事情时，如果演讲者的表情是高兴的状态，但眼神缺少该有的光彩，肢体显得僵硬，就无法将自己的感情正确地表达出来，观众看着也会觉得难受。一般情况下，眼要跟着手势走，身要跟着手势动。

专题四　演讲者的面部表情

一个人的面部表情是内心世界最真实的写照。面部表情包括眼神、眉毛、脸部、口唇等，它主要是指通过眼部肌肉、颜面肌肉和口部肌肉的变化来表现各种情绪状态。有经验的演讲者总是充分地利用面部表情的变化，表达出丰富的思想感情，以此来吸引观众，影响观众，进而感染观众。常见的面部表情如下。

① 喜悦：面部肌肉舒松，嘴角向上，目光明亮。

② 愤怒：面部肌肉绷紧，嘴角向下，怒目圆睁。

③ 悲哀：面部肌肉舒松，嘴唇微开，眉目低垂。

④ 快乐：面部肌肉舒松，嘴唇打开，双眼眯缝。

⑤ 惊讶：面部肌肉绷紧，嘴唇打开，眉目骤张。

⑥ 坚定：面部肌肉绷紧，嘴唇微闭，目光炯炯。

心理学研究表明，在人的各种感觉器官可获得的信息总量中，眼神要占70%以上。在面部表情中，我们运用最多、也最广泛的表情就是微笑。

一、用眼神"说话"

眼神在演讲中，具有传递信息、表达感情、控制场面的作用，眼神运用得当可以拉近演讲者同观众的距离，使演讲更生动，更有说服力。因此，在演讲时，演讲者在运用口语传递信息的同时，也要通过自己的眼神，把内心的激情、学识、品德、情操、审美情趣等传递给观众。演讲者要重视和善于运用眼神"说话"，表达丰富而多变的思想感情，使观众能够通过演讲者的眼神窥探他的内心世界。

在演讲中演讲者保持与观众之间的眼神交流，可以及时地了解观众在听讲过程中遇到的问题或听讲状态，同时也是在鼓励观众注意演讲内容，这有助于促进听与讲的互动，活跃演讲现场气氛。演讲中运用眼神的方法主要有以下几种。

1. 前视法

前视法就是演讲者视线平直，以观众席中心线为主，向两边弧形扩散，注视全场所有的观众，

视线的落点应放在最后一排观众的头顶部位。视线推进时不要匀速，要按语句有节奏进行，要顾及坐在偏僻角落的观众。

2. 点视法

点视法就是有目的、有针对性地重点注视某一局部的观众。运用这种方法可对专心致志的观众表示赞许和感谢；对有疑问和感到困难的观众进行引导和启发；对想询问的观众给予支持和鼓励；对影响现场秩序的观众进行制止，使其收敛，达到控场的目的。

这种眼神运用的方法针对性较强，需注意眼神含义要明确，同时要适可而止，不要长时间地与观众目光直接接触，以免让被注视的观众局促不安或引起其他观众不满。

3. 环视法

环视法就是演讲者的目光有节奏或周期性地环视全场。演讲者在演讲开始时不要急着讲话，先面带微笑环视一周，一方面可以使全场安静下来，另一方面增强与观众的情感联系。在前视法的基础上，辅之以环视法，能收到理想的控场效果。运用这种方法时，需注意一定要照顾全局，不可忽视任何角落的观众；同时，头部摆动幅度不宜过大，眼珠不可肆意乱转，否则会分散观众的注意力，影响演讲的效果。

4. 虚视法

虚视法就是演讲者的目光似盯未盯地望着观众，看似在看观众，其实视线并没有落在任何一位观众身上。这是演讲者观察时常用的一种转换性的目光。虚视法在演讲中运用较多，它可以有效地缓解演讲者的紧张情绪，使演讲者显得大方、自然，还有助于演讲者专心于自己所讲的内容上，不被个别观众影响。运用这种方法还可以引导观众进入描述的意境之中，烘托现场气氛。但需要注意的是，虚视法不可频繁使用，以免给人以傲慢的感觉。

除以上几种主要的眼神运用方法以外，还有侧视法、仰视法、俯视法、闭目法等。在演讲过程中，视线的运用往往是各种方法综合考虑并且交叉运用的，同时要按照演讲内容的需要，以及演讲的氛围，配合有声语言形式与手势、身姿等进行立体而真实的表现。

即时演练

眼神训练可以提高眼球、眼睑运动的幅度、灵活性和可控能力。

预备姿势：自然站立，头正直、下颌微收。练习中，头的位置始终不变。

第一节：①眼睑抬起，睁大眼睛，正视前方某一物体，努力将其看清；②眼睑渐渐放松，眼球回缩，虚视前方；③反复重复上述动作。

第二节：①眼睑抬起，目光由左向右缓慢扫视，直至看到最侧面的东西，努力看清目光所到之处视线内的物象；②目光由右向左扫视，方法同上；③动作同上，只是速度加快，一拍向左，一拍向右。

第三节：①目光由下向上缓慢扫视，眼睑尽量向上抬，直至看见最上方，努力看清目光所到之处视线之内的物象；②由上向下扫视，直至看见自己的前胸，但应控制眼睑的下落，不使其遮住瞳孔；③动作同上，速度加快，一拍向上，一拍向下。

第四节：①目光缓慢向左上方斜视，左眼睑比右眼睑抬得更高；②目光缓慢向右下方斜视，右眼比左眼用力稍大；③动作同上，速度加快。

> 第五节：动作与第四节相同，只是改变方向，成为右上方到左下方的动作。
>
> 第六节：①双眼从左侧视起，经由上—右—下方向，按顺时针转动一周，环视幅度尽可能大，速度均匀；②重复一次；③方法同上，经由相反方向按逆时针方向转动一周。

在演讲过程中，眼神运用的注意事项有以下方面。

① 眼神不能空洞无物，要有一定的内容。例如，眼神坚定明澈，使人感到坦荡、善良；眼神肯定、诚恳，有助于赢得观众的信任；眼神真诚、友善，能够给观众亲切感。

② 眼神要同表情、手势、声音协调一致。演讲者的眼神变化要与演讲内容的发展和自己情绪的变化相协调，要注意眼神运用的多样性，准确地表情达意。

③ 眼神不仅可辅助口头语言表达思想感情，有时还能直接代替语言。例如，在演讲过程中，现场出现局部骚乱的情况，演讲者可以不开口，而采取点视法，投出一道目光，使观众领会其意，注意听讲。

④ 演讲过程中，眼睛不仅要传递信息，还要注意收集信息。演讲者要注意通过目光观察观众的反应，接受观众的信息反馈，使眼睛发挥组织演讲和收集演讲效果的作用。

⑤ 视线不要离开观众太久，控制在10秒内。

⑥ 即使是点视，视线也不要过于集中，不能忽略其他的观众。

⑦ 不要害怕收到观众不认可的、不赞同的眼神。

二、用微笑传情

微笑是一种良性的面部表情，在演讲中很受欢迎。微笑是自信的标志、礼貌的象征、涵养的外化、情感的体现，能反映出一个人的内心世界。微笑具有无穷的魅力，很多时候，微笑胜过千言万语。

1. 微笑的作用

微笑能让演讲者的声音更好听，因为人们在微笑时，自然放松，气息通畅，颧骨的肌肉自然上拉，口腔自然打开，发出的声音自然圆润，听起来更加悦耳。微笑还可以让演讲者吐字清晰、轻巧。人一紧张，舌头就会僵硬，而微笑时，舌头放松，自然灵活，吐字就清晰。微笑还能使人大脑放松，思如泉涌，产生更多的灵感和想法。

微笑能够反映一个人的内心世界，演讲者可以借助微笑建立融洽的气氛，消除观众的抵触情绪，激发感情，缓解矛盾，有效缩短彼此之间的距离。微笑是人们美好心灵的外现，也是心地善良、待人友好的表露，能够体现一个人的风度与涵养。演讲者发自内心、真诚的微笑，具有很强的说服力，可以增强演讲的感染力，打动观众，把演讲推向成功。微笑能让人更加自信，微笑代表着对对方的肯定，同时也能给对方带来自信。

2. 微笑的场合

微笑虽好，但也要分清场合，如果参加庄严肃穆的活动，如追悼会、重大问题的讨论会，自然不宜微笑。演讲中适宜运用微笑的场合如下。

① 表达赞美、歌颂等感情色彩时应微笑。此时要博得观众笑，自己首先要笑。

② 上台与下台时应微笑。这样可拉近与观众的距离，给观众留下良好的形象。

③ 在观众提问时送上一缕微笑是无声的赞美与鼓励。

④ 肯定或否定观众的一些言行时，可以配合着点头或摇头，面带微笑。

⑤ 面对喧闹的观众，演讲者可略停顿，同时脸挂微笑，这是一种含蓄的批评与指责。

3. 微笑的技巧

（1）微笑要自然、真诚。演讲者只有发自内心的微笑才能笑得自然，笑得亲切，才能让观众的内心感觉到温暖，从而引起观众的共鸣。切不可不笑装笑，人们对笑容的辨别力非常强，凭直觉就能够敏锐地判断出笑容代表什么意思，是否出于真诚。

（2）微笑要注意整体协调。微笑应与仪表和举止相结合，穿着得体的服装，展现优雅的姿态，再结合亲切而自然的微笑，才能展现出演讲者良好的涵养。微笑要与眼神、表情、气质相结合，笑眼传情，情绪饱满，给人愉快、舒适、幸福、动人的好感。

耿爽"迷一样的微笑"让人印象深刻

（3）微笑的程度要合适。微笑是一种礼节，表示对对方的尊重，如果不注意程度、频率，没有节制地随心所欲，随便乱笑，如在正式场合放肆大笑或傻笑，这就背离了微笑的要领，毫无美感，甚至使人生厌。

（4）要注意微笑的对象。对不同的观众、不同的群体对象，演讲者应使用不同含义的微笑，传达不同的感情，否则可能会出现适得其反的情况。

演讲中的微笑要随演讲内容的感情变化而变化，演讲者在表达悲痛、思考、痛苦、愤怒、失望、讨厌、懊悔、批评、争论等负面情绪时不能微笑。总之，演讲者真诚、适度、得体的微笑，既有助于演讲内容的充分表达，展示自己自己的良好意愿，又能够营造和谐的演讲氛围。

4. 微笑的训练

微笑的动作要领：口腔打开到不露或刚露齿缝的程度，嘴唇呈扁形，嘴角微微上翘。例如，一边说"尊敬的各位领导，亲爱的各位同事，大家好！"，一边微笑。两人一组互相训练，注意动作要领，找到问题，及时纠正。

微笑训练时，需注意口腔开的程度、嘴唇的形态，不能笑过头，嘴咧得太大，否则会给人一种傻乎乎的感觉。因此，微笑的动作要标准，以"不露或刚露齿缝"为最佳。

要避免出现皮笑肉不笑的状态，否则让人看上去会很难受。无论是演讲还是交际交谈中，人们都要以完全平等的态度对待对方，尊重对方的感情、人格和自尊心，那么自己呈现出的微笑就是真诚的、美丽的，就是具有强大的凝聚力的，否则呈现出来的微笑可能就是虚假的、丑陋的，得到的也只能是逆反心理和离心力。

要想解决"皮笑肉不笑"的问题，首先必须解决根本态度的问题。根本态度端正了，问题也就迎刃而解了。只有端正对待对方的态度，加强微笑训练，那么真诚的微笑就一定有助于提升演讲的效果。但需要注意的是，演讲者在演讲过程中不能从头到尾一味微笑，否则观众会觉得演讲者戴了一副假面具上台，没有用心、没有感情。

即时演练

微笑训练的面部肌肉跟身体其他肌肉一样，用得越多表现越自然。微笑主要是嘴型动作，嘴角的朝向不同，微笑给人的感觉也不同。

每位同学准备一面镜子，拿一支粗细适宜的笔，用牙齿轻轻横咬住它，嘴角上扬，使嘴角肌、颧骨肌带动面部其他肌肉同时运动。

> 微笑还要口眼结合，拿一本书遮住眼睛下边的部位，对着镜子，想象自己是最成功、最自信的人，然后鼓动起双颊，嘴角两端做出微笑的口型。这时，眼睛和嘴唇都在笑。微笑以露出6~8颗牙齿为宜。反复练习。

回顾·思考·讨论·应用

一、单元知识要点

演讲者的服饰仪表：演讲者着装的基本原则、演讲者仪容仪表修饰技巧。演讲者的身姿风貌：演讲者的站姿、坐姿、走姿、致意礼及头部活动。演讲者的手势：手势的作用和类型、手势的运用、手势运用的注意事项。演讲者的面部表情：用眼神"说话"、用微笑传情。

二、选择题

1. 演讲者着装的基本原则中的TPO原则，主要是指（　　）。

　　A. 时间、材质、颜色　　　　　　　　B. 时间、地点、场合

　　C. 时间、整洁、和谐　　　　　　　　D. 时间、个性、场合

2. 下列对演讲者身姿描述不正确的是（　　）。

　　A. 站姿是演讲的最佳姿势，精彩的演讲往往是在站姿状态下完成的

　　B. 一些学术性较强的讲座，一般采用坐姿完成

　　C. 坐着演讲通常会限制演讲者肢体语言的发挥，无法展现那些表现力较大的动作

　　D. 演讲中观众提问或发表观点意见时，演讲者往往采用挥手致意方式

3. 关于演讲者的服饰，下列说法不正确的是（　　）。

　　A. 跟演讲主题有关，如果较为轻松的主题，需要与观众互动，可以穿休闲装

　　B. 跟场合有关，一些严肃的场合如葬礼，适宜穿着深色的西装，以给人庄重深沉的感觉

　　C. 如果场合和主题都不是过于严谨和正式，年轻的演讲者可以选择穿破洞牛仔裤搭配休闲西装，展现个性，释放青春活力

　　D. 跟观众有关，如果给儿童分享一些轻松愉快的内容，女士可以穿浅色过膝长裙，显得大方、有亲和力

4. 对演讲者眼神运用的描述不正确的是（　　）。

　　A. 演讲者如果情绪紧张，演讲时可以频繁使用虚视法

　　B. 演讲开始时演讲者可以采用环视法环视全场

　　C. 演讲者对专心致志的观众表示赞许和感谢时可以用点视法

　　D. 演讲者对影响现场秩序的观众进行制止时可以用点视法

5. 下面对手势活动描述不正确的是（　　）。

　　A. 讲到"阳光照射着大地，万物吐露着生机"时，双手手心向上——中区

　　B. 讲到"通过努力，城市的蓝天越来越多"时，单手手心向上——上区

　　C. 讲到"他自己不争气，我们又有什么办法呢"时，双手手心向下——下区

　　D. 讲到"贪得无厌者，必然遇到人们的唾弃"时，双手手心向上——上区

三、问答题

1. 演讲者的专业性走姿包括哪几种？

2. 演讲者在使用手势时需注意哪些事项？

3. 演讲过程中演讲者常采用的眼神方法有哪几种？

四、实践与应用

演讲者身体语言训练

1. 着装训练。假设自己要参加学校组织的演讲比赛，主题是大学生该有的模样，为自己进行服饰搭配，体现出自身魅力，以带给观众美感。得体的着装能反映出自身的审美能力和审美风格，平时自己应多关注服饰杂志，使自己的着装既能展现个性，又符合时代的审美标准。

2. 眼神训练。可以在任何地方，把外界事物当成观众，进行点视、环视、虚视练习。

（1）注视某个观众，与观众对视，进行心灵对话。

（2）从左到右，或从前到后慢慢移动视线，与观众的眼神进行广泛的接触和交流。

（3）目光散成一片，不集中在某一点上，把视线散在观众的中部和后部。

3. 微笑训练。分六步进行反复练习就可以形成有魅力的微笑：放松肌肉；给嘴唇肌肉增加弹性；形成微笑；保持微笑；修正微笑；修饰有魅力的微笑。

4. 身体语言综合训练。用适宜的肢体动作配合演绎下列文字内容。

（1）欣喜若狂　惊慌失措　暗送秋波　手舞足蹈　东张西望　眼高手低

（2）看那美丽的桃花，开得多热闹啊！

　　　攀登吧！无限风光在险峰。

　　　谁在这里挖了陷阱？谁在这里丢掉了良心？

　　　道路是曲折的，前途是光明的，让我们同心同德！让我们众志成城！让我们共享明天！

（3）一直以为，幸福在远方，在可以追逐的未来。我的双眼保持着眺望，我的双耳仔细聆听，唯恐疏忽错过。后来才发现，那些握过的手、唱过的歌、流过的泪、爱过的人，所谓的曾经就是幸福。

（4）为什么我们需要陪伴？因为陪伴很温暖，它意味着这个世界上，有人愿意把最美好的东西给你，那就是时间。当然陪伴也是一个很平常的词，日复一日，年复一年，到最后陪伴就成为了一种习惯。在我们每一个人的生命里，会遇到各种各样的陪伴。比如学生时代，同学之间几年的陪伴；比如夫妻之间，相濡以沫几十年的陪伴；比如父母与孩子，生命与血脉注定一生的陪伴。在这个世界上，没有一个人是孤岛，失去了陪伴，也失去了生存的意义。

第五单元
用演示文稿打造高规格演讲

5

在演讲中，演讲者有效地使用演示文稿（即PPT），不仅能提升演讲的趣味性和感染力，还能更好地阐述自己的观点，让演讲内容变得更直观、易懂，从而让观众轻松地理解和记住信息。

课前思考

1 在设计PPT的文字内容、图片、图表、页面版式时应该注意哪些问题？怎样设计才能让PPT更加美观？

2 在演讲中，PPT发挥着怎样的作用？在使用PPT时需要注意哪些问题？

情景还原

照本宣科的转正汇报

　　杨涛在MT公司实习三个月后，获得了转正资格。在公司新员工转正汇报会上，杨涛打开PPT开始自己的转正汇报："各位领导和同事，大家下午好！很高兴大家来听我的转正汇报，这是我第一次做PPT，非常感谢营销部同事提供的PPT模板。"接下来他就照着PPT上的内容开始读。

　　整个汇报持续了十分钟，期间杨涛和听汇报的领导没有任何的视线交流，他也完全没有注意观众是否在听，有没有跟上自己汇报的节奏，只是自顾自地照本宣科地读PPT。

　　请分析案例中杨涛在转正汇报中哪些地方做得不合理，试着说一说在使用PPT时应该注意什么。

专题一　PPT的设计

　　PPT是演讲中常用的重要辅助工具之一。演讲者在PPT中可以使用文字、图片、图表等多种形式来说明自己的观点和想法，这既能丰富演讲内容的表现形式，又能让演讲更有表现力。

一、PPT设计前的准备

　　俗话说"磨刀不误砍柴工"，演讲者在制作PPT之前需要做一些准备，包括明确使用PPT的目的、分析观众的属性、了解演示环境、做好演讲内容规划等。这些准备工作影响着演讲者设计PPT的思路，以及PPT的最终展示效果。

1. 明确使用PPT的目的

　　演讲者首先要明白为什么要使用PPT，PPT是给谁看的，这样在制作PPT时才能有的放矢。一般来说，演讲者在演讲中使用PPT的目的有两种，即告知与说服。

　　如果使用PPT的目的是告知，那么演讲者扮演的是信息传递者的角色，如下属向上级汇报部门年销售额，企业的人事部经理给新入职员工做入职培训等，在这些情况下，演讲者使用PPT是为了告知，PPT里的信息要全面、清晰、准确。

　　如果使用PPT的目的是说服，那么演讲者扮演的就是倡导者的角色。例如某品牌商通过新品发布会向外界宣传新研发的产品，创业者向投资人介绍自己的项目等，虽然这其中也包含一定程度的告知目的，但演讲者的主要目的是让观众认同自己的言论，并行动起来。在这些情况下所使用的PPT，其信息不仅要全面、清晰，还要具备一个清晰的能说服他人的逻辑。

2. 分析观众的属性

　　在演讲之前，演讲者需要对观众的属性进行分析，在制作PPT时，演讲者也需要充分考虑观众的属性特征，从观众的需求出发，按照观众可以接受的方式去设计PPT中需要呈现的内容和PPT的展示方式。

　　例如，某电器公司研发了一款新的空气加湿器，总部将产品的信息以PPT的形式分发至全国各子公司，同时由培训师使用总部提供的PPT为一线销售人员讲解新产品的相关知识。一线销售人员在向顾客销售加湿器时，如果还是使用总部提供的PPT，那么PPT的针对性就会差很多，因为PPT的受众（一线销售人员—顾客）、用途（培训—销售）、目的（讲解产品知识—说服顾客购买）都发生了变化。因此，演讲者要根据观众的属性去设计、制作PPT。

3. 了解演示环境

无论PPT制作得多么精美，演讲者都需要考虑演示环境的限制，包括演讲场地的大小、软硬件设备。

（1）演讲场地的大小

当演讲场地较大时，后排观众距离投影屏幕比较远，如果PPT中的文字太小，就会影响后排观众的阅读。因此，演讲者在制作PPT时应该将文字的字号设置得大一些，以便后排的观众也能看清楚。

如果条件允许，演讲者可以在正式演讲之前到演讲场地测试一下，根据场地的大小设计PPT中文字的大小，以保证PPT的展示效果。

（2）软硬件设备

PPT的展示需要借助相应的软硬件设备，因此演讲者还需要检查软硬件设备。

① 软件版本

演讲者要确认播放PPT的计算机上安装的PPT软件的版本，在制作PPT时最好使用同版本的软件，以免最终的播放效果受到影响。

② 播放屏幕的大小

播放屏幕的大小会影响PPT的展示效果。最常见的PPT播放屏幕的尺寸是4∶3和16∶9，但是有些特制的播放屏幕的尺寸并不是常见的尺寸，这就需要演讲者提前了解播放屏幕的尺寸，并按照屏幕的尺寸去制作PPT，以保证PPT能获得最佳的展示效果。

演讲者还需要了解计算机和播放屏幕之间的视频线是VGA线还是HDMI线，不同的视频线在同一个屏幕上输出的画面大小有所不同。

在正式演讲之前，演讲者最好测试一下设备，一方面是了解设备的性能，熟悉设备的使用方法，另一方面是检测设备能否正常运行，以便及时发现并处理设备可能存在的问题，保证PPT的正常播放。

4. 做好演讲内容规划

如果演讲者一边规划演讲内容，一边设计和制作PPT，那么最终PPT的页面数量很可能超出演讲者的实际需要。因为演讲者总是想将演讲稿的所有内容都放在PPT中。

在开始设计和制作PPT之前，演讲者最好先规划好完整的演讲内容，对演讲内容有一个全局的认识。这样演讲者才可以以一种统揽全局的视角去思考演讲稿的哪些内容需要设置成PPT，PPT中应该设置哪些内容，PPT中各个内容展示的先后顺序，以及在哪页PPT中设置翻页等，以让PPT和演讲稿完美匹配。

⏰ **小故事大道理**

磨刀不误砍柴工，事前准备不可少

在制作PPT方面，张虹颇有一番心得。有一次，她向同事们分享自己的经验："在我刚进入职场那几年，每当接到制作PPT的任务后，我总是一拿到资料就先打开制作PPT的软件，然后找到一个PPT模板开始往里面填充内容。

"有一次，我负责一个环保项目的售前方案设计，当时我对着PPT苦思冥想了很久，每一页都改了好几遍，效率非常低。当我将成品交给领导后，领导指出，很多关键内容没有体现在PPT中，而一些无关紧要的内容PPT中却讲得很详细，这套PPT不适合给公司领导看，只适合给我们的目标消费者看。于是，我不得不将做好的几十页PPT推翻重做。

"我说这件事的目的就是想告诉大家，在制作PPT之前，我们需要对手头的资料进行分析，规划好哪些内容需要使用PPT进行辅助说明，哪些内容无须PPT展示。此外，我们需要了解观看PPT的受众是谁，因为受众不同，关注点也就不同，PPT中内容的侧重点也就应该不同。"

名师点拨

PPT只是一个用来承载信息的工具，在制作PPT之前演讲者需要分析观众的属性，了解观众的关注点，从观众的需求出发去安排呈现在PPT中的内容。此外，演讲者还需要对演讲内容进行分析，规划应该在PPT中展示哪些内容，补充哪些拓展资料等。

二、PPT的设计技巧

PPT的设计包括文案、图片、图表等元素的设计，以及页面版式的设计、框架页的设计、动画效果设计等。要想做好这些内容的设计，使PPT达到"讲者省力，听者省心"的境界，演讲者需要讲究一定的技巧。

1.PPT设计的原则

在演讲中，PPT主要是用于辅助演讲，演讲者在制作PPT时应该坚持"化繁为简、简约呈现、直观易懂"的理念。

（1）一页一个观点

一页PPT只能呈现一个核心观点，如图5-1所示。一页PPT容纳的信息如果太多，会让PPT的内容显得杂乱，不便于观众阅读、理解。

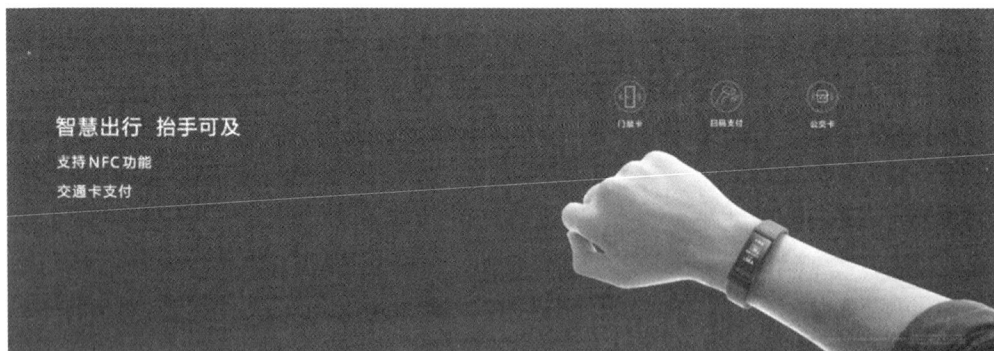

图5-1　一页一个观点

（2）精简内容

PPT内容绝不等同于演讲者的演讲内容，演讲者不能将大量的文字和图片都展示在PPT中，然后按照PPT上的内容照本宣科。演讲者应该精简PPT中的内容，保证PPT能提供必要的信息提示，能配合自己的演讲即可，如图5-2所示。

图5-2 精简内容

（3）控制PPT中颜色的类型

演讲使用的PPT颜色不会太多，一套PPT所用到的颜色最好不要超过三类。注意，这里所说的是三类颜色，而非三种颜色，如深蓝色与浅蓝色都属于蓝色系，是同一类颜色。

（4）控制字体类型

美观的字体有很多种，但这并不意味着演讲者在制作PPT时可以同时使用多种字体。一般来说，一套PPT中使用的字体类型不要超过三种，这样有利于保证PPT内容的简约、整洁。

（5）控制PPT中的信息层次

为了便于观众理解PPT中的内容，一页PPT中所包含的信息层数最好不要超过三层，否则观众不易阅读和理解，也很难在短时间内看完、看懂。一般来说，一页PPT中的信息结构如图5-3所示。

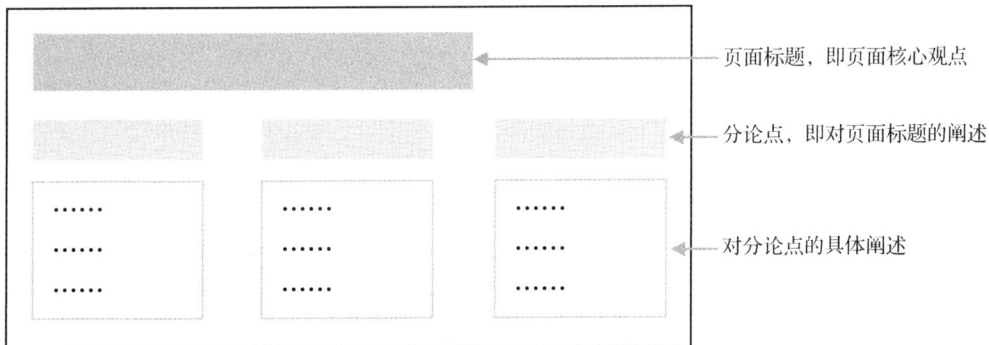

图5-3 一页PPT中的信息结构

（6）注重PPT的风格统一

PPT的风格统一主要包括三个方面：一是语言风格统一，即PPT中的内容要让观众觉得是一个人写的，也就是说语言表达的方式统一；二是设计风格统一，即整套PPT的背景、配色、同一层级内容的字体等设计风格统一；三是素材风格统一，即PPT中使用的图片、图标的风格统一。例如，如果演讲者在某个地方选择使用了扁平化风格的图标，那么整套PPT中所有的图标都应该是扁平化风格，否则PPT的内容会显得混乱。

小故事大道理

用力过度的PPT

李星参加工作后第一次向上级领导做工作汇报，他将自己整理的资料制作成了一套50多页的PPT，计划在汇报工作时使用。为了保证PPT的效果，他请了一位在制作PPT上比较有经验的同事帮自己检查PPT。

同事看完李星做的PPT后，对他说道："你做的PPT内容很详细，但是页数太多了，本来一个问题用一页PPT就能说清楚，结果你用了两三页，而且单页PPT中涉及的内容太杂、太乱，也没有层次。另外，PPT中有很多大段大段的文字，阅读起来太费力了。其实PPT的制作更讲究'少即是多'，你这就是'用力过度'了。"随后同事又针对如何修改PPT给出了自己的建议。在同事的帮助下，李星将原来50多页的PPT缩减至20多页。

名师点拨

页数太多的PPT只会延长工作汇报所花费的时间，降低汇报的质量。PPT绝不等同于演讲者的演讲，因此演讲者不能将所有的内容都放置在PPT中，将PPT当作"提词器"来使用。在制作PPT时，演讲者要注意精简内容，合理控制PPT的页数。

2. PPT中文案的设计

在PPT中，文案是不可或缺的元素，演讲者需要培养并具备一定的文案处理能力，这样才能制作出有趣、独具创意的PPT。

（1）PPT文案的特点

优秀的PPT，其文案通常具有以下3个特点。

① 精练。演讲者不能将演讲稿中的文字直接搬到PPT中，而是应该对文字进行提炼、重组，形成精练的文案，能用一句话表达清楚的就不使用大篇幅的文字，能用短句表达清楚的就不用长句，能用词语表达清楚的就不用短句，如图5-4所示。

图5-4　精练的文案

② 简单。优秀的PPT文案的内容非常简单易理解，观众只要一看到就能理解其想要传递的信息。因此，演讲者在设计PPT中的文案时，最好不用晦涩难懂的词汇或专业术语，尽量使用通俗易懂的语言。

③ 明确。PPT的文案应用词准确，文案表达的意思不会产生歧义，要确保每个人看到文案后理

解的意思都一样。

（2）文案内容的设计

为了保证PPT中的文案精练、简单、明确，演讲者可以采用以下步骤对一篇演讲稿的内容进行可视化的改造，从而将臃肿的演讲稿变成有"筋骨"的文案。

① 划分小主题。演讲者将演讲稿的内容进行主题划分，形成一个个小主题。一般来说，关系密切、意思相近的段落或内容就是一个主题。演讲者可以使用相同颜色将属于同一主题的内容标注出来。如果同一种颜色多次出现在不同的段落中，后期处理时要将这些被标注了相同颜色的文字合并在一起。例如，在一份品牌招商报告中，第6段讲述了品牌商的财务情况，第20段又讲述了与品牌商财务情况相关的内容，那么无论这些内容在演讲稿中的段落次序是如何安排的，在划分主题时就应该将这些内容划分为同一个主题，并在后期处理时将这些内容总结在一起。

② 提炼小标题。完成小主题划分后，演讲者需要根据各个主题下文字所表达的意思为其提炼小标题。提炼的小标题字数不要太多，且保持统一。这些小标题会出现在PPT的目录页、过渡页和内容页中，能让观众快速了解并理解演讲者将要讲述的内容是什么。

③ 整理逻辑。提炼出各个小主题的小标题后，演讲者要根据小主题的内容将其按照一定的叙事逻辑排列。这个叙事逻辑影响着各个小主题出现在PPT中的顺序。例如，参加竞聘演讲的演讲者可以将叙事逻辑设计为个人信息介绍、工作经历、岗位愿望；进行企业宣传的演讲者可以将叙事逻辑设计为企业概况、经营理念、发展历程、产品介绍、所获成绩、未来规划。

④ 提炼重点文字。完成前三个步骤后，演讲者已经将一份演讲稿分成了若干小份，每个小份都有其对应的主题，且这些主题也已经按照一定的逻辑排好了顺序。接下来，演讲者需要对每个小主题中的内容进行拆解，将其提炼成尽可能简练的文字。

⑤ 文字可视化。最后一步就是演讲者根据各个小主题之间的关系、小主题中重点文字之间的关系，将其进行可视化描述。比较常见的可视化方式有以下3种。

● 组织结构图：如果不同的内容之间存在包含、交叉关系，演讲者可以使用组织结构图来进行展示，如图5-5所示。

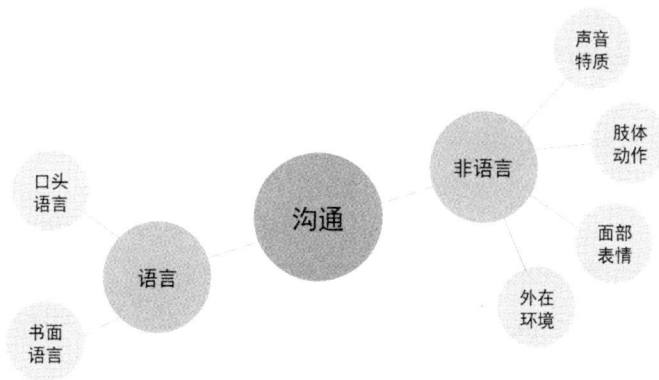

图5-5 组织结构图

● 流程图：如果文字的内容描述的是一件事情发生、发展的过程，或者是某个事物按照时间顺序发展的过程，则演讲者可以使用流程图来进行展示，如图5-6所示。

用演示文稿打造高规格演讲

图 5-6　流程图

● 区块化：如果多个内容之间是并列关系，那么演讲者可以采取区块化的方式来展示这些内容，如图 5-7 所示。

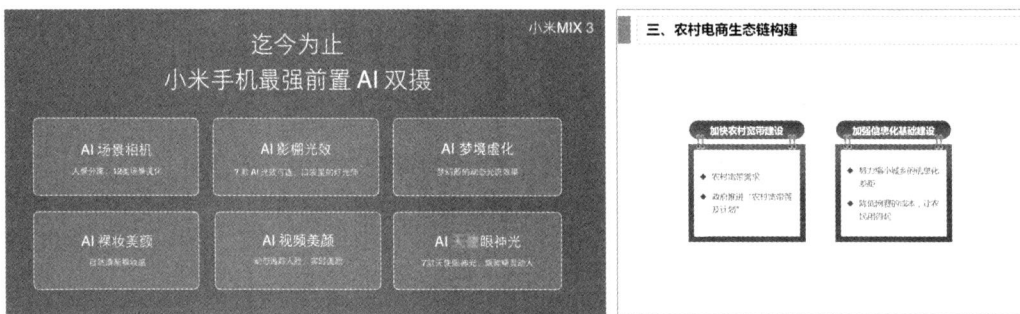

图 5-7　区块化

（3）文案字体、字号、字体颜色的选择

不同字体、字号、颜色的文字会产生不同的视觉效果，这些也是演讲者在设计 PPT 的文案时需要考虑的因素。

① 字体的选择。字体的种类非常多，字体笔画的粗细、笔画线条的曲直、结构的松散与严谨、笔画细节的复杂程度不同，给人营造的视觉感受也不同。

● 笔画的粗细：笔画粗的字体笔画间的空间较小，字体结构紧凑，浑厚有力，能给人造成视觉上的压迫感，在排版上会形成高密度的文本块。这种字体经常被用于标题。笔画细的字体笔画间的空间较大，字体结构显得舒朗清透，不会在视觉上形成压迫感。笔画粗细的对比如图 5-8 所示。

● 笔画线条的曲直：笔画线条直、变化少的字体，更具阳刚气质，笔直的线条能体现干脆、果敢的态度，但也可能意味着呆板；笔画线条弯曲、变化较大的字体，更具有婉约之美。笔画线条曲直的对比如图 5-9 所示。

图 5-8　笔画粗细的对比　　　　　　　　图 5-9　笔画线条曲直的对比

- 结构的松散与严谨：有的字体结构松散，产生一种轻松、活泼、随性之美；有的字体则结构严谨，体现端庄、严肃之美。结构松散与严谨的对比如图5-10所示。
- 笔画细节的复杂程度：笔画细节的复杂程度也会影响到字体所呈现的视觉效果，如图5-11所示。相对来说，衬线字体比无衬线字体更复杂一些，衬线字体具有古典美，无衬线字体则具有现代美。

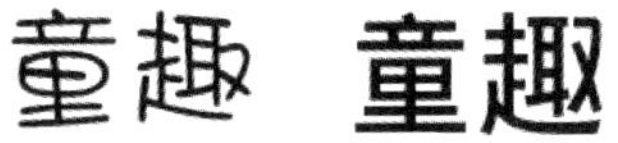

图5-10　结构松散与严谨的对比

图5-11　笔画细节复杂程度的对比

字体的选择会影响整套PPT的美观度和易读性。演讲者在选择字体之前，要确定自己想要营造何种视觉效果，然后根据自己的需要选择合适的字体。

② 字号的选择。演讲者在确定PPT中文字的字号时，需要考虑演讲场地的大小、播放屏幕的大小等因素。如果条件允许，演讲者最好在演讲之前到演讲现场测试一下，避免正式演讲时出现PPT上的文字不清晰或文字拥挤的情况。

③ 颜色的选择。演讲者在选择文字的颜色时要以能让人看清文字为标准，文字的颜色与PPT的背景颜色要形成鲜明的对比。例如，PPT为浅色背景，则使用深色文字；PPT为深色背景，则使用浅色文字；PPT为暗色背景，则使用亮色文字；PPT为亮色背景，则使用深色文字。为了保证整套PPT在视觉风格上的统一，建议使用的字体颜色不要超过两种。

3. PPT中图片的设计

所谓"一图胜千言"，图片能有效增强PPT的趣味性、感染力，一张恰当的图片给观众带来的视觉冲击力远超于文字。

（1）图片的搜集

演讲者可以使用搜索引擎来搜集图片，也可以在一些专业的图片网站上搜索图片，如花瓣网、Pixabay、Pexels等。

需要注意的是，图片也是有版权的，无论是通过搜索引擎搜索到的图片，还是从图片网站搜索到的图片，演讲者要想将某张图片商用，就需要付费购买该图片，或者是征得图片版权所有者的同意，否则该图片是不可以商用的。

此外，在图片网站上搜索图片时，演讲者需要注意一个概念，即CC0协议。CC0协议意味着创作者主动放弃了图片的所有权利，其他人可以无条件使用，包括商用，但是使用者不可将签署CC0协议的图片上传至其他素材网站，不可声称拥有版权，不可用于不法途径，因为图片中所涉及的内容（如建筑、肖像、Logo等）仍有可能涉及商标权和隐私权。

（2）图片的选择

演讲者从众多图片中选择用于PPT的图片时，应该遵循以下4个原则。

① 关联性：演讲者选择的图片要与PPT中的内容相关，否则图片对PPT来说就会有害无益。例如，PPT中是与珍惜时间有关的内容，可搭配的是一张宠物的图片，这种配图不仅会让观众无法理解，还会显得演讲者非常不专业。

② 清晰度：为PPT添加配图不只是要为了美化PPT的版式，更重要的是为了增加PPT的吸引力和表现力，因此演讲者一定要保证图片的清晰度，尽量选择分辨率高的图片，避免使用带有马赛克、水印的图片。因为分辨率决定了图片的清晰度，图片的分辨率越高，图片就越清晰，在PPT中展现

的效果就越好。

③ 美观度：在选择图片时，演讲者除了要关注图片与PPT内容的关联性、图片的清晰度外，还要关注图片的美观度，也就是要关注图片的构图、色彩、用光等，美观度高的图片才能给观众带来美的享受。

④ 统一性：演讲者在选择图片时要讲究图片风格、样式的统一性，尤其是多张图片摆放在一起时。如果图片风格或样式不统一，就会让整个页面显得不协调，影响页面的美感。

（3）图片的使用

搜集到图片后，演讲者将图片应用到PPT中时可以采取以下4种方法。

方法一：用作背景图

演讲者可以将图片满屏放大，作为PPT的背景图，这样图片就能起到烘托氛围的作用。图5-12所示的PPT页面中，将图片缩小后放在右下角，整个页面显得很不协调；图5-13所示的PPT页面中，将图片全屏放大作为背景图，则营造的视觉效果较好。

图5-12　图片缩小放置　　　　　　　　　　　　　　图5-13　图片用作背景图

方法二：模糊处理

如果使用图片只是为了烘托某种氛围，那么演讲者可以不必过分注重图片的清晰度，甚至可以对清晰度较高的图片做模糊处理，以营造不同的意境，如图5-14所示。

图5-14　对图片做模糊处理

方法三：添加蒙版效果

演讲者可以为图片添加蒙版效果，让PPT显得更有质感。图5-15所示的PPT页面中，背景图的颜色较亮，而通过在图片上层添加色块设置蒙版效果后，PPT页面产生了不同的视觉效果，如图5-16所示。

图5-15　未添加蒙版效果

图5-16　添加蒙版效果

方法四：拆分、重组图片

如果演讲者没有找到足够多的图片，可以对已有图片进行拆分、重组，从而丰富PPT中的图片。

① 拆分后对称：演讲者可以将图片一分为二，然后将拆分得到的图片分别放在PPT页面的左右两侧。图5-17所示为图片未被拆分的PPT页面，图5-18所示为图片被一分为二后对称放置的PPT页面。

图5-17　图片未被拆分的PPT页面

图5-18　图片被一分为二后对称放置的PPT页面

② 拆分后层叠：将一张图片拆分为多张图片，然后将各部分进行重叠，创造视觉层次感和趣味性。图5-19所示为图片未被拆分的PPT页面，图5-20所示为图片拆分后重叠放置的PPT页面。

图5-19　图片未被拆分的PPT页面

图5-20　图片拆分后重叠放置的PPT页面

4. PPT中图表的设计

将数据用图表表达出来，能使数据变得更加形象、生动。演讲者要想在PPT中用好图表，需要掌握以下3个技巧。

（1）明确表达要点

演讲者在PPT中使用图表是为了表达数据之间的某种关系。常用的图表所能表达的关系有五种，即成分比例、比较关系、时间趋势、频率、相关性，各种关系及可能会涉及的关键词、应用场景如表5-1所示。

表5-1　图表所能表达的关系及可能会涉及的关键词、应用场景

关系模式	关系说明	可能会涉及的关键词	应用场景示例
成分比例	每个部分在整体中所占的百分比	百分比、占百分之××、份额……	2020年公司的市场份额为10%； 在服饰类商品总销售额中，联名款T恤的销售额所占比例最大
比较关系	比较事物之间的关系	低于、高于、少于、多于、超过、较大、排名……	3款零食的销量几乎相等； 短视频A的评论量多于短视频B和C
时间趋势	事物随着时间变化而变化的趋势	波动、增长、下降……	从今年3月起，账号的粉丝数持续增长； 过去5个月公司的利润率持续下降
频率	某个数据在一个数据序列中出现的次数	分布、在××之间、集中在……	6月份所有零食类商品的销售额均在50万～80万元； 短视频账号A的粉丝年龄分布与短视频账号B的很不一样
相关性	两个变量之间是否存在某种相关性	与……相关、随着××的增长而降低、成反比、成正比……	营销投入与产品销售额之间存在较大的相关性； 在成交客户数不变的情况下，客单价越高，成交总额就会越高

（2）选择合适的图表

不同类型的数据适合选择不同类型的图表来进行展现。如果演讲者使用一个不合适的图表来展现数据，很容易造成误解。

PowerPoint中自带的图表类型有很多种，如柱形图、折线图、饼图、条形图、面积图、雷达图、瀑布图等，各种图表表达的数据关系不同，适用的场景也不同。演讲者选择图表类型时，可以参考阿贝拉博士发布的图表建议思维指南，如图5-21所示。

（3）对图表进行优化

演讲者选择好合适的图表，并将数据转化为图表后，还需要对图表进行优化设置，以提高图表的视觉传达效果。

首先，演讲者要确保图表有图表标题/副标题、坐标轴、数据来源等要素，如图5-22所示。

其次，PPT中的文字、图片等元素通常是扁平化风格，因此演讲者需要将图表的效果也设置为扁平化风格，以保证整套PPT中各类元素风格的统一。

5. PPT中页面版式的设计

PPT是一种视觉作品，演讲者需要对其页面版式进行设计，排列各个元素，以提高PPT的美观度和观赏性。PPT页面版式的设计需要遵循对齐、对比、重复、亲密4个原则。

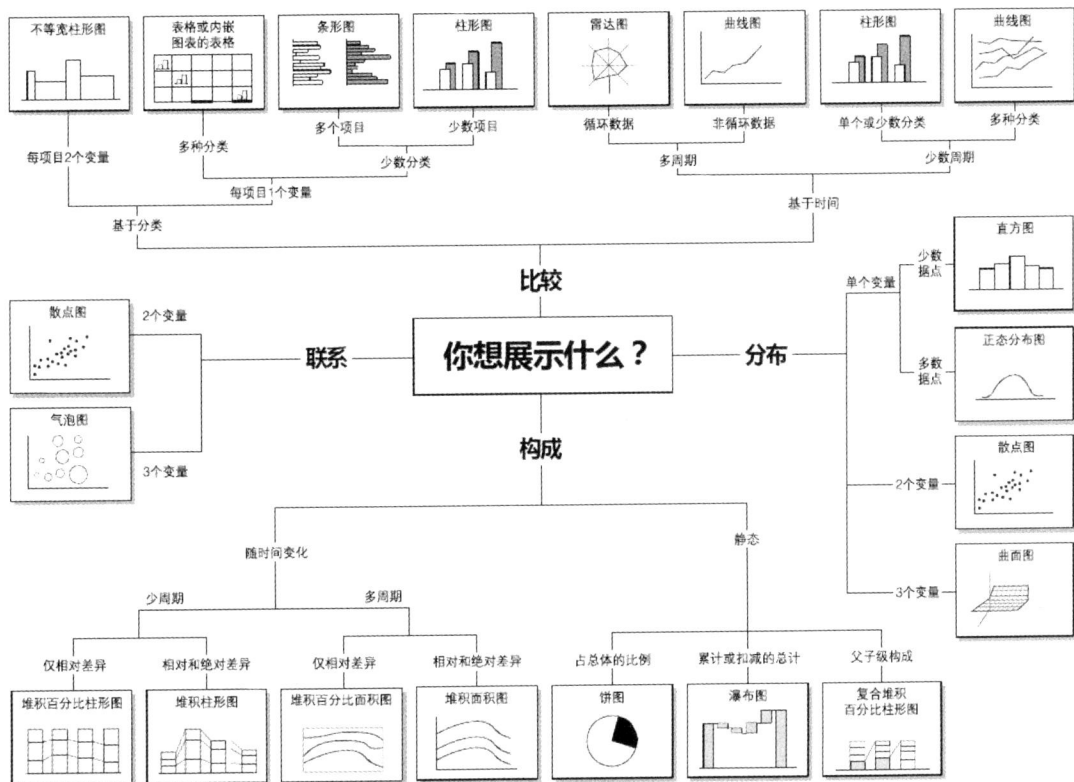

图5-21　图表建议思维指南

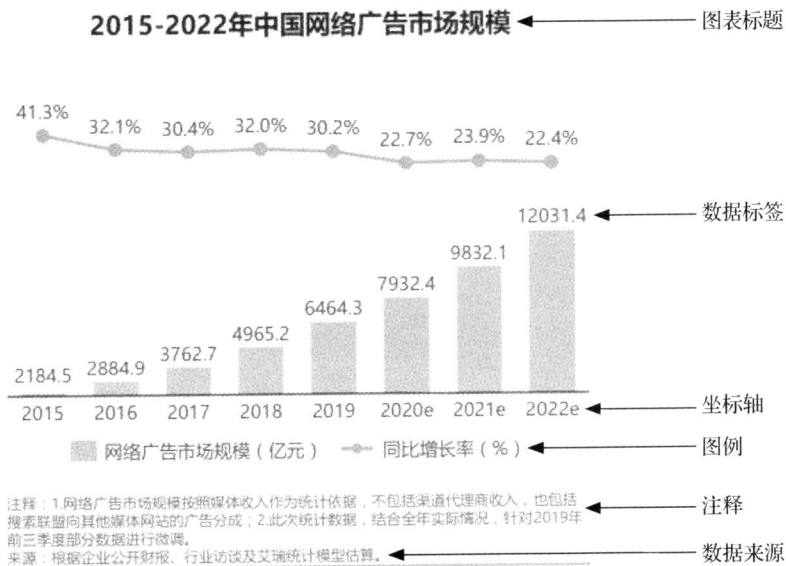

图5-22　图表包含的要素

（1）对齐原则

　　演讲者要对页面上的各个元素进行对齐整理。遵循对齐原则能让页面产生秩序美，防止页面中的各个元素过于杂乱，同时，对齐还能使页面中的内容结构显得清晰，保证内容阅读的连贯性。

图5-23所示的PPT中的文字元素没有对齐，显得页面内容很混乱。图5-24所示的PPT中的文字元素都左对齐，页面显得整洁有序，让人一目了然。

图5-23　文字元素没有对齐

图5-24　文字元素左对齐

（2）对比原则

使用对比能有效增强PPT页面的视觉效果，让那些需要强调的信息突显出来，从而形成视觉焦点，引导观众的视线移动。此外，对比还能使页面中信息的层级更加明确，提升页面的美观度。构建对比的方法有很多种，比较常用的有以下5种。

① 大小对比：通过改变页面中元素的大小来构建对比，如改变文字的大小（见图5-25）、面积的大小、图片的大小等。

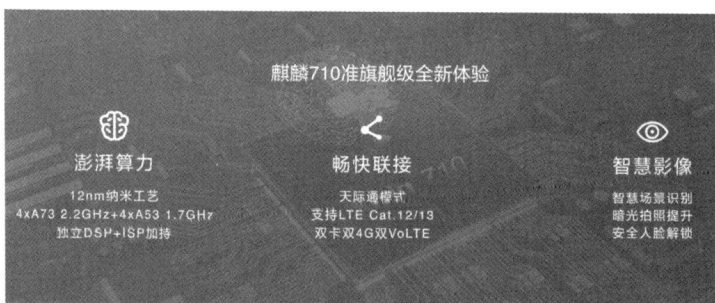

图5-25　文字大小对比

② 色彩对比：利用不同的颜色来构建对比，如使用红色突出重要信息，使用灰色弱化次要信息。不过演讲者在采取这种方式构建对比时需要注意，同一页PPT中所使用颜色的类型不宜超过三种，以免颜色过多让页面中的信息显得混乱。图5-26所示的PPT页面中，深灰色较引人注意，让观众意识到接下来要讲"寻找合适的SNS社区"的内容了。

③ 字体对比：通过使用不同的字体来构建对比，如需要突出、强调的信息使用特殊字体，次要信息使用常规字体，如图5-27所示。

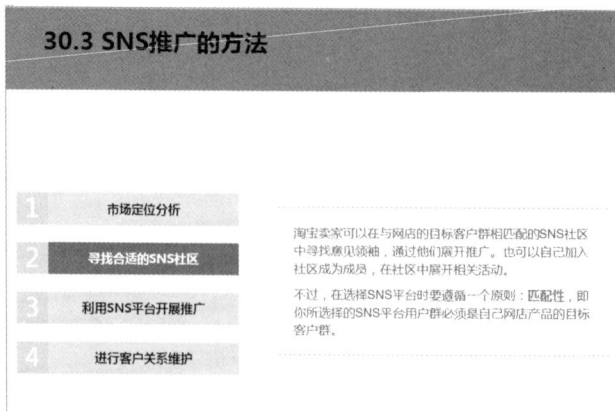

图5-26　色彩对比

④ 形状对比：借助不同的形状来承载不同的信息，从而形成对比。图5-28所示的PPT页面中，分别用大小不同的矩形承载不同的文字内容。

图5-27　字体对比

图5-28　形状对比

⑤ 虚实对比：将图片中需要突出、强调的部分分离出来，然后将其他部分虚化，用看得清的实与看不清的虚形成对比，如图5-29所示。

图5-29　虚实对比

（3）重复原则

重复原则是指整套PPT中的视觉元素的设计规范要统一，如图5-30所示。这主要包括两种情况：一种是元素重复，即在PPT中使用相同的元素，如相同的字体、字号、颜色及图标样式等；另一种是页面版式样式重复，即在页面布局上，相同的内容按照相同的样式布局。

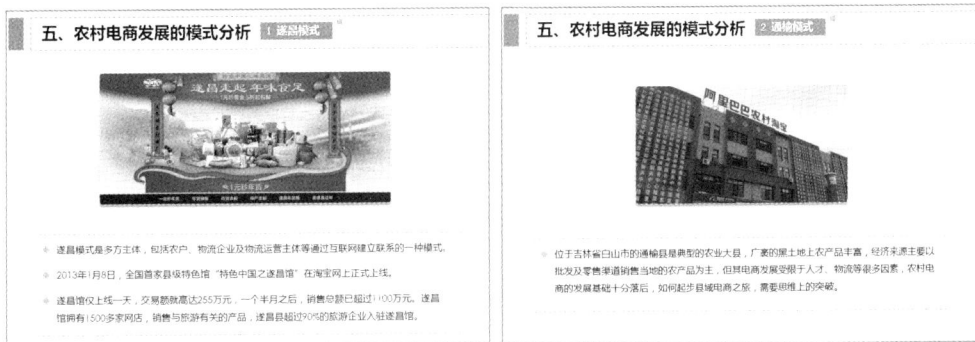

图5-30　重复原则

（4）亲密原则

亲密原则是指将PPT中的元素进行分类，尽量让在内容或逻辑上有关联的元素相互靠近，使它们形成一个视觉单元，然后视觉单元与视觉单元之间形成一定的间距，如图5-31所示。

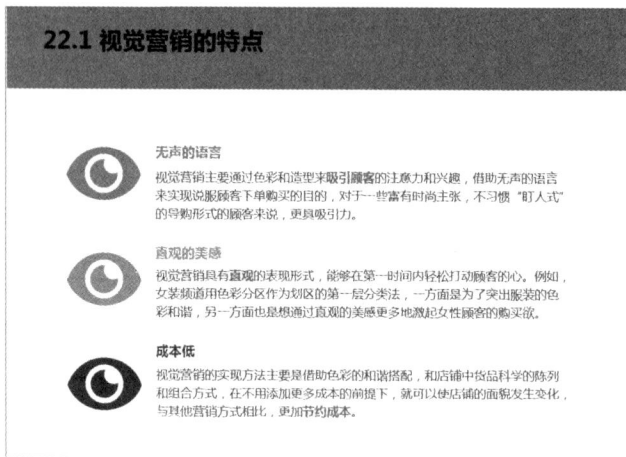

图5-31　亲密原则

演讲者按照亲密原则调整PPT中各个元素的位置时需要注意两个问题：一是各个视觉单元之间的间距不宜太大；二是在保证区分效果的前提下，各个视觉单元的表现方式尽可能少一些，也就是说，PPT同一页面中，各个视觉单元都表现为横向方向，或者都表现为纵向方向。

6. PPT中框架页的设计

PPT的框架页包括封面页、目录页、过渡页、封底页，它们体现了整套PPT的基本大纲，能帮助观众梳理整套PPT的结构和内容。

（1）封面页的设计

封面页是一套PPT的起始页，展示的通常是演讲的标题，能让观众一看就知道演讲者要讲的是什么。封面页在一定程度上影响着观众对PPT，甚至演讲的第一印象。在设计封面页时，演讲者可以采用以下技巧。

① 纯文字式。演讲者可以在封面页上以纯文字的方式将演讲题目展示出来，如图5-32所示。如果演讲者想让标题更具表现力，可以尝试改变标题中某些文字的颜色、字体、字号等表现形式，如图5-33所示。

图5-32　纯文字式封面页

图5-33　改变某些文字的表现形式

② 文字+形状。在封面页中只使用文字会显得比较单调，演讲者可以通过添加图形的方式来丰

富封面页的元素，提升封面页的表现力。例如，在文字的上下分别添加直线进行修饰，如图5-34所示；在文字上添加形状，构建视觉上的焦点，以突显标题，如图5-35所示。

图5-34　为文字添加直线

图5-35　在文字上添加形状

以上两种方式都是只使用一种形状来对封面页进行修饰。演讲者也可以添加多种形状。图5-36所示为使用饼形与直线的组合对页面进行修饰，饼形吸引人的注意力，直线引导人的视线流动；图5-37所示为使用矩形制作贴片形成的拼凑效果。

图5-36　饼形与直线组合

图5-37　使用矩形制作贴片

③ 文字+图片。演讲者可以在封面页中添加背景图片，以文字+图片的元素组合实现美化页面的目的，如图5-38所示。此外，演讲者还可以通过改变图片的呈现方式来提升封面页的设计感，如直接将图片缩小，这样能让页面显得更素雅，如图5-39所示；或者使用形状对图片进行覆盖，如图5-40所示。

图5-38　添加背景图片

图5-39　缩小图片

图5-40　使用形状对图片进行覆盖

用演示文稿打造高规格演讲

（2）目录页的设计

目录页能让观众了解演讲者要讲哪些内容，以及各部分内容之间的联系。比较常用的目录页排版方式有三种：第一种是纵向型排版，即在目录页中将需要展示的标题纵向罗列出来，如图5-41所示；第二种是横向型排版，即目录页中的标题依次横向排列，如图5-42所示；第三种是逻辑图示型排版，即在目录页中使用逻辑图示的方式来展示标题，如图5-43所示。

图5-41　纵向型排版

图5-42　横向型排版

图5-43　逻辑图示型排版

（3）过渡页的设计

过渡页一般出现在PPT中上一节内容最后一页与下一节内容第一页之间，主要用于告知观众PPT讲到了哪里。过渡页最简单的设计方式就是直接使用目录页，然后通过改变目录页中标题的字体、图片等元素的颜色来突出当前所讲的内容，如图5-44所示。

图5-44　使用目录页作为过渡页

需要注意的是，设计过渡页时，整套PPT中所有过渡页的版式最好保持一致，如图5-45所示。

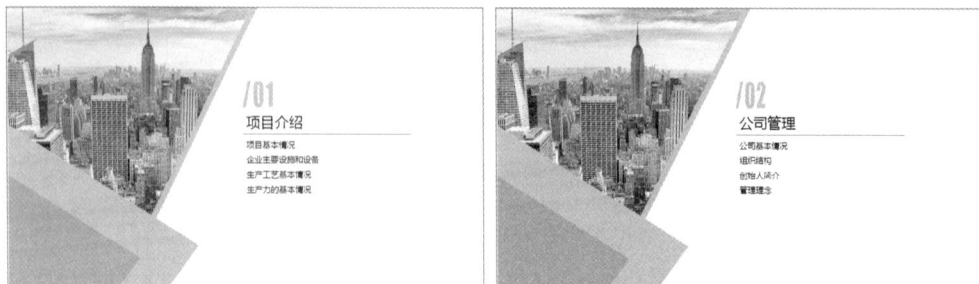

图5-45　过渡页的设计

（4）封底页的设计

封底页就是整套PPT的结束页，最常见的设计方式就是向观众表示感谢。如果是在产品发布会上使用的PPT，演讲者可以在封底页展示品牌的核心价值、核心理念等。

7. PPT动画效果的设计

为了提高PPT的趣味性和表现力，演讲者可以为PPT中的元素设计动画效果。图5-46所示为PowerPoint 2016为用户提供的动画效果。为PPT里的某个元素添加动画效果并不难，难的是如何让动画效果显得自然、惊艳，而不让人觉得是刻意为之。

图5-46　PowerPoint 2016为用户提供的动画效果

演讲者在为PPT中的元素设计动画效果时，应该注意以下两个方面。

（1）简洁利落

演讲者在为PPT中的元素设计动画效果时，一定要把握好动画效果持续时间的设置。添加了动画效果的元素在保证能让人看清楚它的运动过程的前提下，其运动动作要尽量快，简洁、利落的动画效果不会过多地浪费时间，否则会给人以拖沓的感觉。

（2）层次分明

当PPT某个页面中只有一个元素有动画效果时，其动画效果的展示是比较容易被理解的。如果同一页面中有多个元素设置了动画效果，演讲者除了要注意单个元素动画效果的展示外，还要注意用动画效果展现出这些元素之间的关系。因此，演讲者要注意动画效果之间的层次性，让添加了动画效果的元素按照一定的先后顺序出现和消失在PPT中，这样层次分明的动画才能让观众感觉很有条理性。

"90后"把PPT卖给市委书记，高水准成"开山石"

专题二　PPT的使用

演讲者掌握了PPT的设计技巧，还需要掌握演讲中PPT的使用技巧，充分发挥PPT的作用，让演讲的内容更加丰富且具表现力。

一、PPT 的使用原则

演讲者只有让演讲和PPT实现完美的配合，才能收获更好的演讲效果。演讲者在演讲中使用PPT时应该遵循以下两个原则。

1. 明白演讲者是演讲的主角

每个演讲者都应该明白，自己才是演讲的主角，PPT只是辅助演讲的配角，是用来为演讲者提供支持的。演讲者要记住：你是来演讲的，不是来播放PPT的。演讲者不能过度依赖PPT，不能让PPT成为演讲的主角，而要用自己的激情、声音、肢体动作来传递信息，感染观众。

情景还原解析

在"情景还原"板块中，杨涛没有认清转正汇报中PPT的地位，将PPT当作了转正汇报的讲义，而他自己成了PPT的朗读者，他觉得将PPT读完、读准，汇报也就完成了。

在使用PPT的演讲中，演讲者应该始终记住自己才是演讲的主角，PPT只是辅助演讲的工具。只有演讲者为观众解读各种信息，PPT为演讲者提供支持，这样演讲者才能引导观众的思维，观众在潜意识中才能感受到演讲者的控制力。

在演讲之前，演讲者不妨先问自己几个问题：我的演讲必须使用PPT吗？我制作的PPT是否会成为与观众进行沟通的障碍？其实，并不是所有的演讲都需要使用PPT，演讲者只需要在确实有必要使用辅助工具进行说明的内容上使用PPT即可。

在转正汇报中，杨涛向领导和同事们展示两页PPT即可，一页展示自己实习期间的工作业绩，另一页展现自己的工作规划。在转正汇报中，杨涛可以这样开头："大家下午好，很高兴我能获得公司的认可，顺利通过实习期。还记得来公司面试那天，面试官问我为什么离开原来的公司选择加入咱们公司，还选择了销售岗位。"然后就可以以突破自己、挑战自己为中心，讲述自己在实习期间遇到过什么困难，又是如何逐一解决、突破自己，最终适应公司的工作环境和氛围的。

这样的转正汇报更具吸引力，因为这些是属于杨涛自己的独一无二的故事，能够引起观众的好奇心。

---

2. 灵活掌控PPT

演讲者要熟记PPT中的内容和每页PPT的先后顺序，知道演讲的哪些内容应该配合使用哪张PPT，在讲到哪个地方时PPT应该翻页，讲到哪个地方时PPT无须翻页而是应该稍微地停顿一下，以保证PPT在它应该出现时出现。此外，演讲者还需要设计好过渡语，避免在切换PPT的间隙演讲语言中断。

二、PPT 的使用技巧

演讲者在演讲中使用PPT能够有效地提高演讲的感染力。在使用PPT时，演讲者可以采用以下技巧。

1. 选择最佳站位

演讲台中央的位置最容易引人关注。如果演讲者可以选择PPT播放屏幕的位置，最好将播放屏幕放置在演讲台的一侧，这样演讲者就可以时刻站在演讲台的中央，保持对观众的吸引力。

如果播放屏幕位于演讲台中央，当播放PPT时，演讲者要侧身站在播放屏幕的一侧，如图5-47所示。当不播放PPT时，演讲者就要回到演讲台的中央位置。

2. 引导观众关注PPT

在演讲过程中，演讲者要注意引导观众关注PPT。演讲者可以采用以下三种方法来引导观众关注PPT。

图5-47　站在播放屏幕的一侧

（1）预告PPT的内容

演讲者可以在播放PPT之前先向观众介绍PPT，让他们先了解概况，再关注细节。演讲者在预告PPT的内容时可以这样说："下面让我们来观看一条使用××新款手机夜视模式拍摄的短视频。""以上就是旧版系统的情况，现在让我们来看看升级后的新版系统的强大功能。""接下来是用户使用情况报告。"

（2）设置悬念

演讲者可以通过设置悬念来激发观众对PPT的兴趣。演讲者可以这样说："下面这些调查数据都是第一次被展示在公众面前。""接下来的内容可能会刷新你的认知。""想要改变这种情况，做好下面这件事非常重要。"

（3）告诉观众如何做

在展示PPT之前，演讲者可以直接告诉观众应该怎么做。演讲者可以直接提示观众阅读PPT，例如："请先浏览PPT，然后我们再讨论应该采取哪些措施。""请观看这张图片，然后说说你有什么感受。"

演讲者可以提示观众关注PPT中比较重要的内容，例如："请注意关注图表中的蓝线。""请留意红色区域部分。"演讲者还可以通过提问来吸引观众关注PPT，如"你能看出图表中哪个数据有问题吗？""你能从这幅图中看到什么？"

🕐 小故事大道理

不要让观众看你的背影

郑晴第一次向公司的高层领导做工作汇报，她非常紧张。在整个汇报过程中，她不敢与在座的领导有眼神上的交流，她时不时地扭过身去看大屏幕上的PPT，留给领导们的是她的背影。汇报结束后，郑晴大大地松了一口气，鞠躬感谢领导的聆听后，她快步地退下了讲台。

名师点拨

在演讲过程中，演讲者过度依赖PPT而把背影留给观众的做法，在某种程度上是对观众的不尊重。演讲者唱独角戏式的演讲风格对说服观众是有害无益的，在演讲中，演讲者要面对着观众，要让观众看到自己的脸部表情，感受到自己的情感表达，这样才能更好地激发观众的认同感。

用演示文稿打造高规格演讲

回顾·思考·讨论·应用

一、单元知识要点

PPT的设计：PPT设计前的准备，PPT的设计技巧。PPT的使用：PPT的使用原则，PPT的使用技巧。

二、选择题

1. 演讲者在提炼PPT中的文案时能用短句表达清楚的内容就不要用长句，这体现了PPT文案的（　　）特点。

    A. 简单　　　　　　　　B. 简洁　　　　　　　　C. 精练　　　　　　　　D. 直接

2. 演讲者在选择PPT中使用的图片时应该遵守（　　）的原则。

    A. 清晰度、高雅性、统一性、简洁性　　　　B. 清晰度、关联性、艺术性、简洁性

    C. 关联性、清晰度、美观度、统一性　　　　D. 美观度、统一性、明确性、高雅性

3. 图5-48中的PPT体现了PPT页面版式设计的（　　）原则。

    A. 一页一个观点、对齐、亲密　　　　　　　B. 对齐、对比、重复、亲密

    C. 重复、精简内容、控制信息层次　　　　　D. 控制字体类型、对比、重复

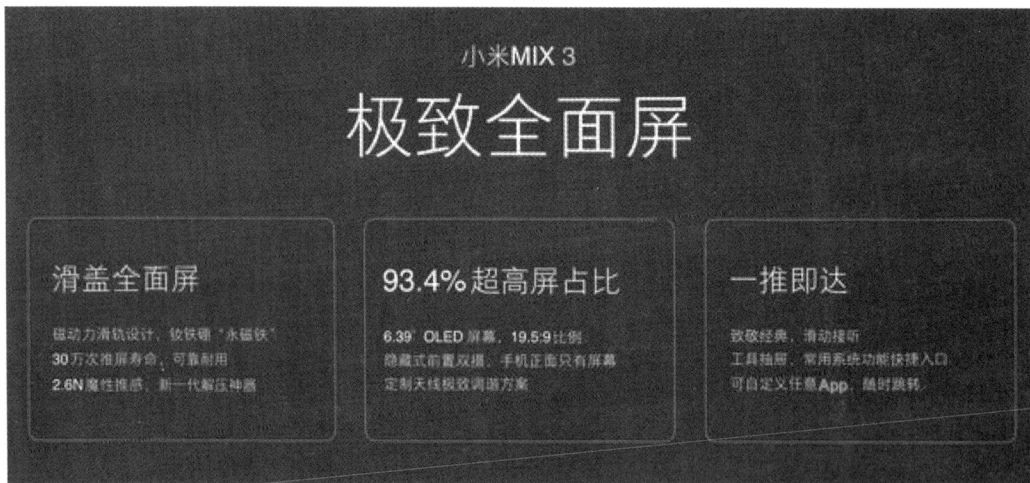

图5-48　PPT页面版式设计

三、问答题

1. 演讲者在设计PPT时应该遵守什么原则？

2. 演讲者在演讲中使用PPT时应该注意哪些事项？

四、实践与应用

四人一组，根据下面的《咖啡吧创业项目计划书》（节选）制作一套PPT，然后每组选派一个代表上台进行讲解演示。

咖啡吧创业项目计划书（节选）

一、创业项目运营模式

结合商务、休闲咖啡专卖店的特点，我们会在高档写字楼、CBD商圈、高科技园区、网吧、车站、电影院、码头等有市场空间的地域选址；统一装修风格、统一产品；由总部提供技术支持（包括人员培训）和产品（咖啡豆、茶）配送。

二、产品和服务

1. 产品和服务描述

出售咖啡、茶类、酒水、简餐等商品，并为消费者提供优良的环境和服务，让消费者在这里展现一种品位、体验一种文化、寄托一种情感，使咖啡吧成为商务休闲、情侣聚会的好场所。这些业务与投资场所业主的产业没有冲突，反而可以与投资场所业主的客源优势互补。

2. 创业项目竞争比较

同行竞争格局对我们有利，能更好地提升我们的知名度。相对而言，我们的管理水平、产品和服务质量都占有相当优势。

三、市场分析

1. 市场需求

（1）稳定的老客户资源。

（2）写字楼与宾馆客源。

（3）购物娱乐场所客源。

（4）成熟居民小区客源。

（5）外企及本地区众多的IT类企业、公司等客源。

（6）学校教职工和学生客源。

2. 行业发展趋势

（1）咖啡消费市场发展迅速，已成为城市消费的一大潮流，市场前期培育已经结束。雀巢、麦斯威尔、哥伦比亚等国际咖啡公司纷纷在我国设立分公司或工厂。

（2）咖啡消费品位越来越高，文化的魅力就是市场的魅力。单纯速溶咖啡已不能满足消费者的要求，消费者开始认知咖啡的品牌、风格，知道如何享受咖啡带来的乐趣。

四、推广计划

1. 宣传

针对高档小区内的居民，可在附近购物场所的停车场内，向有车族派送精美的广告单页和小礼品，单页也可做成优惠券的形式。

2. 事件营销

（1）学生聚会、读书活动。联系加盟区域几个重要高校的学生会组织，举行一些学生聚会、读书活动，吸引学生和年轻人消费。

（2）时机成熟时，可以举办一个以"咖啡和生活"为主题的征文活动。

3. 服务营销

（1）建立会员卡制度。

卡上印制会员的名字。会员卡的优惠率并不高，如9.5折。一方面，这可以给消费者受尊重感；

另一方面，这便于服务员对于消费者的称呼。特别是当消费者和他人在一起时，服务员能当众称呼他（她）为××先生、女士，他们会觉得受到了尊重。

（2）个性化服务。

① 在桌上放一些宣传品，内容是与咖啡相关的知识、故事等，一方面可以提升品位，烘托气氛，另一方面能增加消费者对品牌的好感。

② 为多位一起来的消费者配备专门的讲解人员。如果他们感兴趣，可以向他们介绍各种咖啡的名称、来历等相关知识，也可以让其参与咖啡的制作过程。

第六单元
有效掌控演讲现场

6

演讲过程中常常会出现两种不同的现场情形：一种是演讲者精彩简洁的演讲赢得观众的阵阵掌声，现场洋溢着热烈的气氛；另一种是演讲者冗长而平淡的演讲引起观众发呆、睡觉或窃窃私语。如何使观众从演讲开始直到演讲结束自始至终都关注演讲，是演讲者需要考虑的重要问题。演讲者只有有效掌控演讲现场，抓住观众的注意力，才能让观众跟着自己的思路走，这是演讲成功的重要因素。

课前思考

1 演讲现场，有人喧闹、聊天，有人发呆、睡觉，演讲者应如何静场与暖场？

2 为了使演讲更有吸引力，演讲者应如何讲好故事？

3 演讲者如何应对现场的突发情况？

> ## 情景还原
>
> ### 控场是一门艺术
>
> 一位非常有名的教育家给清华大学学生讲课，他走上讲台，打开讲义，眼光向下面一扫，然后是简短的开场："本人是没有什么学问——"接着眼睛向上一翻，轻轻点点头，"可是也有一点喽！"既谦逊又很自负。这幽默的话语加上滑稽的举止，一下子就把学生们的注意力给吸引住了。
>
> 一位作家小说写得好，在世界上都很有影响力，甚至差一点得诺贝尔文学奖，可他的授课技巧很一般。他颇有自知之明，上课时一开头就会说："我的课讲得不精彩，你们要睡觉，我不反对，但请不要打呼噜，以免影响别人。"这种静场方式看似一本正经，其实很幽默。他这么"甘于示弱"地一说，反而赢得满堂喝彩。
>
> 一位博士去国外一所大学演讲，对中国文化大加赞赏。一位女学生不服气地发问："博士，你是说，什么东西都是你们中国的好，难道我们国家就没有一样东西比得上中国的吗？"这是一个非常不好回答的问题。如果演讲者反过来赞扬他国，不利于演说的主题；如果严肃地表示该国不如中国，会引起在座学生的敌意。于是，博士轻松地回答一句："有的，你们国家的抽水马桶就比我们中国的好！"
>
> 请分析案例中的教育家和作家都采用了什么样的静场方式，案例中的博士对观众提出的难以回答的问题，采用了什么样的应对方式。

专题一　调动演讲现场的氛围

演讲是一个互动、变化的过程，这期间不可避免地会出现一些意外和突发情况。无论前期准备得多充分，演讲设计得多么精妙，演讲者都不可能提前控场，控制意外的发生，这些意外通常包括自我的失误和他人的干扰。当出现突发情况时，演讲者要学会有效控场，调动演讲现场的氛围，使演讲顺利地进行下去。

一、演讲的静场与暖场

演讲的静场与暖场都是控场的方式。

1. 静场

静场包括演讲开始前的静场和演讲过程中的静场。

（1）演讲开始前的静场

以往传统的静场方式需要演讲者有扎实的基本功，声音洪亮、圆润，不仅能给观众留下深刻印象，还有利于演讲者顺利地开场。一些常见的开场方式如诗词、网络妙语、简短故事等，还可以是一段精彩的陈述，提出一个有趣的问题或展示一张精美的图片等，方式多样，各具特色，目的是吸引观众的注意，激发观众的兴趣，给观众留下耳目一新的感觉。

例如，"这个银行账户不足200美元的14岁女孩，是怎样让整个村庄实现了迈向未来的巨大飞跃？""你们要看到的这幅画改变了我的一生。""我要给你们播放一段视频，它初看上去或许会显得不可思议。"

演讲者还可以赞美观众。每个人都喜欢被恭维，如果观众觉得演讲者喜欢和佩服他们的某些特点，可能会更加积极地做出反应。但是，赞美时一定要具体到一件事，而不能使用冠冕堂皇的空泛的话语。尽量赞美小事，因为小事才能在小篇幅内完成。赞美大事在短时间内传递不出力量感，缺少铺垫。赞美的事尽量是观众没想到的，以给观众带来新颖感。

演讲者还可以使用幽默的语言来静场。例如，某单位召开职工大会，轮到最后一个主任表态发言时，职工有的看表，有的交头接耳，会场有些不安静。这位主任见此情景，开口就说了一句："劳驾诸位—请大家对一下表。"说着，他也伸出胳膊，注视着自己的手表，情态极为认真。在场的所有职工几乎都愣了一下，然后真的就去看自己戴的手表。

他说："现在是……9点5分，不准的请拨正，我的发言只需要15分钟，到9点20分我要讲不完，请前排的同志把我从窗口扔到外面去！"会场内先是爆发一阵欢笑，接着便鸦雀无声，开始听他的15分钟发言。

演讲者还可以通过宣誓词营造肃穆的现场氛围，带给观众强烈的心灵震撼，激发他们内心深处的情怀。类似宣誓性演讲，需要注意当时的环境和场合，只有内容与场合吻合了，才有可能制造出庄严的气氛；还要注意句式的选择，多用"面对……宣誓"的句式，以提示观众，这样才能激发他们内心潜在的崇高情怀，达到烘托气氛的目的。

（2）演讲过程中的静场

在演讲过程中，会场可能会出现观众闲聊和喧哗等嘈杂的声音。出现这种情况时，演讲者除了及时调整演讲内容，或采取缩短演讲时间等应急措施以平定观众的情绪外，还要善于运用静场的技巧。

① 暂时停止。演讲者面对台下嘈杂的声音，不妨暂时停止演讲。这种短暂间歇可以引起观众的注意，从而把注意力转移到听演讲上来，达到静场的目的。

② 变换语调。演讲者面对台下的说话声可以迅速变换语调。这种语调的鲜明对比能够给观众造成心理上的反差，从而集中观众的注意力，达到静场的目的。

⏰ **小故事大道理**

突变的语调

某团委书记在"五四"青年节的庆祝大会上讲述一位年轻领导发挥共青团的先锋模范作用时，从会场发出的阵阵说话声中，他感觉到了部分观众的厌倦情绪。他平静了一下自己激动的心情，在一段低缓的叙述后，突然提高语调，用激昂而洪亮的声音讲道："青年朋友们，五四运动作为一场彻底的不妥协的反帝反封建的革命运动，早已载入了中国新民主主义革命的光辉史册，而历史又把一个新时代的崇高使命赋予了我们……"

名师点拨

故事中演讲者语调的突变，吸引了观众的注意，同时振奋了观众的精神，观众的说话声渐渐变小了，演讲者抓住转机，调整了思路，以饱满的热情和兴奋的神态结束了自己的演讲，赢得了观众的热烈掌声。

③ 突然转换。演讲者面对台下的喧哗，不妨突然转换话题。这种语意的明显转变可以促使观众

的心理转变，从而激发其情绪感应，达到静场的目的。

④ 直接发问。演讲者面对台下的说笑声，可以直接发出诘问，这种语势的强烈刺激能够激发观众的心理思考，引起反省，达到静场的目的。

静场的技巧有很多，演讲者可以根据现场出现的情况灵活运用。只要演讲者准备充分，善于应变，就一定能根据事态的具体情况，恰当地进行自我调控，从而获得演讲的最佳效果。

2. 暖场

演讲者演讲前需要了解观众的心理需求。首先是尊重观众，满足观众被尊重的基本要求，这是演讲者获得观众尊重的一种方式，因此演讲者在演讲过程中应随时关注观众的反应，并及时调整演讲；其次是了解观众，增加与观众的互动交流，拉近与观众的距离，缓解观众长时间倾听演讲而产生的枯燥感；最后是带给观众价值，演讲者要把精简、重要的内容传递给观众，使观众得到满足。

演讲中暖场的目的就是建立与观众的联系，把观众的注意力集中到听演讲上来。演讲者需要掌握暖场语言、暖场动作和互动暖场的方式。

（1）暖场语言

演讲者上台后，可以先说几句暖场的话，可以针对自己，也可以针对观众。

例如，一位文化大师在一次演讲中做自我介绍时这样说："刚才主持人给我封了许多头衔，我实在是不敢当。我们家的祖先原来生活在东北，是满族，古代叫作'胡人'，所以我今天所讲都是'胡说'，大家不必太过认真。"这个轻松幽默的开场引得大家全部笑出声来，演讲者和观众的距离一下子就拉近了。

又如，"不好意思，各位，你们来错地方了。今天的演讲已经取消。我们并不需要什么演讲，只需要真心沟通。那么，真诚沟通现在开始。"这是一种真诚、低调的开场白，演讲者放弃了高高在上的态度，与观众打成一片。

（2）暖场动作

演讲既是标准化的，又是个性化的，每个人都可以塑造自己的演讲风格，设计适合自己的个性经典动作。例如，上台演讲前，可以右手握拳，举过头顶，连续向上举三下，动作豪迈有力量，比较适合男士；女士可以伸出右手，食指中指呈剪刀状，向身体正前方连续挥动三次，动作舒缓、优雅。演讲者也可以自己设计适合自己的特色动作，如张开双臂举手拍掌。当然，演讲者如果有特殊技艺的话，也可以适当地展示。

（3）互动暖场

演讲者与观众的互动就是初步把观众的情绪调动进来，观众与演讲者有了联结或共鸣才会用心倾听演讲。演讲者与观众的互动暖场方式有很多，例如，走到观众席中，边走边讲，近距离融入观众中；邀请观众主动上台，配合演示开场案例；通过提问方式，聚焦观众的注意力；用眼神与观众交流，找到对自己最认可或最专注的眼神等。这些暖场方式都可以把观众的眼神聚在演讲者自己身上。

⏰ **小故事大道理**

眼神的力量

一位非常有名的培训老师在每次演讲课程开始前，都会对几千名观众进行一次所谓的"能量核查"，其实就是他走到观众身边，一个一个、一排一排地用眼神看，好像每个人都被他一览无余。

名师点拨

故事中培训老师的课程常常有数千名观众，他用眼神与观众交流的过程会花费几分钟或更长时间，但这种方式会使全场鸦雀无声，甚至一根针掉地上都能听到。这种互动方式能够让观众将注意力放在演讲者身上，并认真倾听接下来的演讲。

即时演练

请同学们分析以下几种静场方式是否得体，以及是否达到了控场的效果。

"大家安静一下，听我来讲几句，本来我不想讲，一定要讲的话那就讲吧。"

"同学们，我没什么准备，实在说不出什么生动的故事或深刻的道理，既然非让我来讲，那就随便讲点，说错了请大家见谅。"

"同学们，这几天我身体欠安，恐怕讲不好，请大家来点掌声鼓励一下，好吗？"

"请大家不要窃窃私语、昏昏欲睡，你们的状态非常影响我演讲的发挥，虽然我讲得平淡无奇，还是请大家集中精神听，好吗？"

情景还原解析 1

在"情景还原"板块中，教育家以幽默的口头语言和肢体语言配合进行开场，既能调节自己的情绪，又能活跃演讲现场的气氛，还能让观众将注意力集中起来。第二位作家的开场，看似一本正经陈述，其实很幽默，具有双关作用，既是说明又是提醒。这样的静场方式让演讲者和观众都格外轻松，使后面的演讲进程更容易、更顺利。良好的开端是成功的一半，以这样的方式开场，创意新颖，风格独特，言简意赅，既能吸引观众的注意力，又能激发观众的好奇心。

二、用背景音乐渲染氛围

背景音乐是演讲者为了增强演讲效果、渲染演讲氛围而采用的一种辅助手段，不能喧宾夺主。选择的背景音乐类型最好适合演讲的主题，音乐的情绪能够提升演讲内容的感染力，使演讲更加成功。

1. 音乐选择

演讲者要仔细分析演讲内容，确定演讲的风格是轻松诙谐的，还是庄重严肃的。根据不同的演讲风格，选取适合的音乐。另外，演讲是要靠演讲者来展现的。每个人都具有各自的演讲风格特点，如演讲时有的人语速快，有的人语速慢，有的人慷慨激昂，有的人平静如水，所以在配乐的选择上也要根据演讲者的特点来选择。

2. 恰当配乐

背景音乐并不是贯穿演讲全程的，演讲者需要找出演讲当中的关键点，以及真正能够体现演讲主题的字眼。音乐应该出现在演讲中合适的位置，如演讲的高潮部分，以起到画龙点睛的作用。

3. 演练调整

以上因素全都考虑完后，就要进行演讲的练习，通过不断的演练来发现音乐和演讲两者之间的配合是否存在问题，如加入的时机、音乐的节奏，以及是否能够调动观众情绪等，然后根据实际情况及时调整。

需要注意的是，演讲者如果是在公开场合进行商业型的演讲，尤其是有门票销售等行为时，使用的背景音乐需要取得版权人的授权许可才行，否则是侵权行为。

三、借"讨要"掌声活跃气氛

掌声不仅能给演讲者自信和鼓励，还能活跃现场气氛。观众的热烈掌声能让演讲者心情更愉快，思维更敏捷，更认真地投入演讲中。

1. 通过赞美要掌声

通过赞美观众要掌声，不会让人觉得唐突。例如，"今天是周末，本来是休息时间，看到这么多张热情洋溢、求知若渴的脸，我非常感动！当别人选择玩时，你们选择了听课，太棒了！掌声送给自己！"这样比直接说"我很紧张，请大家给我掌声鼓励一下"效果更好。因此，演讲要想开场就得到掌声，需要在演讲前多思考应该赞美谁，以及怎么赞美更容易让对方接受。

2. 通过激励要掌声

演讲者讲一些激励自己或观众的话，大家顺势就会送上掌声。例如，"今天我要跟大家分享我潜心3年研究的成果，请大家鼓掌示意一下！"观众肯定会礼貌性地送上掌声。如果接下来场面的热度有所下降时，可以再来一句："接下来的内容更加精彩，想继续听的请鼓掌！"到最后，还可以这样说："你们的鼓掌越热烈，我的分享越彻底！"这样做不仅可以为自己加油鼓劲，还可以有效地活跃现场气氛。

3. 通过借口要掌声

通过借口要掌声，借口要委婉一点，大气一点，要照顾到场面，观众也不会吝啬的。例如，"昨天已经过去，明天还未到来，让我们好好把握今天，为今天喝彩，为今天鼓掌吧！"虽然这句话比较空泛，但是不失场面。

再如，"其实我的内心很脆弱，需要掌声来支撑。""为这个伟大而正确的决择鼓掌吧！""今天我的嗓子很痛，还有点小感冒，但是听到大家这么热烈的掌声，我就决定，今天我讲到嗓子破裂，也要讲下去！"为什么鼓掌不重要，关键的是要有掌声，用掌声带动现场气氛。

4. 运用幽默要掌声

演讲场面沉闷时，演讲者可以适当运用幽默的语言向观众要掌声，如"此处来一毛钱掌声""来点带味道的掌声"等。观众开心一乐，同时也会送上自己的掌声。

例如，一位观众的手机铃声突然响起，演讲者说："这个手机音乐非常赞同我的观点，我们用热烈的掌声鼓励一下！"接下来，其他观众的手机基本上就不会再响了。如果演讲者置之不理，其他人的手机可能还会响，这样就会影响演讲的效果。

除了"讨要"掌声以外，演讲者还要通过自己的实力，展示出精彩的演讲以赢得观众的掌声。演讲者可以主动运用带有浓厚感情色彩、充满激情的语言，立场鲜明、见解独到、能够给观众以深刻启迪的语言，以及热情歌颂真善美、无情鞭挞假恶丑的语言。这些语言能让观众受到激励、鼓舞和启发，能够感染带动观众自发地鼓掌。

当观众因精彩的演讲报以热烈的掌声时，演讲者要暂停自己的演讲，等到掌声停止或趋于尾声时再继续接着讲。另外，在掌声中，演讲者要有正确的态度，要用鞠躬、点头以及眼睛、面部表情道出自己感谢大家鼓励的内心语言。要使自己的言语和举止都表现出谦虚的态度，切忌在掌声中忘乎所以，甚至趾高气扬，得意忘形。

专题二　好演讲离不开好故事

好的演讲离不开好的故事，一个好的故事往往能成就一场精彩的演讲。生活中从来不缺好故事，缺的是把故事讲好的能力。好故事能赋予演讲生命，能够吸引观众的耳朵，能够给观众带来画面感，利于观众对演讲主题的理解，能够加深观众对演讲内容的印象。因此，演讲者必须要掌握讲好故事的本领。

一、好故事的特点

所谓演讲中的好故事，需要具备以下特点。

1. 简短易懂，道理深刻

演讲中的故事一定要让观众听得进，记得住。演讲一般都有时长限制，太长的故事并不适合演讲场合。演讲中的故事要短小精悍、易于理解，能够使观众听得进的故事才是好故事。那些深奥的、需要反复思索才能明白的故事并不适合在演讲中使用。故事虽然简短，但故事人物、情节、结局以及故事所说明的道理一定要给观众留下深刻的印象。

2. 主题鲜明，立意高雅

故事要主题直接、立意鲜明，一个故事最好只表达一个主题并且显而易见，那些主题涉及多方面内容的故事争议性太大，不适合演讲。故事可以题材多样，但最好真实，能体现正能量，可以通俗，但不能庸俗。

3. 生动描述，情节曲折

故事要生动、有意思，能够让观众记得住。故事情节不能太过平淡，只有曲折的、能引起观众感情波动的故事才是好故事。适当的幽默与搞笑的故事能为演讲者的演讲锦上添花。例如，自己亲身经历的曲折事情或大家都认同的幽默故事不仅可以拉近同观众之间的距离，提升演讲者的信任度，还可以带动观众的热情，增强演讲的感染力。

《演说家》真切发声，引发全社会层面的热议

4. 高潮收尾，引发共鸣

好的故事都有高潮，高潮呼应主题，有启发激励作用。故事以高潮收尾能够引发观众思想和情感上的共鸣，有很强的代入感，或使观众奋发图强，或使观众回味悠长，并促使其分享传播。

二、讲故事的要求

演讲者在演讲中讲故事并不是信手拈来，张口就讲，想讲什么就讲什么，想讲多久就讲多久的，否则对演讲没有任何帮助，甚至适得其反。因此，演讲者讲故事时是有一定要求的。演讲者要想讲好一个故事，主要应注意以下要求。

1. 故事安排的要求

虽然大多数人对故事感兴趣，但作为开场白的故事不宜太长，也不宜太复杂，内容要与演讲的主题无缝对接。演讲者在讲故事前要预估讲故事的时长和效果。故事是演讲内容的主线，也是证明其观点的重要证据。在演讲前，演讲者就要对故事进行合理安排，让其在适合的时间为自己的演讲增色加分。

对于故事的安排，演讲者需要遵循以下要求。

（1）根据故事内容安排讲故事的时间

有些故事的内容精彩感人，这样的故事适合放在演讲的中间，以引起演讲的一个小高潮。有些故事容易引起人们的兴趣，这样的故事可以放在演讲的开头，以吸引观众的注意力。有的故事内容富有哲理性，容易引发人们的思考，这样的故事放在结尾处，就会让观众在演讲结束后，仍意犹未尽，想对演讲内容进行更深入的挖掘。

（2）根据演讲节奏合理插入故事

演讲者如果认为要讲的理论性知识过多，则可加入相关的故事，以打破纯理论的演讲节奏，这时的故事就起着调节作用。故事在哪个时间出场，需要演讲者进行合理把控，只有讲故事的时间对了，演讲过程才会变得更生动，更有吸引力。

有一位老师在演讲"人生需要选准角色"时列举了以下的例子。

年轻时的奥黛丽·赫本想当芭蕾舞演员，可惜她并不适合。她的老师甚至直言："就算你奋斗20年，也当不了主角。"赫本听取了舞蹈老师的意见，及时调整了目标，开始涉足电影。当《罗马假日》《窈窕淑女》等电影问世时，赫本成了影坛上耀眼的"明星"。

奥黛丽·赫本不适合芭蕾舞台而及时调整方向，结果选对了适合自己的角色，成就了自己。其实，像赫本这样的人还有很多。虽然他们所在的领域不同，但他们的成功秘诀相似，那就是在人生的坐标中不能横冲直撞，而要选准自己的角色，定好自己的位置，然后心无旁骛地把手头的事情做实、做细、做精。

演讲者在发表演讲时如果没有好的故事，就无法将自己的观点解释清楚，也就无法说服观众，无法令他们认同演讲者的观点，所以评估故事的效果也是演讲者需要认真对待的一项工作。

演讲中往往有多个故事，故事的出场时间及效果影响着演讲的整体感，如果其中任何一方面出现问题，都会影响演讲的进程。

2. 讲故事的角度要新颖

讲故事的目的是让演讲更精彩，使演讲内容更有说服力，所以在故事的选择上要遵循一些原则。除了故事要与演讲内容相匹配之外，讲故事的角度要新颖，观点要有创意，否则只会让观众失去倾听的兴趣。

3. 故事要生动、完整，呼应主题

一个故事运用得当，一方面对演讲主题的阐述能起到很大的推动作用，另一方面不仅能够吸引观众，还能通过观众分享扩散。一般演讲中的故事需要符合下列要求。

（1）故事要有一个能引起观众共鸣的主人公。

（2）故事中有悬念或危险等，使故事具有张力。

（3）故事中适当提供细节。如果细节太少，故事会显得不够生动；如果细节太多，则会显得拖沓、冗长。

（4）故事要有令人满意的结局，或有趣，或感人，或给人启迪。

🕐 **小故事大道理**

"热狗冷猫"的故事

一位演讲者在给企业员工做《工作与放松》演讲时，选用了作家刘墉《热狗冷猫》中的故事。故事大致是这样的：

　　刘墉被一幅标题是"热狗冷猫"的保护动物协会的海报吸引了，他非常欣赏这幅画，觉得很有意思。后来，他越揣摩越有感触："热狗"和"冷猫"不是也可以形容人吗？有一种人特别热情，一天到晚追着朋友玩耍，跑前跑后、大呼小叫，像是热情的狗；另一种人我行我素，有他自己的计划、自己的主张，不管别人欣赏不欣赏，就是执意去做自己的工作，不正像说来就来、说走就走的"冷猫"吗？于是，刘墉给自己取了个外号，叫"热狗冷猫"，他是一个爱动也爱静，能玩也能认真工作的"热狗冷猫"。

　　刘墉说，一个成功的作家，一定是"热狗冷猫"。想想看，一位作家如果写作时不专心，怎么能写出好文章？相反，整天创作，却不接触外界，又怎能有丰富的灵感？于是，大家可以想象在田里跟农夫一起割麦子的托尔斯泰，在海滩为老婆撑伞、跟孩子玩耍的毕加索，到非洲打猎、古巴冲浪的海明威，经常游泳、长跑甚至打拳的萧伯纳，还有那位总是参加宴会，而且以开玩笑著称的马克•吐温。

　　不仅是作家，从事其他职业的人也是这样，要想获得成功，就要既会尽情玩耍，又会专心工作。请问：你是"热狗"还是"冷猫"？或是既能玩，又知道适可而止、收心工作的"热狗冷猫"？

名师点拨

　　这则故事既风趣又新颖，从作家到其他行业的人，如果想成功，必须既要会尽情玩耍，又要会专心工作。既不能在工作中心不在焉，又不能在放松时惦记工作，否则既玩得不痛快，又工作不专心。在场观众听了这个故事，对这次演讲留下了深刻的印象。

三、讲好故事的技巧

　　有经验的演讲者在演讲时喜欢讲故事，并且他们的故事往往可以吸引、激励观众，甚至会催人泪下。要想讲好故事，演讲者需要掌握一些技巧。

1. 明确故事构成要素

　　演讲者讲故事时，首先要用简洁概括的语言透露出故事发生的背景信息，如时间、地点、人物等，然后详述故事的起因、经过和结果，合起来就是故事的六要素。故事的六要素需要演讲者表达清楚。

　　①时间的表述要开门见山，是警示性话语要引起观众注意。

　　②地点的表述要尽快进入场景，突出想要表达的主题。

　　③人物的表述要有名有姓，体现故事的真实性，也能使观众理清思路。

　　④故事起因的表述相对不重要，需要简单概括，是对观众的一种心理释放。

　　⑤故事经过的表述要注意具体化、描述细节化。

　　⑥故事结果的表述要简单、清晰，但结果一定要引起观众共鸣，让观众心灵震撼，感同身受。

2. 塑造故事的画面感

　　故事一定要有画面感，演讲者要让观众在听故事时如身临其境，感同身受，也就是说要重现场景。演讲者在重现场景时表达要具体化，描述要细节化，这样才能把观众带入描述的画面情节中，让观众紧随着演讲者的讲述想象思考，这就意味着心理互动成功，也就离演讲成功更近一步。

塑造故事画面感的方法如下。

（1）在空间上由大到小，由远及处，越来越具体。

（2）注意故事元素中事物的形状、色彩、变化等细节的描述。演讲者的语言描述要生动、形象，能够吸引人、感染人，能够带给观众鲜活感、画面感，这样讲故事才能再现人物的活动情景和事件的场面细节，从而增强演讲口语表达的现场效果。例如，"昨天在下班回家的路上，我看见一对老夫妇互相搀扶着对方蹒跚地走着。夕阳的余晖从前面照射过来，照得两位老人头上的银发更加闪闪发亮，他们的背后留下了一条长长的影子。"

（3）演讲者讲故事时还可以通过语气与表演，调动观众的五官，即通过刺激观众的视觉、听觉、嗅觉、味觉、触觉，带给观众一种身临其境的感觉。

① 视觉。演讲者通过外表描述并借助手势动作使观众形成画面感。例如，"女孩有一双灵动俊俏的小眼睛、一个小巧玲珑的鼻子，还有一张能说会道的小嘴巴，一笑起来还有两个浅浅的酒窝。"

② 听觉。演讲者在表达时可以加入象声词，刺激观众的听觉，使讲述更加形象、生动。例如，"马上要登台演讲了，我的小心脏扑通扑通地乱跳。"

③ 嗅觉。嗅觉也非常重要，它能营造氛围，使整个故事更加生动。嗅觉方面的描绘能够让观众仿佛身临其境。例如，"一进门就闻到一股咖啡香，还有烤面包的味道。用过午餐后，我们驱车来到郊区游玩。走到半路，一阵风刮过，我忽然闻到一股淡淡的花香，扭头一看，原来眼前是大片的薰衣草。"

④ 味觉。演讲者在讲故事时，为了增强观众的代入感，可以充分调动观众的味觉。例如，"吃一口草莓蛋糕，首先感受到的是松软的奶油味，接着是一股浓香的芝士味道，最后就是一丝草莓的清香。哇，满满的幸福感！吃完蛋糕，我冲了一杯乌龙茶。喝乌龙茶讲的是心静，茶刚刚进入口中时，味道有点涩，但当它缓缓流入喉咙时，你会感到一种清香的回甘，甜甜的，有一种豁然开朗的感觉。"

⑤ 触觉。触觉包括身体感受和心理感受，这两种感受都会影响观众的情绪。例如，"记得我第一次登台时，双手紧张地搓来搓去，后背一阵阵地发凉。"又如，"听到这个噩耗，我心里难受极了，眼泪止不住地掉了下来。"这两句话分别描述了主人公的身体感受"搓手""发凉"和心理感受"难受极了"，这些词汇能够让现场的观众感同身受，产生类似的感觉。

采用这种五感法讲故事，通过对细节的描绘，不仅让观众听到，更让观众看到、感受到故事发生的场景，从而增强画面感，让观众如身临其境，随着情节变化产生更多难忘的感受。

有效掌控演讲现场

⏰ 小故事大道理

巧用五感塑造面画感

　　曾有一位国外的演讲者，将自己的入狱经历融入演讲中。在演讲中他形象地讲述了狱中的经历。

　　"上面都是人的手扒在那儿，里面呜噜呜噜的（听觉）。那个是很多很多人在里面的声音，非常恐怖。我当时就想，这是怎么回事，我不敢相信。他们没等我挣扎，就把我推进去关到里边了。后面就是乌溜溜的很多双眼睛，里面的人发出各种各样的声音，然后前面是一个小小的窗户，一束光打在地上（视觉）。我就盯着那束光一点一点地走，根本不敢回头。

"当时，我在监狱里最好的一个朋友叫奥马尔，每天下午天气最炎热时，他就会拿一些小冰块塞到我衣服里（触觉）。每天晚上睡觉时，我们头上也没有垫着的东西，他会伸出自己的胳膊让我垫着（触觉）。我临走之前的一天晚上，他拿出一个铁戒指套在我手上，指指戒指，指指我，指指他，意思就是让我记住奥马尔。现在，这个戒指还在家里，每当看到这个戒指时，我就会想起他。

"出狱时，狱警还特意把我最好的朋友奥马尔放出来，让我和他告别，他一身都是汗，站在阳光底下，闪闪发光，拿着我十几天都没穿的鞋子，站在那笑着看着我（视觉），我冲上去抱住他，希望把他身上的味道（嗅觉）更多地抱到我身上。"

很多观众听到这个故事时，被演讲者展现出的强烈的画面感吸引了，特别是当他说到刚入监狱，看到透过窗户照在地上的那束光时，代入感极强，让观众感觉好像自己真的看到了那个阴森森的监狱，这就是五感产生的作用。主人公讲述的这个故事感染了很多人，观众们纷纷评论"画面感太强了"。

名师点拨

演讲者在演讲中讲故事，重要的是让观众有真实的、立体的画面感，成功地把观众带入故事的场景中，让观众如身临其境，留下深刻的印象。演讲者积极调动观众的五感，通过描绘故事的细节，让观众看到、听到、感受到故事发生的场景，轻松地营造一个跌宕起伏、扣人心弦的故事情节。

3. 设计故事的结构情节

演讲者讲述的故事要具有针对性和典型性。故事要符合演讲的情境场合和演讲的主题，并且内涵深刻，能够阐明事理，这样才会具有很强的感染力和说服力。演讲者要安排好讲述故事的结构顺序，使其篇幅精短，脉络清晰，符合逻辑；注重叙事进程的自然过渡和衔接，以及场面细节的巧妙转换和照应，这样才能使观众真切地了解故事情节发展变化的过程，从而深刻领悟到故事的思想内涵。讲述的故事要新颖，情节要跌宕起伏、扣人心弦，同时使观众有所启发，带给观众积极向上的力量。

设计故事情节时要恰当地设置悬念。除了故事本身情节的曲折性和趣味性之外，演讲者还要懂得在讲故事的过程中不断预设悬念，让观众持续地对故事的发展充满好奇心和期待感。设置悬念的方法如下。

① 设问留悬，即通过设问来吸引观众的注意力，刺激观众积极思考。例如，"龟兔第二次赛跑，兔子中途没有睡觉，可还是输了，这是为什么呢？因为方向错了。龟兔第三次赛跑，兔子中途没有睡觉，方向也对，可最后还是输了，这是为什么呢？因为规则错了。龟兔第四次赛跑，兔子终于赢了，你们知道在比赛中发生什么了吗？"

② 预告留悬，即对故事后面的一些重要的内容或画面进行提前预告并加以调整，引起观众的重视和期待。

③ 意外留悬，即在故事中凸显出一些让观众意想不到的故事情境，引发观众的好奇心，观众会心想：这是为什么呢？怎么会这样？到底发生了什么事情？

另外，演讲者在讲述故事情节时，要做好角色扮演。故事中通常有不同的人物和情节，而人物与情节不同，呈现故事的方式就要有所不同。演讲者要根据故事具体的人物及情节自然地转换角色，绘声绘色地讲述，这样才能更加引人入胜。

4. 总结故事折射出的现实意义

在演讲时，演讲者不能讲完故事就了事。故事结束后，演讲者要结合演讲的主题内容进行总结升华，即通过故事说明了什么道理，以启发或激励观众，或引导观众深入思考。

要想讲好故事，演讲就不能拘泥于故事原有的内容、形式和寓意，而要在故事中进行寓意创新，让观众从熟悉的故事中听出不一样的感觉。讲故事的关键是把故事讲出新意，推陈出新，路回峰转，切忌千篇一律、陈词滥调。

《开讲啦》"声"入人心

即时演练

请同学们模拟演练讲故事。

（1）讲主题故事。请同学们根据不同的演讲主题（如"爱护环境，人人有责""人际交往与沟通的重要性"等），从平时积累的故事中选择相应的故事，灵活运用讲好故事的技巧，主动与其他同学进行分享，训练提升自己对故事的驾驭能力。

（2）即兴讲故事。根据一个关键词、一张图片、一段材料或一个问题，即兴地用故事的方式来解释、说明或论证，从而训练自己的即兴思维和讲故事的能力。

四、讲故事的注意事项

在演讲中讲故事是打动观众的一项非常重要的技巧。很多人认为好的演讲就是讲好一个故事，比起枯燥地讲道理，观众更喜欢听生动有趣的故事。故事既有形象的画面，又能调动观众的情绪，引起共鸣，能为演讲起到画龙点睛的作用。讲好故事也是演讲者的一种能力。在演讲中讲故事需要注意以下事项。

（1）切忌使用模糊的概念。模糊的语言会转移观众的注意力，并让故事的真实性下降，从而导致故事的说服力下降。例如，"好像是2018年""可能是张三，也可能是李四"等。

（2）不要用解释性的语句。讲故事时尽量使用描述性语言，不要使用解释性的语句。例如，"因为舞台有9米高，所以我站在上面发抖"，不如直接说"我站在9米高的舞台上，双腿不停地发抖"。

（3）切忌使用谦虚的开场白。有些人在生活工作中习惯谦虚待人，但在演讲时，讲故事的开场白中不要有谦虚的语言表达，否则会打击观众的信心，让观众觉得演讲者没有自信，无法让观众信服。例如，"我记不太清了，可能讲得不够完整、生动"，不如满怀自信地直接说"这是一个发生在我身边的真实的故事"。

（4）避免使用抽象化的语言。在讲述一件事或描述一种心理效果时，尽量用具体的事实从侧面反衬，这样给观众的印象更生动、形象，记忆也更加深刻，例如，"我害怕极了"，可以说成"事后我发现衣服都湿透了"；又如，"一个学生的学习成绩很好"，可以说成"她考试成绩在学校全年级排名第二"。

（5）避免产生炫耀感。演讲者在分享自己的弱点或失败经历时，很容易打动观众，让观众相信是真的，但在分享自己的优点或成功经验时，可能掌握不好尺度，给现场观众留下炫耀的印象。演讲者可以适当使用人称转换，把优点和成功的经验转换到他人身上，就能避免这个问题。

⏰ **小故事大道理**

好的故事是成功演讲的切入点

一位演讲者一上场就给观众分享了一个《风与木桶》的故事。故事的大致内容是这样的：一个小男孩为父亲看守木桶。第一天，小男孩把木桶擦得干干净净，整整齐齐地摆放好。第二天早上，令男孩生气的事情发生了：木桶被风吹得东倒西歪。父亲让他往每只木桶里倒一些水。第三天，小男孩惊喜地发现，木桶整整齐齐地摆放在原位。小男孩恍然大悟，对父亲说："木桶要想不被风吹倒，必须加重自身的重量。"父亲满意地笑了。

讲完这个故事，演讲者提出了一个问题："在座的每一位，您从这个故事中得到了什么启发呢？"有人说，真正的强者不仅能在风中站立，还能用自己的力量改变风向；有人说，改变别人不如改变自己；也有人说，想改变命运就要让自己变得强大……有了这个故事的引导，观众的思维开始活跃，回答问题、参与互动的积极性一下子就被调动起来了，现场的气氛非常热烈。

随后，演讲者通过分享的故事切入演讲的主题："要明确'木桶''风''水'的比喻意义或象征意义。'木桶'可指个人，也可指某个群体；可指一个企业，也可指整个国家、民族。'风'指不利于个人、群体、企业、国家、民族发展的因素，如困难、挫折、社会上的不良风气等。'水'指能增强个人、群体、企业、国家和民族等的实力和竞争力的事物。一个企业要想赢得广阔的市场，不被激烈的市场竞争淘汰，必须提升自己的竞争力。"于是，他由此展开了本场演讲的主题——企业的竞争力在哪里。

名师点拨

首先，演讲者以故事开场，能够激发观众的兴趣，让观众将注意力集中到演讲内容上；其次，故事讲完演讲者开始提问，让观众回答和讨论，引起观众参与的兴趣。当然，故事一定要与演讲主题存在着紧密的联系。演讲者通过故事讲道理，而不是只说教。一个会讲故事的演讲者能引起观众的共鸣。当然，讲故事也需要技巧，一件事情、一则新闻可以有很多解读方式，演讲者可以选一个观点集中阐述，通过分享事例、经验，把这个观点贯穿在整个演讲过程中，这有利于提升演讲的说服力。

专题三　掌控提问环节

演讲中的提问是演讲者发出问题由观众进行思考或回答，不同于一般交谈中自问自答的提问。在演讲中提问能够快速破冰，打开观众的思维，增强观众的参与感，活跃现场的气氛。

一、演讲者向观众提问的技巧

提问环节可以帮助演讲者掌控演讲的时间。如果某些板块讲的时间太长，提问时间可以短一些；有些环节讲得太快了，可以有意识地拉长提问的时间。演讲者要想自如地运用好提问，首先需要明确问题的类型。演讲者可以提出封闭式问题，让观众做出简单回答，也可以提出开放式问题，引导观众展开思考，还可以针对演讲中的重点内容提出问题，帮助观众理解。

根据问题的预设选项和观众回答的范畴大小，问题可以分为封闭式问题和开放式问题。

① 封闭式问题。封闭式问题一般有预设选项，答案是明确的，观众只需做出简单的回答即可，

不需要展开。

② 开放式问题。这种问题没有固定的答案，不同的观众给出的答案也不尽相同，因此不适合让每位观众都回答。演讲者可以找一两位代表来回答，或者在观众思考片刻后给出答案。这类问题能够提高演讲的趣味性，激发观众深度思考。

依据层次和内容，问题还可以分为知识类、理解类、应用类3种。

③ 知识类问题。针对前面的演讲内容，演讲者提出一个相对简单的问题，观众能够很快给出答案，然后演讲者顺势引出新的内容。例如，"大家有没有过上台演讲时紧张啊？"然后紧接着可以问："那大家知道克服演讲紧张情绪有哪些方法吗？"顺势引出下面要讲的关于克服演讲紧张的方法。

④ 理解类问题。如果演讲者讲述了一段专业性较强的内容，为了检测观众的理解程度，就可以提出此类问题。例如，关于克服演讲紧张，可以这样问："大家知道提前彩排可以降低紧张感，请问这是为什么呢？"

⑤ 应用类问题。回答这类问题，观众需要对演讲内容有较深刻的认识。例如，可以这样问："你的朋友现在马上要上台了，可是他告诉你自己非常紧张，请问你如何帮助他克服紧张情绪呢？"

有经验的演讲者会在演讲中运用提问技巧调动观众的积极性，激发观众跟随着演讲者的节奏思考，从而营造良好的演讲氛围。

演讲者向观众提问的技巧主要包括以下方面。

1. 注意停顿

演讲者向观众提问时要把握好节奏，问完问题后要注意停顿，留出观众思考的时间。停顿约3秒，这段时间不用觉得尴尬，观众集体安静时，其实是演讲者集中大家注意力最好的时刻。如果提出的是设问句，演讲者需要回答自己提出的问题，在回答时最好也要有停顿，这样既能显示出演讲者的沉稳，又能让观众感觉到演讲者经过了认真的思考。

2. 主题相关

演讲者提出的问题一定要与演讲主题高度相关，千万不能问一些莫名其妙的无关问题。优秀的演讲者在提问时，喜欢问表面上与主题无关，但实际上跟主题高度契合的问题。例如，"为什么电影里海盗的一只眼睛是瞎的？答案是海盗戴上眼罩并不是因为眼睛看不见，而是为了让一只眼睛始终适应黑暗。当他们处在无光的环境中，只要把眼罩换到另一边，就能在黑暗中恢复视力"。这个问题表面上在问海盗的眼睛瞎不瞎，但主题落在了人如何适应环境上，所以是与主题高度相关的。

3. 平等的心态

演讲者在提问时要保持与观众平等交流的心态，不能高高在上。提问时如果使用强硬的口气会给观众带来不适感，不仅得不到观众的信任，还可能会让观众厌恶或远离。例如，有一位演讲者在演讲台上问观众："你们知道学习管理的重要性吗？你们知道不学管理的话，你们的团队将会面临多大的灾难吗？"这样的问题一提出来，台下的观众立马发出了嘘声。

4. 把握问题的难易程度，控制提问的频率

演讲者在提问时，问题越具体越好，越贴近生活越好。当演讲者提出与观众息息相关的问题时，往往更容易吸引观众的注意力。虽然问题最好简单一些，但也不要问太多过于简单的封闭式问题，如"对不对""是不是"等。这样的话可以偶尔出现，但不能出现太多，否则会显得啰唆，甚至让观众反感。

虽然在演讲中提问有诸多好处，但要注意控制提问的频率，不要连续抛出多个问题。有经验的演讲者会在演讲内容中穿插提问，提问只是整场演讲的点缀，而不是主要形式。需要注意的是，演讲者必须先解决完一个问题，才能提出下一个问题。只有这样循序渐进，才能给观众舒适、通畅的感觉。

5. 预判结果，及时回应

演讲者在提出问题后，要对大概会收到的答案心中有数，并根据不同的答案做出不同的预案，避免提出问题后出现失控的状态。如果是单独向某一位观众提问，那么当观众回答完之后，演讲者要及时反馈，给予回应。如果演讲者问完问题以后，就接着讲自己的内容，会给观众一种脱节的感觉，也会让观众产生不被重视的感觉。

二、让观众在预设时间内提问的技巧

在演讲中，如果观众能够提出问题，表示观众的注意力集中在演讲上，并且对演讲的内容非常感兴趣。但是，如果演讲者不能确保观众在预设的时间内提问，任其自由提问的话，可能会打断自己的演讲，增加自己的紧张情绪，以致打破演讲的流畅性，破坏演讲的效果。

1. 预先做好准备

在演讲前，演讲者要预估出观众可能会提出的问题，可以有意识地在演讲过程中提醒观众自己已经注意到了这个问题，并且给出答案或随后进行讨论，这样做不仅可以提升自己与观众之间的亲近感，还能减少观众打断演讲的情况。例如，演讲者可以这样说："我会解释该系统的工作原理，但是我知道你们来自不同的部门，所以在我说完之后会有专门的问答环节让大家针对各自的具体情况提问。"

2. 明确告知观众问答环节的安排

演讲者可以在演讲开始阶段，把演讲各环节的安排，包括问答环节放在幻灯片中告知观众。如果演讲有纸质的时间表，可以列出问答环节的安排时间，提前告知观众，这样观众会更愿意接受，并把问题留到问答环节。需要注意的是，演讲者需要提前考虑希望观众何时提问，如何建议观众在设置的时间内提问，以及通过何种方式告知观众等。

3. 引导鼓励观众在每段演讲结尾提问

对于某些演讲来说，让观众在整个演讲结束后再提问可能不合理。根据演讲现场的具体情况，演讲者需要告诉和引导观众在合理的时间提出问题。例如，演讲者可以说："本场演讲分为三个部分，我会依次介绍，除了特别紧急的问题，我希望大家能把问题留到每部分的结尾，到时我们一起讨论，这样会更节省时间。"

4. 向观众保证演讲结束前有问答环节

当演讲现场人数较多时，让观众在演讲结尾的问答环节提问更符合实际情况，更有利于演讲者掌控演讲时长。例如，演讲者可以说："在演讲过程中，如果大家有问题，请先做好笔记，在演讲主体部分结束后，设有专门的问答环节。"

如果演讲现场人数较少，演讲者可以灵活掌控提问的时间，可以告知观众随时提问，但演讲设有专门的问答环节。演讲者可以这样说："如果大家有重要的问题，请及时提出来。当然，如果能将问题留到演讲结尾的问答环节，效果会更好。"观众可以择机提问，但是绝大部分观众会选择在问答环节提问。

三、演讲者回答观众提问的技巧

演讲者在回答观众的提问时，也要掌握一定的技巧。

1. 认真倾听，态度坦诚

当观众提问时，演讲者要全神贯注、认真倾听，没有理解问题时不要轻易回答。面对观众提出的每一个问题，演讲者都必须诚实、坦率地给予回应，给观众留下正面的印象。提问者可能确实想知道答案，也可能只是为了提醒演讲者认真思考某个问题，还可能是想通过提问来判断演讲者是否坦诚，面对压力是否能保持自信和风度。如果演讲者动作、表情过于傲慢，有可能会搬起石头砸自己的脚。

这个环节的正确做法如下。

① 摊开手掌邀请提问者，不要用食指指向观众。

② 身体前倾，保持倾听姿势。

③ 和提问者保持视线接触。

④ 点头，表示你正在接受对方的信息，并且理解了对方的提问。

⑤ 声音上的赞同，可以用"好""对""是的"。

⑥ 手指别乱动，不要玩弄手指头或小玩意儿，不能把手臂背在身后，身体不要向后退。

另外，演讲者最好不要评论观众提出的问题，如"这是一个非常好的问题"，否则可能会给观众留下一种居高临下的印象。如果其他观众没有听清楚问题，演讲者可以重复问题后再回答。

2. 控制回答问题的时长

演讲者宣布开始问答环节时，最好先说明该环节共有多长时间，或者可以回答多少个问题；在回答最后几个问题时，可以用倒数的方式，继续保持对时间的控制；控制回答问题的时长，回答内容要简洁有力，大多数回答不要超过一分钟。

演讲者回答问题时，要注意与观众进行目光交流，保证每一位观众都能参与其中。如果答案非常短，演讲者只需看着提问者就可以了；如果答案较长，演讲者就要注意目光的注视方式。

① 先将目光投向提问者，接着将目光转向其他观众，然后再将目光转回提问者。

② 重复这种目光交流的方式。

③ 在目光交流过程中，分配给提问者1/3的时间，剩余时间分配给其他观众。

3. 对观众的观点、意见给予恰当回应

当观众提出了与演讲者的看法相左的观点、意见时，如果演讲者之前没有预想到，处理不好就可能使自己陷入极端尴尬的局面。遇到这种情况，演讲者不要重复或问为什么，而应提取关键词，删掉那些负面或消极的内容，进行灵活应变。

如果提问者只是善意地提出质疑，那么演讲者态度要和善，回答要简洁明了，如果确实不知道答案，可以诚实地告诉观众。演讲者可以这样说："你好，这种情况我也没有遇到过，我回去研究一下，然后再跟你联系，好吗？"演讲者也可以把问题抛给观众，这样说："大家是怎么看这个问题的？"如果恰好有观众回答，那么演讲者就解围了；如果没有人回应，那么演讲者再告诉提问者私下解答。

如果观众提出超出演讲主题范围的问题，或故意提出一些带歧视、轻视、敌视性的问题，演讲者不要直接回答，而要给予适当回击，可根据具体情况，灵活采用顺水推舟、欲抑先扬、避实就虚等策略，随机应变，巧妙反击。对于观众的提问，演讲者遵循的原则是先正面做出解释，如果观众是故意挑衅或恶意刁难，而且提出的问题其他观众也不感兴趣，演讲者就可以建议私下和此人讨论，避免占用过多演讲的时间。

演讲者要谨记，在演讲台上要始终保持风度，不争一时输赢。演讲者在平日里要加强思维锻炼，让自己拥有敢于面对挑衅并予以反击的力量和技巧。

情景还原解析 2

　　在"情景还原"板块中，博士的回答轻松自如，既幽默又风趣，对待反对意见既能灵活应变，沉着机智地应对，又能巧妙化解尴尬，推动后面的演讲顺利进行。有时演讲者到碰到恶意的攻击或谩骂，一时冲动，勃然大怒或与之对骂，将损害演讲者的形象，使捣乱者的预谋得逞。

4. 询问观众问题是否得到了解答

　　演讲者解答问题后，要询问观众："这是你想要的答案吗？"如果观众认为不是，演讲者可以询问观众还想了解哪方面的内容，继续为观众解答；如果观众点头表示满意，演讲者要向他们表示感谢，或者送上提前准备好的纪念品等。然后，演讲者再邀请其他观众继续提问，直到问答环节结束。

即时演练

　　请同学们模拟演练演讲的问答环节。

　　由老师确定演讲主题，请同学们写下观众可能提出的问题，并考虑自己应该如何回答。一人模拟演讲，其他同学扮演观众，演练问答环节，然后征求同学们的反馈意见，最后由老师进行总结评论。

专题四　应对突发情况

　　演讲中经常会发生一些突发情况，演讲者应掌握一些应对突发情况的技巧，提高自己的应变能力，从而提升自身的演讲魅力。

一、观众不想听怎么办

　　演讲者在演讲过程中要善于察言观色，通过观察观众的肢体语言、面部表情和语音语调等，识别观众的情绪状态。如果大部分观众面带微笑地看着自己，积极与自己互动，这说明观众被自己的演讲吸引住了；如果有些人不停地打哈欠，有些人低头看手机，还有人不时地看手表、观望出口等，这就说明演讲有些枯燥，观众不想听了。识别出观众的消极情绪后，演讲者要及时调整讲话的方式。

1. 插入趣闻轶事

　　演讲者想要重新吸引观众注意，最有效的方法便是变换话题，穿插一些趣闻轶事，尤其是观众所津津乐道的话题。演讲者抓住人们渴望趣味的视听倾向，恰当而又适时地讲述一些趣闻轶事，会使混乱或呆板的演讲现场马上活跃起来，观众的注意力也被迅速地集中到演讲内容上。这时演讲者再回到原有话题上，效果就要理想得多了。

2. 了解观众的兴趣

　　演讲者在演讲时不能只讲自己感兴趣的事情，不能以自我为中心。演讲者在演讲前应该了解观众是谁，他们的文化程度、感知程度如何等，特别是要分析观众对本次演讲的兴趣是什么。演讲者不妨先问问自己："所讲的主题对观众有什么好处？能否帮助他们解决问题，达成他们的目标？"

3. 适时赞美观众

观众如果发现演讲内容与自己的关系不大，自然不会给予太多的关注，这时就会出现冷场。此时，演讲者应当采用恰当的方式，拉近与观众的心理距离。贴近观众的一个有效方法就是发自内心地赞美观众，用真诚适当的话语拨动观众的心弦，激起观众的共鸣，与观众快速建立起一种亲近和谐的关系，重新引起他们对演讲的兴趣。

例如，某位演讲者在一次宴会上，非常巧妙地把重要观众的名字编入自己的演讲内容里，不同程度地表示出赞美，那些在演讲中被提到名字的人脸上都显露出无比的快乐，这个简单的技巧为演讲者赢得了观众温暖的友情。使用这种方式时，一定要确保观众的名字准确无误。

4. 调动观众的热情

演讲者以自己的演讲词和形象的语言感染观众时，观众的积极回应有利于推动演讲的顺利进行。因此，演讲者必要时可以向观众提出富有针对性和启发性的问题，以调动观众参与互动的热情，使观众意识到自己也是演讲的一个重要组成部分，这样不仅能够有效地避免冷场，还能打破冷场。

5. 激发观众的好奇心

演讲者在演讲中适当地制造悬念，可以有效地激发观众的好奇心，重新吸引观众的注意力。好的悬念不仅能使演讲者再度成为观众注目的中心，还能活跃现场气氛，激发观众聆听、参与的兴趣。

6. 增加互动环节

在演讲过程中，演讲者发现大部分观众困倦和瞌睡时，可以设置互动环节，互动会让演讲进入一种高潮的状态。演讲需要互动沟通，没有互动就没有心动，没有心动就没有共鸣。演讲者要激发观众的积极性，可以让他们多举手。如果观众参与的意愿不强烈，演讲者可以给观众做示范，同时语言号召，让观众参与到互动中来。演讲者通过互动环节调节现场的气氛时，要保证观众是自愿参加的。

互动的方式有很多，如游戏、有奖提问等，待气氛活跃以后，再继续演讲。例如，在炎热的夏天，演讲者在演讲时发现有些人昏昏欲睡，有些人甚至直接趴在桌子上，看到这一情景，演讲者暂停了演讲，对观众说："请诸位抬起头看看天花板。"观众以为天花板上真有什么可看的，个个都抬起头来看着天花板。"现在再看看左边。"观众果然又向左边张望。"诸位不妨再看看右边……好了，这就是头部运动。疲倦时，不妨做做头部运动。如果仍然觉得疲倦，也可以做做体操。现在，请诸位举起手来。"观众便跟着他举起了手。这个方法果然奏效，做完后观众都开始专心听演讲了。

二、忘词怎么办

演讲时忘词是非常普遍的现象，有些演讲者为了避免这种情况，通常会反复背诵演讲稿。其实无论准备得多么充分，到正式演讲时仍可能出现脑子空白的现象。因此，演讲者最需要训练的不是把演讲稿记得更牢，而是掌握忘词后的解决方法。

出现演讲忘词情况时，演讲者可以采用以下方法来救场。

1. 主动提问法

演讲者在演讲中如果突然忘记了接下来要讲的内容，可以向观众提出相关的问题，给自己留出一定的思考时间。尽量缓解自己的紧张情绪，告诉自己放松下来，提问时要保持自然，提出的问题要与演讲主题高度契合，这样既不会因为自己忘词而冷场，又能增加观众的参与感。问题与演讲的内容浑然天成，还可能将忘词的小危机转变成演讲中的亮点和高潮。

例如，一位演讲者以"公正"为主题进行演讲时，他以问句开头，"什么是公正？世界上有真正的公正存在吗？"刚说了第一句突然就忘词了。这时他故意停顿了几秒，然后向观众发问："其实对于这点，我也常常感到困惑和茫然，所以我很想听听大家的想法。"一石激起千层浪，沉闷的会场顿时热闹起来，演讲者趁机请几个观众发表见解。通过短暂的缓解，演说稿后面的内容再次浮现脑海，演讲者结合现场的回答，更加自信地继续演讲。

2. 话题延展法

演讲者如果忘记了下面要讲的内容，可以把上面刚讲过的内容做一个延展，或者加重语气重复前一段最后讲的那句话，这样往往能使断了的思维链条再衔接起来，使演讲顺畅地继续下去。忘词时，根据正在讲的内容进行话题延展，有利于尽快使自己串起记忆的线索，从而顺利地找回记忆。

例如，一位演讲者演讲的题目是"击中内心的笑脸"，他讲述了一个自己上学时被罚站的故事："因为不认真听讲被老师罚站，遭到同学们的嘲笑，心里很难过。当时，很多同学看到正在罚站的我，都发出阵阵讥笑声。我难过得快哭出来时，同桌悄悄拉了拉我的袖子，朝我甜甜一笑。我的心里一下子涌起一股暖意，眼泪不由自主地掉了下来，不是因为难过，而是因为感动。"

讲完故事之后，演讲者忘记了后面要总结的内容和表达的观点。于是，他就顺着这个例子延展开来，回忆起以往印象深刻的笑脸。当讲到第二个时，演讲者便记起原本想表达的内容，于是就把正在讲的内容做了合适的结尾，继续进行后面的演讲。

又如，一位演讲者在讲如何获得商业的成功时，他说完"普通的商业雇员之所以不能晋升，是因为他对自己的工作很少有真正的兴趣，表现极少的创造力"之后，突然忘词了，于是他就顺着"创造力"这个词开始讲"创造力的意思就是自觉自愿的，自己心里想出该做一件事，而不需等待别人的授意。"再接着"等待别人的授意"这句话继续说下去。"总需等待别人授意，要别人指导、督促，而不主动去思考工作的雇员，其麻烦真是不可想象。"再接着"想象"二字，"'想象'——这正是所需要的幻想，所罗门说过：'没有幻想的人们只有消失！'"这样在话题延展的过程中，如果记起原来演讲的内容，就可以结合起来，继续进行下面的演讲。

3. 跳跃衔接法

演讲者在演讲过程中忘词，一般只会忘记下一句或下一段内容，不会忘记全部内容，这时演讲者应迅速调整好情绪集中精力进行短暂的思考，如果实在想不起来忘掉的内容，不妨就从记得最清楚的那一段接着讲。如果通过后面的内容又联想起来之前忘记的内容，演讲者可以根据忘记部分的具体内容采用不同的方法：如果这部分内容对整体演讲没有太大的影响，可以不去理会；如果这些内容对整体演讲有影响，是必须要讲的内容，就要选择合适的时机补充上忘记的内容，使整个演讲浑然天成。

例如，有一位演讲者演讲的主题是"记忆法"，当他讲到大脑的活跃时间时突然忘词了，一时想不起来具体的时间点，于是他直接跳过这一段，继续讲下面的归纳记忆法的应用。在接下来的演讲过程中，他又想起了忘记的内容。待所有的记忆法都分享完以后，演讲者觉得有必要补充一下大脑的活跃时间，于是说："人的大脑在一天中也有一定的活跃规律。结合大脑的活跃规律进行记忆，能够使记忆效果翻倍。大脑的活跃规律是这样的……"

演讲者采用这种跳跃衔接法，把忘记的内容补充得自然流畅，根本影响不到观众的听讲。演讲者如果确实想不起来也没有关系，只要观众听完演讲感觉有收获、有价值就可以了。

4. 即兴演讲法

演讲者如果上台后脑子一片空白，对演讲内容什么都想不起来，又不善于运用上面的方法，也千万不要站在台上发愣。演讲者一定清楚演讲主题，即使忘记演讲稿内容了，也应该清楚演讲主题的整体思路。这时不妨采用即兴演讲的方式，适当放慢语速，等待大脑与记忆接轨的那一刻。演讲者忘词后千万不要表现出灰心、沮丧，否则不仅自己尴尬，观众也会失去耐心。例如，有一位主持人在主持春晚节目时，突然忘词，但她很自然地说："像这样的贺电还有很多很多，在这里我就不再一一读了，下面一个节目是……"非常自然地避免了忘词的尴尬。

演讲者一方面要掌握忘词的解决之道，另一方面也要有意识地降低忘词的概率。想要减少忘词，演讲者最好不要死记硬背演讲稿，而要提炼关键词。只要记住关键词，即使忘记了演讲稿的具体内容，也能临场发挥，把大概的内容讲述出来。总之，演讲者要对自己有信心，摆正心态。忘词未必是一件坏事，只要能够灵活控场，说不定能让演讲更加精彩。

即时演练

请同学们模拟演练演讲中忘词的处理方法。

由老师确定演讲主题，请同学们轮流演讲。在演讲过程中，演练忘词时自己灵活处理的场景，然后同学们进行讨论，最后由老师进行评论总结。

下面是忘词后的一些处理小技巧，可供同学们参考。

① 准备一个与忘词有关的小笑话或设计一句符合自己风格的自我解嘲的幽默语言用于过渡，既让自己心里有底，又不至于过度尴尬。

② 借助肢体动作或语言吸引观众，如故意停顿一下，表示自己在想一个更合适的词语，或者重复刚说过的话，表示强调，提示观众要认真思考自己的话，注意最好面带微笑，保持淡定的神态。

③ 转移话题，设置过渡句，如"我讲的大家都听清楚了吗？""大家觉得我的声音有磁性吗？"等。

④ 如果实在不知道讲什么，就临时编一段较完整的结束语，有礼貌地结束演讲。

忘词有很多种处理方法，大家可以锻炼自己的随机应变的能力，为演讲增色添彩。

三、遇到意外情况怎么办

演讲不是彩排，无法叫停，也不能从头再来。演讲者不但在演讲前要有救场的准备，防患于未然，而且在演讲过程中，也要能够灵活应对可能出现的意外情况，从容救场，让整个演讲更连贯。

1. 上场时突发情况

如果演讲者在上台演讲时不小心跌倒了，或上台后才发现自己衣服扣子扣错了，或拉链没拉好，或帽子戴歪了等，可能都会感到尴尬。比较笨拙的化解方法是跟观众笑成一片，并在笑声中恢复常态；较高明的化解方法是借事发挥，灵活应变。

曾有一位演讲者走上讲台时不慎被话筒线绊倒了。当时台下观众发出了一片倒彩声。这位演讲者爬起来后，不慌不忙地走到话筒前，微笑着对观众说："同志们，我确实为大家的热情倾倒了！谢谢！"顿时，全场响起了热烈的掌声，大家都为他这绝妙的应变和开场白喝彩。

2. 演讲现场超出意料

当演讲现场出现一些超出意料的状况时，演讲者可以采取如下的应对方法。

（1）当演讲对象临时发生变化。演讲者在临讲前突然发现演讲对象变了，应根据变化了的观众适当改变自己的演讲内容。例如，原本观众是初为人父母的家长，到场后发现观众是家长与幼儿。这时演讲者应当机立断，在主题不变的情况下改变自己的材料、语言甚至内容结构，最重要的是一定要适合观众的水平和口味。

（2）会场的人数出乎意料。演讲者走进会场，观众的多少是其第一感觉。当演讲者发现观众甚少，与自己的预想有较大差距时，必定心理会受到影响。例如，之前预想观众有千人以上，到场后发现只有几十人。一个对观众负责的演讲者，总是能够用理智控制感情。演讲者要始终记住演讲是为了宣传真理、影响人、教育人，而不是为了人数。

（3）临时有重要人物听讲。演讲者如果突然发现领导或专家在场，有可能变得情绪紧张。怕讲不好领导不满意，或者怕讲错了在专家面前丢脸，这种心理变化必定会影响演讲的效果。因此，演讲者首先要有一个震慑全场的气概，坚定地认定自己的看法和主张是正确的，不管谁在场，都要认真地讲下去。

3. 演讲内容雷同

当自己演讲的内容与他人的重复时，演讲者最好不要硬着头皮按原来的演讲稿来讲。这种情况下有两种选择：一是根据演讲的宗旨和观众的实际情况及需要，立即重新选择主题，并围绕主题迅速组织材料，做一次别开生面的即兴演讲，这样才能使观众感兴趣并得到满足；二是从准备的演讲稿中选取一部分，引出新意，深化延展，重新组织演讲稿。

4. 自己的失误

在演讲过程中，出现漏讲或念错词、讲错话等失误时，演讲者千万不要紧张，最好不露痕迹地悄悄改过来。如果发现自己漏讲了某一点、某一段，也不必声张，可以稍后再补上；如果念错词、讲错话，可以及时纠正，或者在再次出现时予以纠正。如果观众发现了错误，演讲者应随机应变，现场改错或将错就错，或者适当采用自嘲的方式自圆其说，也可以通过反问观众，巧妙地纠正自己的错误。例如，有一位演讲者在一次演讲中说错了话，当他意识到之后，便毫不犹豫地大声说道："同志们，难道是这样的吗？"当场就把错了的话否定了，这是现场改错的最具艺术性的处理方法。

演讲大多是有时间限制的。演讲者要在演讲前设计好多种结尾方式，万一时间把控不好，快结束时稍微进行一下总结，不至于最后匆忙结尾，甚至没有结尾。

5. 有人蓄意干扰

在演讲过程中，观众可能会喧哗或发出唏嘘声。原因无非有两种，一种是演讲者本人出现差误或态度有问题，另一种是观众出于偏见有意捣乱。如果是第一种原因，演讲者要本着知错必改的态度，立即改正，平息风波，决不能我行我素，酿成大错；如果是第二种原因，演讲者也不必惊慌，继续讲下去，切不可意气用事，造成与观众的对立情绪。

如果某些观众故意干扰演讲，以致演讲无法正常进行，演讲者可以采用以下的办法。

① 走动控场：走到这样的观众身边，让其暴露在所有观众眼前，他就不好意思再干扰了。

② 话筒控场：适用于那些故意制造噪声的干扰，使用声音或停顿来提醒观众保持安静，使观众自觉收敛。

③ 目光点视：直接注视故意干扰的观众，对其进行提醒。

6. 有观众递纸条

观众在听演讲的过程中，会根据自己的理解向演讲者提出自己的问题，其方式多是写纸条。这属于正常现象，是观众认真听讲、积极思考的表现，演讲者应报以欢迎的态度。见有纸条递上来后，最好的处理办法是暂时搁置，以便不打断演讲的思路，不分散观众的注意力。待演讲环节结束后再看纸条，并实事求是地一一作答。能解答的就解答，不能解答的要说明原因，坦诚地面对观众。

7. 设备工具出现故障

大部分演讲者在演讲中会使用笔记本电脑连接投影仪播放PPT。虽然演讲者会提前准备，但有时还是会发生意外情况。为了以防万一，一定要准备好替代方案，越是觉得"这种事情不可能发生"，就越容易出现笔记本电脑罢工、电源出问题、PPT无法正常演示等故障。

当出现这些意外情况时，演讲者要马上采取措施，消除这一刻的尴尬气氛，同时这样安慰观众："现在设备出现一点小状况，大家耐心等一下，我先不用PPT为大家继续讲接下来的内容。"然后在技术人员维修时继续演讲，或者讲些题外话。虽然没有PPT，演讲者需要脱稿演讲，压力比较大，但可以避免观众因等候过久而失去耐心的情况。

总之，演讲者在演讲过程中遇到突发情况时，要镇定解决，不可慌乱，让演讲继续进行下去，而不是停滞等待。

机会只给有准备的人——白岩松机智应对突发状况

专题五　完美的演讲收场

演讲的收场不只是对演讲主题的重申，更多的是制造出余音绕梁的效果。一个完美的收场能够让观众对此津津乐道，回味悠长。用心做好结尾，能给观众留下难忘的回忆。

一、演讲收场的方式

好的演讲收场能总结收拢整个演讲的主要内容，概括和强化主题思想，起到画龙点睛的作用，给观众留下深刻的印象，使整个演讲显得结构严谨，首尾呼应，浑然一体。

常见的演讲收场方式主要有以下几种。

1. 号召呼吁式

号召呼吁式就是演讲者以慷慨激昂、扣人心弦的语言，对观众的理智和情感进行呼唤，或提出希望，或发出号召，或展望未来，以激发观众感情的波澜，使观众产生一种蓬勃向上的力量。这种收场方式能够重新掀起演讲的高潮，极大地鼓舞观众，激起观众行动的愿望，使观众与演讲者产生强烈的共鸣，从而达到演讲的最终目的。

例如，演讲《无愧于伟大的时代》的结尾："同学们，让我们高举起'五四'的火炬，弘扬民主与科学的精神，把爱国之情、报国之志化为效国之行，用我们的热血和汗水、青春和智慧，甚至是生命，向我们的先辈和后代，向我们的祖国和民族呐喊：我们将无愧于伟大的时代，无愧为中华民族的子孙！我们将无愧为跨世纪的中国人！谢谢！"

结尾言简意赅，语言真切，感情饱满，态度鲜明，激情奔放，有助于坚定观众的信念，增加演讲的感召力，具有动人情、促人行的作用。

2. 回应开头式

回应开头式就是与开头意愿重合但又在意境上高于开头的结尾形式。这种结尾与开头呼应的方法，使演讲首尾圆合，结构完整，也能锦上添花，给观众留下比较深刻的印象。

例如，演讲《井下工有颗金子般的心》，开头是这样的：

"你了解井下工吗？井下工，顾名思义，是在矿井下作业的工人。这是当前最危险的工种……

有效掌控演讲现场

他们不仅承受了人们的种种误解，还以自己有力的臂膀擎起了整座矿山！可以自豪地说：在我们××金矿，有多少井下工，就有多少颗金子般的心！"

中间讲述了三个生动感人的事例，歌颂了矿工无私无畏的奉献精神。最后的结尾是这样的：

"朋友们，黄金是宝贵的，比黄金更宝贵的是井下工那颗颗金子般的心！如果我们的整个社会、行行业业的每个人都能在自己的岗位上竭诚尽力，无私奉献，那么'四化'何愁不成……，愿我们都有一颗金子般的心！"

这篇叙事性演讲首尾呼应，增强了演讲的鼓动力和激奋力。需要注意的是，使用这种方式的结尾不应与开头简单地重复，而应加深主旨，深化主题，耐人寻味。

3. 概括总结式

概括总结式是指用简短精练的语言，简明扼要地把演讲中的要点概括出来，让观众感受到这次演讲的主旨。

例如，一位女性演讲者在为"行走马拉松"公益活动寻求支持，此次活动筹集到的全部款项将用于乳腺癌研究。她演讲的结尾这样的："简而言之，女士们，先生们，我刚才给大家提供的数据表明，每年被确诊患乳腺癌的女性的数量在不断攀升。我们已经掌握了很多医学知识，知道如何减轻患者的病痛，但是我们要学的东西依然很多。我们的研究已经取得了很大的突破，但我们要做的还有太多太多。如果您下周加入我们的'行走马拉松'，将会给我们带来极大的帮助，为我们这一重要事业筹集到更多资金。"

这种概括总结式结尾只用几句话，就把整个演说的重要论点全部包括了进去，实际上就是对前面所讲的内容进行一个总结，起到了画龙点睛的作用。类似这样的结尾技巧，如果运用得当，将无往不利。

4. 名人诗句式

在演讲中，名人诗句式结尾是最容易被观众所接受的，它可以表现出演讲者独特的风格和演讲魅力。事实上，如果演讲者能找到合适的诗句作为演讲的结尾是再好不过了。

一位总裁在向公司员工做"忠诚与合作"的主题演讲时，以一首音韵悠扬的短诗，作为这次演讲的结束语："这就是'丛林法律'——如蓝天般古老而正确；遵守这项法律的野狼将会繁衍生子，但破坏它的野狼必将死亡。如同藤蔓般缠在树干上，这项法律无处不在——因为团结的力量就是野狼，而野狼的力量就是团结。"这位总裁的演讲结尾有力量并且有诗意，有美感并且紧扣主题，是一个成功引用名人诗句结尾的例子。

又如，一位演讲者在《性本善》的辩论总结陈词中这样结尾："谈到这里，我不由得想起康德说过的一句话：'这个世界唯有两样东西能让我们的心灵感到深深的震撼，一是我们头顶上灿烂的星空，一是我们内心崇高的道德法则。'"以名人诗句作为演讲的结尾，内涵丰富，发人深省。

5. 高潮点题式

高潮点题式是指顺着演讲主体内容的逻辑，在更高点上着力，发出最精辟的议论、激励、抒情、期望、提议等，带有明显的推进升华感。

例如，在一场名为《我们要做中华的脊梁》的演讲中，演讲者在结尾说道："历史是漫长的，人生是短暂的，我等诸君，生逢良时，年遇妙龄，应该挑起历史的重担。天下兴亡，匹夫有责。中华民族的振兴，祖国的繁荣昌盛，我们有着义不容辞的责任……伸出我们的双手吧，拿出我们的才智吧，献出我们的青春热血吧，我们是中华儿女，我们要做中华的脊梁！"

这个结尾有议论，有号召，有激励，有期望，既是自勉，又是共勉，它将演讲升至最高点后戛然而止，为演讲画上了一个圆满的句号。

6. 抒情式

抒情式是指演讲者在叙述典型事例后，抒发油然而生的激情或是触景生情、借景抒志的结尾方式。以抒情方式结尾，言尽意未尽，留有余韵，给人启迪。

例如，一场名为《科学的春天》的演讲中是这样结尾的："春分刚刚过去，清明即将到来。'日出江花红胜火，春来江水绿如蓝。'这是革命的春天，这是人民的春天，这是科学的春天！让我们张开双臂，热烈地拥抱这个春天吧！"这样结尾热情奔放，以诗一般的抒情语言激励人们向科学进军，拥抱科学的春天，具有很强的鼓动力。

7. 展望式

展望式就是演讲者以展望未来的方式结束演讲，使人憧憬，余韵深长。例如，一场名为"在失败面前挺起胸膛"的演讲是这样结尾的："我深知，我将来可能败得更惨，但我不怕，因为怕失败的人永远不会成功！"

演讲结尾的方式还有很多，演讲者应该根据演讲内容的不同来进行选择。但是，无论何种方式，结尾切忌拖泥带水、言不由衷、敷衍了事。

即时演练

请同学们分析下面两个不同的演讲结尾，它们分别运用了哪种收场方式？取得了怎样的效果？

（1）浩云《论"男子汉"》演讲结尾

所以，真正的男子汉，不仅须博大、精深，有理性的头脑，能开创一番事业；不仅须刚毅、坚强，有无畏的精神，敢蔑视一切困难，他也须能宽容，具善意，有爱心。正所谓"无情未必真豪杰，怜子如何不丈夫"也。但愿我们的世界，因为会有更多的男子汉的出现，而充满了男性的美，男性的力度，男性的清醒与坚定，也充满了男子汉深厚宽广的爱。

（2）徐宁《叶的事业》演讲结尾

伟大诗人泰戈尔有这样一段名言："花儿的事业是甜蜜的，果的事业是珍贵的，让我们干叶的事业吧，因为叶总是谦逊地垂着她的绿荫的。"幼教事业又何尝不是叶的事业呢？每一个幼儿教师，都像是一片绿叶，在党的阳光下进行光合作用，孕育着花，孕育着果，孕育着神州大地的万千桃李。

让所有年轻的爸爸、妈妈都放心把孩子交给我们吧！我要把我的爱、我的智慧和我的整个生命都奉献给他们。假如命运允许我选择一百次，我还是要选择幼教事业！

我也愿所有的年轻朋友，都尽自己的力量，干好叶的事业，花的事业，果的事业，共同为我们欣欣向荣的祖国增一分明媚的春光，添一片绚丽的色彩。

二、演讲收场的禁忌

很多演讲者不重视演讲的收场，他们常常在演讲结束时说"对于这件事，我只能说这么多了""我讲完了，谢谢诸位"等，其实这些不是结尾的结尾没有任何意义，只能显示出演讲者欠缺演讲技巧。有经验的演讲者往往会在演讲开始时告诉观众，自己能够给予观众什么，演讲接近尾声时会提出自己的一些要求，说明自己想要得到什么。在演讲收场时，演讲者应注意以下禁忌。

1. 虎头蛇尾

虎头蛇尾的演讲是很难得到观众好评的。如果开场白给观众一种规模宏大的感觉，演讲收场时却草草结束，观众会以为，演讲者对自己的观点产生了怀疑，或者演讲者已经不耐烦继续说下去。演讲者必须做到前后一致，使演讲浑然一体才行。

2. 有始无终

当观众还沉浸在演讲之中，并且准备听下去时，如果演讲者匆匆地结束演讲，那么观众心里会想："这就结束了吗？"这就像汽车还没有达到目的地就抛锚了一样令人不愉快。这种收场方式没有任何过渡，在观众开始感到愉快时突然踩了急刹车，观众不明白这个结尾是怎么来的。这种急刹车式的结论是每个演讲者都应该极力避免的。

3. "刹不住车"

有些演讲者常常结束不了自己的演讲，他们如同导游，在进行一次没有规划的旅行，引领观众进入一个又一个的景观，而且对每个景观都进行详细的描述，却不知道该怎么结束旅行。这类演讲者对演讲环节没有规划，不能很好地掌控演讲的进程。只有到了演讲结束的时间，他们才不得不停止，但没有给出任何结论性的话语，这样做就像失控的汽车无法刹住车，后果不堪设想。

4. 烦琐冗长

有些演讲者收场时的总结比他对主要观点的论述还要多。要知道，所谓的结论，只是对前面所说的话的一种总结，而不是展开另一番论述。当演讲者向观众表明要结束自己的演讲时，突然又开始长篇大论，这样观众不得不强打精神来听同一个主题的第二次演讲。过长的结论只会引起观众的反感，它和没有结论一样让观众感觉不愉快。

5. 雷同重复

演讲者在演讲收场时给出的结论不能与前面说过的话雷同。否则这种结论没有任何用处，只会使观众更加厌烦。说同样的话，或者表达同样的内容，可能会让前面精彩的演讲毁于一旦，任何人都没有耐心或时间听他人说同样的话。

6. 毫无意义的提问

演讲者为了引发观众的思考，常常在结论中提一些问题。提问题可以，关键是提哪些方面的问题。"你们觉得我说的对不对？"这样提问对自己的演讲如同一场"戕杀"。

7. 否定性结论

"我之前所说的不一定全部正确"，像这样对自己演讲的负面评价最好不要说，因为这样的结论既否定了自己又否定了观众的判断力，是一种伤害观众感情的低级结论。

回顾·思考·讨论·应用

一、单元知识要点

调动演讲现场的氛围：演讲的静场与暖场，用背景音乐渲染氛围，借"讨要"掌声活跃气氛。好演讲离不开好故事：好故事的特点，讲故事的要求，讲好故事的技巧，讲故事的注意事项。掌控提问环节：演讲者向观众提问的技巧，让观众在预设时间内提问的技巧，演讲者回答观众提问的技巧。应对突发情况：观众不想听怎么办，忘词怎么办，遇到意外情况怎么办。完美的演讲收场：演讲收场的方式，演讲收场的禁忌。

有效掌控演讲现场

有效掌控演讲现场

二、选择题

1. 演讲者可以借"讨要"掌声活跃现场气氛，下列描述不正确的是（　　）。

　　A. 通过赞美观众要掌声　　　　　　　　B. 通过幽默风趣的语言要掌声

　　C. 通过炫耀取得的成绩要掌声　　　　　D. 通过激励观众要掌声

2. 对于演讲中好故事的特点，叙述不正确的是（　　）。

　　A. 简短易懂，对观众听得进，记得住　　B. 主题鲜明，感染力强，让观众记忆深刻

　　C. 有高潮能引起观众共鸣，代入感强　　D. 可虚构，使情节曲折，跌宕起伏

3. 在演讲过程中，演讲者如果发现观众不想听，应采取的措施是（　　）。

　　A. 按照自己的演讲设计继续进行　　　　B. 转换话题，插入轶闻趣事

　　C. 了解观众的兴趣，融入观众　　　　　D. 设置悬念，调动观众的好奇心

4. 下列不属于演讲者应对忘词的方法的是（　　）。

　　A. 跳跃衔接法　　　B. 主动提问法　　　C. 即兴演讲法　　　D. 苦思冥想法

5. 在演讲过程中，演讲者常常用提问的方式控场。下列关于提问的描述不正确的是（　　）。

　　A. 逻辑合理，不能离题太远

　　B. 针对一个观众，反复多次提问

　　C. 考虑观众的感受，以平等的心态进行提问

　　D. 控制问题的难易程度，不能问太难或专业性太强的问题

三、问答题

1. 演讲者在演讲中如何讲好故事，讲故事的技巧包括哪些？

2. 在演讲过程中，发现观众不想听，演讲者应该采取哪些措施？

3. 在演讲结束收场时，演讲者要注意哪些禁忌？

四、实践与应用

想要控好场，演讲者平时就要有意识地训练自己演讲时的观察能力、思维能力和反应能力。

1. 演讲控场训练

（1）讲述自己的个人经历。准备大约5分钟的个人经历演讲。设计自己的暖场动作、静场方式，如幽默风趣的自我介绍、有悬念或富有戏剧性的故事经历；分析观众的特点，选择一段你认为观众喜欢听的经历进行演讲，在演讲过程中学会观察，要善于从那些支持自己的观众身上获取能量，去影响其他的观众。

（2）参加学校组织的演讲比赛。假设学校组织了演讲比赛，比赛题目以现场抽签的方式确定。题目主要有感恩的心、生活告诉我、成熟的标志、学会放弃、蚂蚁的力量等。根据这些题目，构思出符合主题的演讲故事，进行现场演练，掌握讲好故事的技巧。

（3）应对演讲中的突发情况。假设学校组织召开30年校庆活动，你作为学生代表要在校庆典礼上演讲，请为你的演讲设计开场时的静场方式。演讲期间有些同学低头玩手机，窃窃私语怎么办？有学校领导提出问题你应该如何回答？如果自己忘词了怎么办？并为你的演讲设计完美的收场方式，给观众留下深刻的印象。

2. 应变能力训练

请设想，遇到下列情况，你应该怎么办。

（1）在演讲比赛中，由于你的参赛顺序比较靠后，有些观众听了前面的演讲，已经有些疲惫、厌烦，甚至昏昏欲睡，这时你要如何活跃现场气氛，如何得体地借"讨要"掌声？

（2）如果在演讲过程中，有人蓄意干扰或设备出现问题，如何处理？

（3）演讲时间有限，如果主持人提醒你，你的演讲结束时间马上就到了，你如何进行演讲收场。

3. 逆向思维训练

根据下面的题目，多角度全面提炼故事主题，使故事更新颖，更具吸引力。

（1）青春无悔。

（2）沉默是金。

（3）眼见为实。

有效掌控演讲现场

第七单元
有感而发的即兴演讲

即兴演讲是演讲者在事先没有准备或准备不充分的情况下，就眼前的场面、情景、事物、人物等发表意见、看法或表达某种情感、愿望，这很考验演讲者的功力。

课前思考

1. 假如在班会、同学聚会或颁奖典礼上，你被指定作即兴演讲，这时应如何缓解自己的紧张情绪？
2. 很多精彩的即兴演讲主题新颖，切入自然，逻辑结构清晰，那么应该如何训练自己的即兴演讲能力？
3. 即兴演讲对口才的要求很高，演讲者需掌握哪些语言表达技巧？

情景还原

关键词助力即兴演讲

　　杨涛作为嘉宾被邀请参加某高端会议。主办方发表了热情洋溢的演讲后，邀请在场的每一位嘉宾进行即兴演讲。

　　杨涛事先已经知道要在会议上讲话，所以做好了心理准备，沉着冷静地开始了他的演讲。

　　他在开篇说："愿意加入该平台的人是懂得奉献、愿意奉献和乐于奉献的人，如果大家来这个平台是为了索取，那么这个平台注定会失败……"（奉献）

　　他接着说："因为你奉献了，他奉献了，大家奉献了，所以才能互通有无，这样，平台上的每个人才能在沟通和交流中学到知识……"（学习）

　　他继续说："我觉得，在这里光学习知识是不够的，大家来这里的目的是为了成长，只有在经验和技术上获得成长，最终才能被市场所接受……"（成长）

　　他最后说："我想，大家聚到这里就是为了发展，我们要尽最大的努力把这个平台做大、做强。发展需要一个目标，只有把目标确定下来，我们才能实现飞跃式发展。"（发展）

　　请分析本案例中杨涛在即兴演讲时采用了哪种内容组织方式？杨涛的即兴演讲，结构清晰，层次分明，表达流畅，他主要采用了哪些演讲技巧？

专题一　初识即兴演讲

　　即兴演讲，又称即席演讲或临时演讲，是一种不凭借文字材料来表情达意的语言交际活动。它对演讲者的演讲能力有较高要求，能够反映演讲者的思维敏捷程度和语言组织表达能力，体现演讲者的知识素养及文化功底。即兴演讲在演讲的类型中使用率较高，应用范围最广。

一、即兴演讲的特点

　　即兴演讲不同于一般正式的演讲，它是人们对眼前的人、事、物、情、理等有所感触而临时所作的演讲。即兴演讲要求演讲者头脑清醒、思维敏捷，能当场捕捉信息，迅速展开联想。因此，即兴演讲具有区别于其他演讲的特点，如图7-1所示。

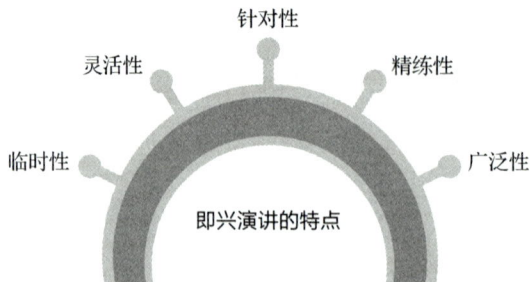

图7-1　即兴演讲的特点

1. 临时性

　　即兴演讲不像命题演讲那样可以事先拟好演讲稿，也不像论辩演讲那样可以事先进行调研，并进行模拟训练。即兴演讲是靠演讲者临场发挥，快速构思，当即打腹稿，运用就地取材、展开联想、借题发挥等方法进行的临时性演讲，所以，即兴演讲具有临时性。临时性是即兴演讲最显著的特征。

2. 灵活性

即兴演讲在话题、内容、形式等方面，往往都不是事先定好的。即席而谈，随兴而发，具有高度的灵活性，演讲者对话题、内容都可以灵活安排。如果有必要，演讲者还可以在演讲过程中改变最初的打算，按照即兴发挥的内容讲下去。

3. 针对性

即兴演讲的内容是对近期或临场的事、情、景、理有感而发，其内容和主旨往往由当时的情境所制约和决定，所以即兴演讲具有很强的针对性，要针对与现场、与观众有密切关系的人或事展开演讲。

4. 精练性

在一般情况下，即兴演讲都是临时决定的，所以演讲的时间不宜过长，内容不宜过多，否则很容易引起观众的反感。即兴演讲的话题内容选取范围较小，演讲内容比较单一，但在谋篇布局、遣词造句上依然有讲究。开头结尾要简短、精练，内容应精确恰当，语言要形象生动，所以即兴演讲具有短小精悍、言简意赅、内涵丰富等特点。

5. 广泛性

即兴演讲的使用非常广泛，如竞聘答辩、欢迎致辞、宴会祝酒、来宾介绍、婚事贺喜、电视谈话、新闻发布等。随着社会的发展，生活节奏的加快，人们社交活动的日益扩大和频繁，以及演讲水平的不断提高，即兴演讲越来越受到各方的欢迎。

二、即兴演讲的类型

按照不同的分类标准，可以将即兴演讲分为不同的类型。

1. 按形式分类

按照演讲形式来划分，可以把即兴演讲分为主动式即兴演讲与被动式即兴演讲。

（1）主动式即兴演讲

主动式即兴演讲是指在特定的场景和主题的诱发下，演讲者有言在心，不吐不快，主动决定进行即兴演讲。这类演讲一般是由于演讲者触景生情，有感而发，主动演讲；虽然没有演讲稿，但是演讲者有一定的思想准备，并将自己的真情实感融入演讲内容中。例如，会议上的开场白、发言、总结，教师在主题班会、迎新仪式、毕业典礼上的讲话等，都属于这一类型。

例如，一位老师准备带领学生们春游时的即兴演讲：

"同学们，我们每天看到的都是白墙黑板灰泥地，我们应该去饱览那透着生命的绿色，去欣赏那蓝天下的红花绿柳、青山绿水，去领略大自然的风采，去聆听泠泠作响的激石和嘤嘤成韵的百鸟争鸣！不然，高考的硝烟就快要把我们烤焦了，单调的'作息时间表'快要把我们驯化成'机器人'了。明天，就是清明，山明水秀、地清天明，让我们去欣赏、观察、倾听、触摸、感受大自然的无穷魅力吧！"

（2）被动式即兴演讲

被动式即兴演讲是指由于他人的提议、邀请、临时的需要，在无法推却的情况下，演讲者被动地决定即兴演讲。这类即兴演讲要求内容紧扣主题，题材新颖，切忌人云亦云。被动式即兴演讲主要包括在欢迎、欢送、哀悼、竞选、就职、答谢、婚礼、寿庆等场合所作的致辞。

2. 按主题选择的相对自由度来分

按照主题选择的相对自由度来划分，即兴演讲可以分为命题性即兴演讲、随意性即兴演讲和论辩性即兴演讲。

（1）命题性即兴演讲

命题性即兴演讲在演讲比赛中运用较多。演讲者临时抽取题目，然后按照题目要求做短暂准备后开始演讲。一些演讲比赛往往通过命题性即兴演讲的形式决定选手的名次。

命题性即兴演讲的题目分为论点式题目和论题式题目。论点式题目规定了演讲主题的题目，演讲者没有选择主题的自由，不管演讲者对所要讲的主题是否持有相同的看法和感受，都只能调动自己的知识积累和生活经验来证明它，而不能谈不同观点，如《人生的价值在奉献》。

论题式题目只是规定了演讲的论述范围，而没有规定演讲者必须赞同或否定什么观点。演讲者则可以在规定范围内根据自己的感受确定演讲主题，相对灵活一些，如《人生的价值在哪里》。

（2）随意性即兴演讲

随意性即兴演讲主要表现在日常生活中的学习交流、工作中的协商切磋、会议上就某一个问题的讨论争执，或者在大会上应邀讲话等，是发言者被眼前发生的景象或情态所感染而激发兴致和灵感所作的一种即席演讲，它是人们在社交活动中最常见、最普遍的一种说话形式。

（3）论辩性即兴演讲

论辩性即兴演讲，是指两个或两个以上持有对立或各不相同的观点的说话者，面对面地进行针锋相对的争论演讲，如商务和贸易谈判、法庭辩论、赛场论辩等。

3. 按内容来分

按照演讲内容的不同，可以把即兴演讲分为说明情况的即兴演讲、激情迸发的即兴演讲、回应提问的即兴演讲、被人邀请的即兴演讲、主持人的即兴演讲、参观访问的即兴演讲。

（1）说明情况的即兴演讲

这种演讲通常是剖析性或解释性的发言，既可以摆事实，指出问题的真实情况，也可以分析事理，以深刻的洞察力透彻地剖析利害关系，达到以理服人的目的。

（2）激情迸发的即兴演讲

这种演讲通常是触景生情，多在讨论会、酒宴、各种聚会上遇到。这种演讲往往是由他人的一席话引发联想或者借景生情引出思绪而进行的演讲。这种即兴演讲通常要看场合和情境，内容多以感怀、幽默、风趣、逗乐为主。

（3）回应提问的即兴演讲

回应提问的即兴演讲通常是在会议上、法庭上或学术性的讨论会、答辩会上的被动式发言。这种答复式演讲受提问内容或提问主题的限定，应做到问一答一、问二答二，将所需回答的问题进行条理清楚、内容完整、曲直分明的阐述即可。

（4）被人邀请的即兴演讲

这种发言在各种场合中经常用到。演讲时一是语气要谦逊，可以感谢观众的热情；二是要使观众通过演讲内容有所收获和启迪；三是要正确估计观众的心理要求，可以根据对象选择话题。

（5）主持人的即兴演讲

这种演讲内容要根据主持人在活动中所担负的职责而定。主持人的即兴演讲要有恰当连接、灵活应变的特点，应打破千篇一律的格式，因境制宜，灵活设计。

（6）参观访问的即兴演讲

这种演讲往往是在参观访问结束时进行的，演讲内容多是叙说观感，可以对被参观单位或事物的特点、成就、经验进行赞扬，也可对主人的盛情表示感谢。这种发言要感情真挚，语气谦逊，语言优美。

三、即兴演讲的要求

即兴演讲短小精悍，语言生动，内涵丰富，符合时代发展的潮流，迎合了人们快节奏的生活方式，深得观众的喜爱。而正是即兴演讲的个性特点与特殊功能，决定了即兴演讲的特殊要求。

即兴演讲的要求如图7-2所示。

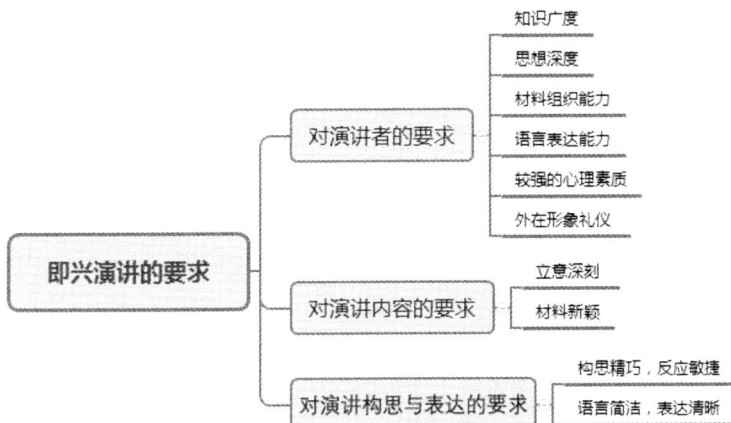

图7-2　即兴演讲的要求

1. 对演讲者的要求

由于即兴演讲的场合各异，观众的职业、年龄、生活阅历和文化教养也不尽相同，这就要求演讲者需要在错综复杂的场合，从当时当地观众的实际情况出发，及时调整演讲内容和演讲方式，使演讲内容符合观众需要，从而提高演讲的效果。

即兴演讲对演讲者的具体要求如下。

（1）知识广度

即兴演讲要求演讲者具有一定的知识广度。演讲者只有学识渊博，才能在短暂的准备时间内从脑海中找到生动的例证和恰当的词汇，为即兴演讲增添魅力，所以一般要求演讲者必须具有丰富的专业知识储备和足够的知识跨度。

（2）思想深度

即兴演讲要求演讲者具有一定的思想深度，这里是指演讲者对事物纵向分析的能力。演讲者对演讲的内容题目应能宏观把握，能够通过表层现象迅速深入到事物的本质认识中，形成一条有深度的主线，围绕主线丰富资料，组织成文。

🕐 **小故事大道理**

重新定义，赋予内涵

我们大部分人其实不太喜欢孤独，总会排斥孤独这种感觉。因此，如何与孤独相处是每一个人的必修课。孤独是什么？孤独是每一个人都会有的一种体验，即使你经历过万众瞩目的时刻，即使你功成名就，在夜深人静时或某一个不为人知的时刻，难免会感受到一种深深的孤独。

那真正的智慧是什么呢？真正的智慧是学会向内看，而非局限于繁忙而嘈杂的外界。当你学会与孤独相处时，其实你就比别人获得了更多向内看的机会，这就是我为什么说学会与孤独相处也是一种智慧。

名师点拨

在这段即兴演讲中，演讲者从个人的角度，对一些关键词重新定义，如孤独、智慧，赋予这些词语更深的含义，会让观众觉得演讲者的思考是有深度的。

（3）材料组织能力

即兴演讲要求演讲者有较强的材料组织能力。演讲者能够在短时间内把符合主题的材料进行组合、凝练，使演讲内容层次清晰，主题明确。这种组织能力能够有效发挥演讲者的知识广度和思想深度。

（4）语言表达能力

即兴演讲要求演讲者有较强的语言表达能力。语言是思维的产物，是思维成果的体现形式，语言能将抽象的思维灵活地表达出来，使用语言的过程实际上就是变信息为思想、变思想为语言的转换过程。使用语言表达思维，就是运用概念、判断、推理的环节形成逻辑的过程。概念、判断、推理要靠词、句、句群和篇章来表达，所谓语言准确，实际上就是做到概念明确，判断恰当，推理合乎逻辑。准确优美的语言表达包含着无懈可击的逻辑性。因此，演讲者的逻辑思维要清晰，语言表达要准确，这样有助于增强语言的表现力。

机会不会给我们时间去准备

演讲者在构思初具轮廓后，要注意观察场所和观众，要巧妙运用语言表达吸引观众的注意，感染触动观众，使观众产生共鸣。

（5）较强的心理素质

即兴演讲面临的情况比较复杂，这就要求演讲者必须具有较强的心理素质和良好的意志品质，能够控制自己的情绪，调节自己的心境，集中自己的神思来完成演讲。另外，还要求演讲者头脑清醒、机智、思维敏捷、有较强的应变能力，能够应对演讲过程中出现的意外，如怯场、忘词，观众的嘲笑等情况。在遇到这些情况时，要求演讲者沉着冷静、巧妙应对，才能扭转被动局面。

（6）外在形象礼仪

演讲者在即兴演讲时，要注意自己的外在形象、行为举止等。演讲者的形象能给观众留下很深刻的第一印象，甚至能够决定观众对自己的态度，所以，拥有良好的形象能让自身的演讲更胜一筹。

演讲时要尽量避免一些习惯性行为，如搓手或跺脚。这些无意间的动作会分散观众的注意力，减少其对演讲内容的关注。

2. 对演讲内容的要求

对即兴演讲内容的要求主要包括两个方面，一是立意深刻，二是材料新颖。

（1）立意深刻

立意深刻是指演讲者对演讲主题的认识要深、体会要深、挖掘要深，这样才能给观众深刻的启迪。要想立意深刻，在确定中心论点的角度上就要做到少而集中，从生活中的平凡现象着眼，由此及彼，以点带面，抓住最本质的一点，引申扩展，上升到理论高度，使其小而实、短而精、细而宏、博而深。在确定中心论点时，要能以小见大，使道理增色生辉。

（2）材料新颖

即兴演讲要想给观众留下深刻印象，必须保证内容有新意。演讲者不能重复他人讲过的内容，不能讲大家都熟知的内容，这样才能吸引观众的兴趣。演讲者要想讲出新东西，就要讲那些他人想说又说不出或没有想到过的道理；要讲那些大家正在思索，但还没有被明确地提出来的问题；要讲那些人们想脱口欲出，但还没有找到合适的语言词汇表达的心声。这样就容易拉近演讲者与观众的距离，使观众产生共鸣并有所收获。

3. 对演讲构思与表达的要求

对即兴演讲方法的要求，主要有以下两点。

（1）构思精巧，反应敏捷

因为即兴演讲要求演讲者在事先无任何准备的情况下，临时构思发表演讲，所以要求演讲者的构思要精巧，反应要敏捷。平时要注意培养自身敏锐的观察能力和分析、归纳、概括能力；在构思时要以自己熟悉的人、事、物、景为话题，因为只有自己熟悉的事物，大脑反应才迅速、快捷。同时，构思时要从自己熟悉的话题中选取观众熟悉的、感兴趣的事物或观众关心的热门话题，这样比较容易让观众产生共鸣。

（2）语言简洁，表达清晰

即兴演讲时间短，内容少，通常以简明扼要的语言来彰显其力度，以生动活泼的叙述给观众留下深刻的印象。即兴演讲时，语言要简洁，不能说废话、空话、套话，不能冗长啰唆，要言之有物，内容具体而充实。表达要清晰，切忌吞吞吐吐，模棱两可。即兴演讲时，演讲者宜使用短句，少用修饰语，杜绝废话，并且做到思想性、知识性与趣味性相统一。要保证演讲内容言简意赅，准确传神，意义深远，才能够吸引观众。

四、即兴演讲的禁忌

即兴演讲讲究自然亲和、真情实感。演讲者的声音要自然，表达要清晰，切忌装腔作势，啰里啰唆，否则只会失去观众。即兴演讲时的一些禁忌主要包括以下内容。

（1）抱怨自己的命运或夸耀个人的成就

每个人都讨厌喋喋不休的抱怨，同样，也不喜欢有人大肆渲染个人成就。所以，不切实际的夸夸其谈不可取；只知道对自己的成绩自说自话，根本不顾及他人的感受，更容易引起观众的反感。

（2）以心理分析家自居，喜欢评价他人

没有人喜欢被他人看穿，像个透明人一样存在于社会上。所以，不要以心理分析家自居，随意说教或评价他人。

（3）思想陈旧、古板，固执己见

有些演讲者思想陈旧，拒绝尝试接受新事物，听不进他人的任何意见。在生活和工作中，这样的人很多，他们只懂得回忆当初如何，以前怎样，而对现在的变革和新鲜事物却视而不见。这样的人很难与他人沟通，也很难被他人接受。

（4）言语冷淡，故作清高，缺乏真诚和热情

有些人总是一副拒人千里之外的样子，高高在上的态度，语气冰冷生硬，让人感觉不到丝毫的真情和温暖，总是喜欢说一些空话、套话，很少讲出自己内心的观点。这些空洞的讲话必然让观众感到乏味。

（5）拐弯抹角，颠三倒四，不说重点

有些演讲者演讲时抓不住重点，喜欢拐弯抹角，说一些和主题无关的话，让观众听得云里雾里，不知所云。这样的随性一定不能任其发展下去，应尽快进入正题，否则只会令观众厌烦。

（6）过分取悦或阿谀奉承他人

这种完全没有自我、只会毫无底线地迎合与取悦他人的做法，只能令人反感甚至鄙视。

（7）毫无主见，人云亦云

没有人喜欢鹦鹉学舌的人，毫无主见、随声附和只会让他人轻视。

（8）视自己为焦点，狂妄自大

有些人某些方面能力出众，就以为自己无所不能，所以无论是在工作中还是在生活中，都以自我为中心，狂妄自大，不把他人放在眼里。在演讲时这种态度会不经意地展现出来，令人生厌。

（9）态度不明，模棱两可

演讲时立场要明确，不能模棱两可，否则观众可能会因此而产生理解上的误差，与演讲者的初衷背道而驰。

（10）言词逞强，喜欢咬文嚼字

弹琴看观众，说话看对象。演讲者应尽量少用专业术语，更不可咬文嚼字、故作高深，否则观众不易接受。

专题二　调整即兴演讲的紧张情绪

每一个尝试即兴演讲的人都是勇敢的，然而勇敢不代表不紧张，当演讲者成为众人瞩目的焦点时，紧张就成了一种本能的反应。因此，演讲者要接受这个实际存在的情况，明白这是一个普遍现象。要想缓解这种紧张情绪，最重要的是放平心态。演讲者即兴演讲时可以运用以下方法来有效地缓解紧张情绪。

一、回避目光法

演讲者初次登台演讲，肯定会非常紧张，有时观众稍有风吹草动都会增强演讲者的紧张情绪。如果某位观众目不转睛地盯着自己，或者发出一些奇怪的声响，或者做出一些反常的动作等，这时演讲者应转移目光，或者采取流动式的虚视法。不要过于关注个别点，要有意识地回避对方的直视或不必要的言行对自己的影响，以此减少接收的信息量，从而保持平和的心境。

二、呼吸松弛法

演讲者可以在演讲前活动一下身体，做几次深呼吸，这样可以缓解紧张的情绪。

具体方法：站立，目视远方，全身放松，做几次扩胸运动，然后做深呼吸。需要注意的是，做深呼吸时一定要慢，让自己感觉气体从全身绕过，体会呼吸的节奏。

一般情况下，这种方法能使人快速放松，恢复饱满的精神。不过，这只能缓解紧张的情绪，并不能将紧张情绪完全消除。事实上，如果刻意要完全消除紧张情绪，反而会适得其反。

三、自我陶醉法

在演讲过程中，演讲者面对全场的观众，精神紧张可能会导致语言表达的失误。这时应该把注意力放到自己所讲的内容上，而不是其他外界的因素上。

演讲者要学会欣赏自己的演讲。对自己的欣赏往往能使演讲者暂时忘记场下的观众，完全陶醉于自己的讲话和想象中。当演讲者达到这样的境界时，自己与所讲的内容就会产生一种共鸣，这时演讲者所有的紧张情绪都会被抛到九霄云外，不论面对多少人，都能做到泰然自若。

四、注意力转移法

为了缓解演讲前情绪的紧张，演讲者可以有意识地把注意力转移到某些具体的事物上，或者通过制造轻松的外界环境，转移自己的注意力，使自己的情绪得到放松。例如，可以与前排的听讲者闲谈，也可以欣赏会场的环境布置，可以听一首轻松、愉快的乐曲，或看一些幽默故事等。

注意力转移这种方法在环境相对比较宽松、人比较少时运用起来效果更好。因为在人群嘈杂的环境中，视野并不开阔，本身就会让人心烦意乱，注意力转移法对缓解紧张情绪的效果可能不是很好。

五、语言暗示法

语言暗示也是一种自我调节情绪的有效方法。良好的语言暗示能够有效地改善心理状态。当自己的情绪处于紧张焦虑时，可以选择一些冷静、缓和的词汇默念，并想象与该词语相关的场景，如"宁静、自然、平静"等，进行自我暗示，就可以逐步缓解紧张焦虑的状况。

语言的暗示也包括他人暗示，如演讲前可以听取他人的鼓励，并重复说给自己听，"你最近的表现很好，一定会成功"等。

专题三　即兴演讲的策略

每个人都希望能在社会舞台上充分展示自己，希望自己在任何场合进行任何形式的即兴演讲时都能游刃有余，树立良好的自我形象。

一、调整心态

即兴演讲是演讲中的高级形式，要求比较高，需要演讲者从容自信、清晰自然地表达。

演讲者调整心态，克服自身心理障碍，可以从以下几个方面做起。

1. 充分准备

虽然在即兴演讲前没有充分的准备时间，但它更需要平时长期的准备。要想在短暂的时间里组织出精彩的语言，就要有丰富的学识做准备；要想从现场与观众中摄取与演讲有关的素材，就要有高超的表达技巧做准备；要想沉着冷静地应对各种局面，就要有强大的心理素质做准备。做好这些准备，才有可能让自己的演讲聚集观众的目光，成功吸引观众的注意。

另外，演讲者还要保持充足的睡眠，这样才能使自己精力充沛，时刻保持良好的精神状态。演讲者可以提前到现场，熟悉环境，观察捕捉现场观众的情绪，了解其他演讲者的演讲内容及观众的反应，以更好地确定自己的话题方向和素材，变被动为主动。

2. 自信从容

演讲者应沉着冷静，拥有十足的信心和必胜的信念，这样才能保证思路畅通、言之有物、情绪饱满、镇定从容。演讲者可以为自己打气，自我鼓励，相信自己可以，把观众想象成无关紧要的人，大胆表现；自我放松，演讲前深呼吸，或者喝杯水、听段音乐，舒缓情绪，使自己心境平和、状态自然。

3. 巧妙沟通

即兴演讲时，演讲者可以适时与观众进行真诚的互动，如语言沟通、眼神交流等。紧张忘词时，演讲者可以停顿、微笑，但不要告诉观众你很紧张，否则会使自己更紧张；也不要让声音和身体因为心理紧张而颤抖，更不要因为你的紧张表现而向观众致歉，否则会显得你极不自信。

二、明确主题

主题是即兴演讲最重要、最关键的内容，是整个演讲表达的根本依据。演讲时，每个层次、每个段落的遣词造句，都要围绕主题展开。主题就是即兴演讲的中心内容，演讲者要选择自己熟悉且观众想听的话题，进行有深度、有见解的阐述。

一般来说，即兴发言的主题离不开所参加活动或会议的主题。要根据不同的会议、场合及自己的身份，选择并确立自己发言的题目。为了更好地表达主题，演讲者需要注意主题的选择和主题的表达技巧。

1. 主题的选择

对于即兴演讲者来说，主题的选择非常重要。主题就是演讲者在构思演讲内容时确立自己本次演讲的中心思想。出色的即兴演讲一定是观点非常鲜明的，它显示着演讲者对人、事、物的理性认识，显示着演讲者对客观事物见解的透彻程度，给人以可信赖感。否则，演讲就缺乏说服力。

选择与提炼主题的方法主要有以下几种。

（1）临场发挥，就地取材

演讲者在即兴演讲时，可以着眼于临场某一客观事物的特点和本质，或者选取现场的典型素材，进行主观联想，并把联想的内容流利地表达出来。现场取材的内容，可以增加演讲的即兴因素，往往带来意想不到的效果。

在即兴演讲前，演讲者要迅速观察场所和观众，摄取那些与发言主题有关的人物或景物，因地设喻，即景生情，并且及时捕捉和收集现场的所见所闻。

⏰ **小故事大道理**

就地取材，引入主题

大家都来看看摆在讲台上的这盆鲜花，它颜色鲜艳、形态美丽，还发出诱人的香味。它的美丽和芳香是品种优良、土壤肥沃、阳光雨露滋润和花匠辛勤劳动的共同成果。它从一颗小小的种子发芽、生长、开花，离不开阳光雨露的滋润和花匠的精心呵护，如果没有他们，种子会有怎样的命运呢？它可能会过早地枯萎，没有机会绽放，也将无法带给这个世界美丽与芬芳。

现在，有些地区还有一些学龄儿童，他们聪明、可爱、渴望读书。但是，由于家境贫困，他们就像失去肥沃土壤、阳光雨露的花儿一样，不能正常地生长；他们虽有聪慧的大脑，却无法学习知识文化……让我们敞开爱心，为他们的茁壮成长贡献一丝力量吧！我们的捐赠将使他们获得受教育的机会，获得正常生长的环境！

名师点拨

这段演讲就地取材，把学龄儿童比喻成鲜花，需要阳光雨露滋润和花匠的精心呵护，选择的主题与演讲内容相符，观众也很容易接受。这种就地取材的方法在即兴演讲中使用频率较高，运用较为广泛，也比较易于演讲者学习和掌握。但是，运用这种方法往往难以给人耳目一新的感觉，难以产生较为持久的影响，有时甚至会让人有老生常谈的感觉。

（2）内心孕育，借题发挥

借题发挥是指借着某件事情来做文章，或发表与之相关的议论以表达自己真正的意见或主张。这种方法能够巧妙地将主题蕴含在言语中，而不直接暴露。

例如，当开展调研或检查工作时，从他人讲话中得到启发，萌生一个新的观点，这就成了孕育主题的素材。这种情况较适合群体发言，后面的演讲者可以就先前的演讲者演讲的内容进行再加工或联想，不管是完善也好，批驳也好，都有据可依。

（3）角度创新，主题新颖

角度创新是指演讲者对同一个主题，从不同角度进行表达，使其更加新颖，也使自己的表达更出众。汉语词语丰富，对任何事物都可以找到不同的说法，演讲者可以就约定俗成的事物进行创新，从不同的角度切入，就可以提炼出不同的主题观点。

需要注意的是，演讲者阐述的观点应明确精练，正确深刻，能为大家所接受。总之，角度创新的观点不能挑战法律和道德，更不能为了追求一鸣惊人而大放厥词。

小故事大道理

换角度，创新意，赢掌声

在一次以"交通安全"为主题的演讲比赛中，有位参赛者在认真分析了这个主题之后，觉得很多选手可能会立足于人们因交通安全意识淡薄而发生悲剧的角度，向观众讲述一起又一起骇人听闻、惨不忍睹的血腥事件；如果几十名选手这样讲下去，观众势必会听得很压抑，情绪也会很低落，甚至提不起倾听的兴趣，演讲内容也很难被观众记住。

于是，他经过深思熟虑，决定跳出千篇一律的惯性思维，以"奉献与理解"为主题，通过赞颂交警默默耕耘、无私奉献的精神，呼唤人们重视交通安全，这样，交通安全事故自然会随之减少。

名师点拨

同一材料从不同角度可以发现不同的主题。因此，在选择演讲主题时，演讲者可以尝试从多角度出发，另辟蹊径，让观众耳目一新，印象深刻，从而使即兴演讲获得良好的效果。

2. 主题表达技巧

演讲者进行即兴演讲时，在确立主题后，要构思打腹稿，然后进行表达。下面介绍几种主题表达技巧。

（1）散点连缀

在即兴演讲前选材构思时，人的头脑中会出现很多散乱的思维点。演讲时要捕捉住这些思维点，从这些点的关系中确定一个中心，并用它连缀剩下的点，再把与中心主题无关的点全部舍去。当散落的思维点连成网络后，就可以开始演讲了。有了话题脉络后，讲起来就会轻松很多。

（2）构思模式

这里介绍两种构思模式：一种是开门见山式，即先亮出主题，然后对主题作较详细的论证和分析说明；另一种是曲径通幽式，即先举例，然后叙述主旨要点，再说明理由，最后进行论证分析。演讲者采用这两种模式进行构思，能够使主题表达条理清晰，让观众快速明白演讲者的意思，做到言简意赅、准确传神。

（3）扩句成篇

扩句成篇是指在原来的句子主题不变的情况下丰富内容，同时要注意思路清晰、逻辑分明。例如，《年轻人能为世界做点儿什么》的演讲就是采用了扩句成篇的方法。

"年轻人能为世界做点什么？如果你还不清楚自己到底要怎么回答这个问题，那么请记住一句话：穷则独善其身，达则兼济天下。就是说在我们老去的路上要不忘初心，成为你最想成为的人。如果摆路边摊，就要保证食材干净卫生，足斤足量；如果开公司当领导，就要注重信誉……从最简单的身边事做起。"

灵活运用知识，培养举一反三的能力

| 即时演练 |

请学习掌握以上技能，并能灵活运用。然后请以"人生处处是考场""对幸福的定义""感恩"为题，灵活运用以上技巧，进行即兴演讲。

三、精准切入

演讲是向观众宣传某种观点或阐述某种道理。如果只是平铺直叙、枯燥乏味地讲述，人云亦云、老生常谈地说教，那么无论演讲者所讲的道理多么正确，都难以打动观众。这样的演讲缺乏说服力、鼓动性和艺术效果。因此，我们在构思演讲稿时，在确立了鲜明的主题后，还应考虑选择一个最佳的角度切入主题。

切入点找得好，就能为演讲营造一种浓郁的艺术氛围，驱动和调控观众的心理，使其更容易接纳演讲者的观点。同时，也能使演讲者所讲的道理更鲜明集中，避免了让观众不得要领的弊端。

具体来说，找准切入点主要有以下几种方法。

1. 引用名人诗句切入，创造浓厚的文学氛围

名人名言、诗词、典故等是人类智慧的精华，能流传下来就是经典。在演讲时选择与主题有关的名言等作为切入点，可以为演讲主题营造一种富有哲理的氛围。以抒发情感的诗句为切入点，可以把观众的感情调动起来；以具有深刻意义且耐人寻味的典故为切入点，可以将观众迅速带入演讲者想要营造的主题氛围中，能够唤起观众的类比联想，使演讲内容更具象征性。

2. 悬念切入，调动观众的好奇心

设置悬念能够有效地抓住观众的注意力，调动观众的情绪。因为人人都有一颗好奇的心，平平淡淡的语言很难调动观众的情绪。在演讲中切入与主题相关的悬念，再加以恰当的烘托渲染，能使观众急欲了解谜底，再顺势引入主题，使观众在接受谜底的同时也接受了主题，更容易深入人心。

例如，演讲《让爱永驻人间》的开头切入："世界上有这么一种东西，它能使你在浩瀚无垠的戈壁沙漠中看见希望的绿洲；它能使你在千年不化的冰山雪岭中领略温暖的春意；它能使你在雾海苍茫的人生旅途中拨正偏离的航向；它能使你在荒凉凄冷的孤寂里收获快乐的果实。它是无形的，却有着巨大而有形的力量；它是无声的，却鸣着神奇如春雷一般的回响！也许有人会问：是什么如此伟大、如此神奇？它就是——爱！"

演讲者很好地运用了悬念切入的方式，先引发观众的思考，同时让观众认同所铺垫的内容，继而观众就会想要知道问题的答案。而在演讲者回答问题的同时，也就引出了演讲的主题。

3. 故事切入，引发观众联想

以讲故事作为演讲的切入点，使观众由此产生联想，阐述的道理就会更集中、鲜明，也使演讲显得更富有文化底蕴。例如，一位演讲者以"论自我介绍的魅力"为主题进行演讲，演讲一开始，他讲述了一个真实的故事。

"曾经一位全职妈妈创业找融资时，给著名的投资人徐老师发了一条短信，共三句话。第一句：我是北大毕业的；第二句：现在在开淘宝店，淘宝店的销售额已经3000万元了；第三句：但是我陷入了迷茫，您是一位心灵导师，能不能开导开导我？

"徐老师看到这条短信，3分钟后就打了电话过去，当天下午他们就约好见面。谈了4个小时后，徐老师就打算投资她了。这位全职妈妈就是电商平台蜜芽的创始人。经过五轮融资，现在这家公司已经估值超过100亿元。所有这些都源于一个三句话的自我介绍，这个介绍就是一个典型的故事。故事有转折，有矛盾、有冲突，能引发他人联想。北大毕业生怎么开淘宝店了？销售额已经3000万元了，居然能做出这样的成绩？销售额都3000万元了为什么还迷茫？这些转折引人联想，最后再将徐老师当作心灵导师，徐老师一听很开心啊！"

这个故事虽然简短，但结构完整，而且能够激发观众无穷的好奇心和各种联想，吸引观众的兴趣和注意力。

4. 反向切入，启发求异思维

正向切入演讲主题是顺理成章，反向切入则是出奇制胜。反向切入并不是与正向对立，而是脱离观众所熟知的视角，出人意料地独树一帜。反向切入与观众的思维定式构成一定的反差，让观众的惯性思维受到"挫折"，从而带入新鲜的内容，调动观众的积极性，使演讲渐入佳境。

例如，在一场《我推崇敢于自我否定的女性》的演讲中，演讲者是这样切入主题的："有人推崇事业上有所作为的女性；有人推崇生活中温柔、贤良的女性；还有人推崇不但在事业上有所作为，而且生活中温柔贤良的女性。我却推崇敢于自我否定的女性。"反向切入的方法可以挑起观众的兴趣，使观众被演讲者不一般的见解所吸引，更有助于话题的展开。

话题的切入点远不止以上几种，只要演讲者肯花心思、下功夫，不断尝试创造性的探索，是不难找到最佳切入点的。

四、巧用思维模式

即兴演讲时，演讲者怎样才能做到有话可讲、张口就来且有理有据呢？这就需要演讲者掌握一些思维方法，并在日常生活和工作中勤加练习，以养成思维惯式，这样自然就不会出现无话可讲的尴尬了。演讲者要根据即兴演讲的主题，灵活运用不同的思维方法，拓展自己的思维，才能讲出更有深度、更有见解的观点，从而提升自己演讲的魅力。

1. 逆向思维

所谓逆向思维，就是凡事都可以反过来想想，"反其道而想之，反其道而行之"。同一个问题，有时只需反过来想想，就多了一条甚至几条出路。只是看自己能不能灵活变通，化褒为贬或化贬为褒，这就是逆向思维法。

例如，在职场，如果有一天领导对你说："×××，你这个人就是这山望着那山高。"这句话在这个语境中肯定是贬义的，可是运用逆向思维法，我们可以这样回答领导："领导，您说得对！我有时想法是多了一点，但如果在咱们单位里，每个人都有创新思维的话，局面一定会不一样的。您看，现在一切都在变化，像以前我们认为现代化就是楼上楼下、电灯电话，但今天'嫦娥'都奔月了，我们还要开发火星、开发外太空。其实，仔细想一想，社会发展都是那些不满足现状的人推动的。因此，我们确实要有这山望着那山高的精神，不能太满足于现状。"这样就是化贬为褒，也就是逆向思维法。

又如，运用逆向思维进行立意的演讲"叶公好龙，有何不可"。

"叶公好龙，大家都知道其传统释意是比喻名义上爱好某事物，实际上并不真的爱好。

"其实，同一种爱好在不同的人身上，程度也会有所不同。有的人可能到了入迷的程度，有的人可能只是一般爱好。但不论是哪种爱好，都可以说是爱好。而且，叶公把他家中的所有用具都画上了龙，甚至连墙壁、屋顶上也到处都画满了龙，如果说这还不算喜爱，那么还要怎么样才算喜爱呢？

"萝卜青菜，各有所爱，每个人都有选择自己喜爱的目标并确定喜爱程度的权利。谁都没有见过真龙，叶公见到真龙，一时感到害怕，也是自然的；而且一时的害怕，不等于他对真龙永远感到害怕，更不等于他永远都讨厌真龙。退一万步说，即使他永远不喜爱真龙，而只喜爱假龙，也不能说他不喜爱龙，或者说他就是假喜爱龙。"

与常规思维不同，逆向思维是用绝大多数人没有想到的思维方式去思考问题。运用逆向思维去思考和处理问题，实际上就是以"出奇"达到"制胜"。因此，逆向思维的结果常常会出人意料，让人另有所获。

2. 纵深思维

纵深思维也就是由外而内的、从表象到本质的深层思考方式。从一般人认为不值一谈的小事或无须作进一步探讨的定论中，探索更深层的被表象掩盖的事物本质，即"透过现象看本质"。纵深思维的思维轨迹一般为：从表象入手、从定论入手，做深入探讨、层层分析，如剥洋葱一般，力求弄清事物的真相。

例如，下面这个从"突击打扫卫生"所想到的即兴演讲。

"有一个同学曾评价过我们学校：除了教学之外，抓得最紧的两件大事，一件是做早操，另一件是突击打扫卫生。学校突击打扫卫生，似乎具有了一定的规律性。凡是有人来学校检查或参观，校内便会有一次大规模的突击打扫卫生，有时甚至不惜停课来打扫卫生。（现象简述）

"'突击打扫卫生'，从正面和负面两个方面给我们和学校分别带来了不同的影响。从正面看，每一次的突击打扫卫生，都确实提高了校园的清洁卫生水平，增强了同学们注意保持环境卫生的自觉意识，也有助于推动一部分同学改正不讲卫生的不良习惯。

"但是，正面与负面两相比较，负面的影响更大一些。因为这种突击行为是在培养一种'重在表面'的弄虚作假作风。这种打扫卫生，不是出于自身应当讲究卫生的内在需求，而是为了表现出学校卫生水平高的表面虚荣。如果说这种突击有助于推动一部分同学改正不讲究卫生的不良习惯的话，那么它同时也在引导全体同学学习如何弄虚作假，如何做表面工作。（现象分析）

"'突击打扫卫生'其实也有它合理的一面。我们不要说学校，就说一般的家庭吧，每当有客人要来，尤其是重要的客人要来时，谁家不是先要把家里打扫整理一番，甚至于主人自己还要梳洗打扮一番呢？这是讲文明、讲礼貌的基本表现，也是对来客表现出应有的尊重。难道说，让前来检查或参观的人看到一个又脏又乱的校园，反倒更能够让来客感受到全校师生精神文明的高水平吗？

"但是，我们更应当看到，突击打扫卫生，就像老师所说的，是一种治标不治本的行为。一所学校、一个人是不是讲究卫生，更主要的还是要看其一贯表现、一贯水平。这种突击行为毕竟只能有一种短时效应，不能代表真实水平。这种弄虚作假的行为如果能够获得成功，对于学生的思想道德的伤害实际上更大。"

3. 发散思维

发散思维，又称辐射思维、放射思维，指大脑在思考时呈现的一种扩散状态的思维模式。它表现为视野广阔，思维呈现多维发散状。不少心理学家认为，发散思维是创造性思维的最主要的特点，是测定创造力的主要指标之一。

从同一问题中产生各种各样的答案，对同一种事物产生各种各样的想法，在处理问题中寻找多种多样的解决途径。

例如，下面这个题为"手的联想"的即兴演讲。

"手的最基本的动作是弯曲和伸展，我们从中可以领悟到一种人生的策略。处于逆境时，不妨退一步，让危急的形势缓和一下，待时机成熟再大步前进。勾践兵败之后，卧薪尝胆，忍辱负重，终有雪耻之日。适时进退，能屈能伸，乃大丈夫之所为也。

"手有五个指头，长短不一，可从没有人想把它们削齐，什么道理呢？'尺有所短，寸有所长'，正如五个指头各有长短而各有其用一样。今天在座的各位，同样各有所长，只要在社会中找准自己的位置，就都能有一番大作为。请坚信，天生我才必有用。

"手又像一个集体，当五个指头攥成一个拳头时，便可击倒强大的敌人。一个班级如此，一个团体如此，一个国家也如此。全班同学努力，会把这个班级建设得充满活力；全国人民万众一心，就能把我们的国家建设成为富强之邦。团结就是力量！这是一句颠扑不破的至理名言。

"俗话说，'手心手背都是肉'，这是一种平等的意识。男人是人，女人也是人；聪明可爱的孩子是祖国的花朵，愚笨丑陋的孩子不也是祖国的花朵吗？国有企业是我国经济建设的主体，私有企业同样有资格参与市场竞争。今天，平等已成为一种广泛的社会要求，平等的观念日渐深入人心，中国将会因此而更加充满活力和希望。"

4. 综合思维

综合思维是前面三种思维模式的综合运用。事实上，人们在思考问题时，一般都是将各种思维综合在一起使用的。

例如，下面这个题为"走自己的路，让别人去说吧"的即兴演讲。

"'走自己的路，让别人去说吧'是但丁的一句名言。几百年来，这句名言鼓舞了一代又一代的人勇敢开拓、奋勇进取。

"但是，即使是真理，如果运用不当，也会如同谬误。此名言在使用时，要注意辨析'别人'二字的内涵。但丁在此语中，虽未做说明，但实际上是有特定内涵的。我们不应当把出于善意、关心而提出建议、规劝的亲人和朋友也归入不予理会的'别人'之列。要知道，'兼听则明，偏听则暗'。

"兼听，还包括对'听'的内容加以分析的意思。究竟是裹着糖衣的毒果，还是苦口诤言的良药，正确的态度是：慎重对待，认真思考，'取其精华，去其糟粕'。

"市场经济多变的特点，使得我们常常会在全新的形势下，做出前人从未做过的决断。因此，在做出重大决定之前，应多听听不同意见；即使是不怀好意的嘲讽，也对其给以一定的思考、分析，这常常是必要的。

"即使某一重大决策已付诸实施，但形势的发展变化也要求我们能够在决策基本不变的情况下，针对内部和外部情况的变化，加以适应性的微调，以更有利于既定目标的实现。而广泛听取意见，尤其是不同的意见，是使'微调'正确无误的有效保证。

"这也就告诉我们，'走自己的路，让别人去说吧'其实是有特定的适用范围的。"

五、组织内容框架

演讲者确立了演讲主题后，就要围绕主题精心组织材料，进行论证。即兴演讲一般无法在事先做充分的准备，完全依靠即兴抓取材料。材料的来源，一是靠演讲者平时的知识积累，二是源于眼前的人物、事物、景物等。演讲者需要快速组织演讲内容，可以就地取材，也可以借题发挥，总之要考虑内容的感染力和针对性。

快速组合即兴演讲的内容，就是要在极短的时间内解决好"说什么"和"怎么说"的问题，也就是组织好即兴演讲的框架。

演讲者可以采用以下几种方法来组织演讲内容。

1. 并列式

并列式就是将主题分解成若干个小点，每个小点既各自独立又互相联系，能共同阐明同一主题。这种内容的组合方式可使演讲条理清楚，极具力量和气势。

运用并列式组织内容，可以将主题所需要的材料、例证等内容进行分块，每一块用一个关键词进行概括。在演讲时，只需记住关键词的顺序，就可以按关键词展开叙述了。这种方法既能使演讲者条理分明，也能让观众在演讲过程中理出清晰的思路。

🕐 小故事大道理

并列式组织内容，结构清晰

我觉得今天的典礼意味着我们的下一代已经优秀地完成了融入社会的第一课。（开场白）

这里有几件小事，想和大家分享一下。

第一件事是我家孩子有一次错拿了小朋友的玩具，第二天他不仅主动将玩具还给了小朋友，还给小朋友带了几颗糖果表达歉意。我觉得这代表他学会了和朋友相处。（相处）

第二件事是我家孩子经常对我说，老师很辛苦，老师很疼爱他们。我觉得这代表孩子们学会了感恩。（感恩）

第三件事是我们的孩子真正成长了，不仅是年龄的增长，还有思想的进步、能力的提升，他们学会了互相帮助的集体生活，锻炼了独立生活的能力。（成长）

当然，今天我们的孩子幼儿园毕业了，这代表他们完成了人生的第一步。我希望在座的所有家长，今后依然能够继续保持交流。我们家长之间要保持交流，我们和老师之间也要保持交流，所有的老师都是我们孩子的启蒙老师。（结束语）

名师点拨

　　这个作为家长代表所作的即兴演讲，采用并列式方法组织演讲内容，能使演讲者表达的观点更鲜明、内容结构层次清晰，使观众思路通畅，产生共鸣，留下深刻的印象。此外，使用关键词提醒，使演讲者更容易进行流畅的表达。例如，故事中的三件事情可以用三个关键词来帮助记忆，即"相处、感恩、成长"。

2. 正反式

　　正反式就是围绕主题，从正反两方面进行说明。这种对比方式可以使发言的主题更鲜明、效果更突出，给观众的印象也更深刻。

　　任何事物都具有双面性，从事物的正反两个方面进行叙述，更加全面、公正，也更有说服力。运用正反式方法组织内容，可以做到统筹兼顾，思路清晰，避免以偏概全。

　　演讲者可以先从自己并不认同的一方面进行论述，把自己倾向且有把握的那一方面放到后面来说。因为越是后面的讲述，越能给观众留下深刻的印象。相比之下，前面讲述的只是铺垫，后面的才是关键。关键的内容需要用充分的语言和具有说服力的例子反复进行讲述。

3. 总分式

　　总分式是先亮出自己的观点，然后分几个方面进行阐述。这种方式可以使观众对演讲者的观点有清晰明了的认识，有助于提升演讲的整体效果。

4. 递进式

　　递进式是围绕所要说明或论述的问题，先说明"为什么"，继而谈"怎么样"，内容层层递进、发人深省，以营造更好的演讲效果。

　　即兴发言虽不能像其他类型的演讲那样讲究谋篇布局，但也要结构合理、错落有致、逻辑严密、轻重得体，切忌颠三倒四、离题万里、拖泥带水、重复拉杂。

┤ **情景还原解析** ├

　　在"情景还原"板块中，嘉宾杨涛的即兴演讲非常成功，他的思路非常清晰，为自己的演讲内容设置了四个关键词，分别为"奉献、学习、成长、发展"。它们之间存在着严密的逻辑关系，提醒演讲者每一步的演讲内容。通过这种层层递进式的内容组织，杨涛简单而直接地说出了自己想要说的话，并且以其出色的口才赢得了在场每一位观众的好评。

5. 现挂

　　现挂是指在即兴演讲时，演讲者根据现场的变化随时组织语言与观众互动，带动现场气氛。现挂既能与观众互动，又能展示演讲者思维的敏锐，能够极好地带动现场的气氛。现挂包括以下三个方面的内容。

（1）挂观众

　　挂观众就是演讲者即兴提及现场的观众以及他经历的一些趣事。观众很喜欢这种方式。现挂依靠的是观众现场的反应，需要演讲者要有一定的敏感度，善于观察和发现观众在现场发生的趣事。

（2）挂热门

　　挂热门是指演讲者把最近的新闻或热门词语用到演讲中。演讲者在平时应多关注一些热门新闻，在演讲前搜索一下近期的热门事件或关键词，然后把它适当地运用到演讲中，用现挂来调节现场的气氛。

（3）挂趣事

挂趣事是指演讲者把现场发生的趣事用到演讲中。用现场发生的趣事来开场，这种即兴的反应也是观众喜欢看到的。

六、设置强有力的结尾

即兴演讲的结束语也非常重要，因为观众对演讲者的印象总是定格在演讲结束的那一刻，所以演讲结束的时刻是整个演讲中最重要的时刻之一。简单地概括演讲的总体内容，与主题契合，或以诗词名言结尾，拔高立意；或以反问句结尾，引发观众深思。

1. 与主体结合，拔高立意

结语可以与主体结合，在演讲进行到尾声时将现场的气氛推向高潮。这样收尾收得自然、简洁、有力，可以称之为"豹尾"。例如，在《我爱长城，我爱中华》的即兴演讲中，演讲者是这样结尾的："雄伟啊长城，伟大啊中华！我登上崇山峻岭的高峰之巅，我站在万里长城耸入云端的城楼之上，我昂首挺立在世界的东方，在祖国的山川大地，向世界的大洲、大洋，向天外的星球宇宙，纵声呼喊：'我爱长城！我爱中华！'"

反问句并不需要观众回答，其作用是引起观众的思索，如"假如有一天，地球真的被人类毁灭了，想一想自己是不是参与其中？"

2. 用诗词名言结尾

如果感觉将气氛调到高潮有点困难，这时就要利用名人名言、诗句等来进一步升华主题。如果前面是用名人名言切入主题，这时用名人名言结尾，还可以起到前后呼应的效果。

例如，在谈到人生中遇到的困境时，可以说："人生的磨难是很多的，所以我们不可对每一件轻微的伤害都过于敏感。在生活磨难面前，精神上的坚强和无动于衷是我们抵抗罪恶和人生意外的最好武器。"（洛克）；在谈到读书的重要性时，可以说："我读的书愈多，就愈亲近世界，愈明了生活的意义，愈觉得生活的重要。"（高尔基）；在讲到劳动与价值的关系时，可以说："较高级复杂的劳动，是这样一种劳动力的表现，这种劳动力比普通的劳动力需要较高的教育费用，它的生产需要花费较多的劳动时间。因此，具有较高的价值。"（马克思）。

七、语言表达精妙得体

即兴演讲要求语言信息密度大，所以演讲者要言简意赅、言之有物，融入情感，把握好语调的高低起伏，使演讲中的语言表达精妙、得体。

即兴演讲对演讲者语言表达的具体要求如下。

1. 简明扼要，符合观众风格

即兴演讲时，演讲者的语言表达要简明扼要，生动形象，根据观众的不同特征选择不同的语言风格，或朴实直白，或热情豪放，或幽默风趣等。演讲者在演讲时，要尽可能个性化、人性化，只有独特的、符合观众风格的演讲才会吸引他们的注意。

演讲者表达主题内容时要有实际依据，不能表达没有根据或对观点不确定的内容，不然很容易引起麻烦和误解。在正式演讲时，对幽默元素一定要细细斟酌，要在提起观众兴致的同时对其有所启发。但是，注意不要评论在场的人，而是要面对他们，与他们沟通交流，不可带有人身攻击；可以适当地进行自嘲，但不可过分，否则会引起观众的反感。

无论哪种语言风格，都要确保主题明确，围绕主题进行语言表达，不能太随性，想到什么说什么，而要言简意赅、准确传神。

2. 言之有物，融入情感

即兴演讲时，以情感人更能达到演讲的效果。即兴演讲是最能体现人们智慧的表达方式，因为它的原则就是要用心讲话，不能流于形式。演讲者在表达演讲主题时要言之有物，融入情感。带有情感的演讲更容易吸引观众，感染观众，打动观众，而空洞的语言只会让观众感到乏味，甚至让观众出现打瞌睡的现象。

用心思，讲真话，动人心，这是即兴演讲的最佳境界。其实即兴演讲最重要的是中肯实在，能够让观众身临其境，句句说到观众的心里，自然会得到他们的赞赏。

3. 以口语为主，巧用修辞

即兴演讲应以口语短句为主，巧用比喻、排比、设问、反问、引用、反复等修辞手法。注意过渡词、句、段的使用，加强衔接。避免语言陋习，避免粗话、碎屑语和方言。

4. 语调高低起伏，激情振奋人心

在一些号召式的即兴演讲中，号召性的语言一定要充满激情地喊出来才能振奋人心，如"让我们为中华民族崛起而读书，为中华民族崛起而奋斗"。在演讲过程中，语调要有高低起伏的变化，能够把气氛带向高潮，给观众留下深刻的印象。

有感而发的即兴演讲

⏰ 小故事大道理

参观卫星发射中心时的即兴发言

同志们好！

以前我对航空航天技术不太了解，只是在看《新闻联播》时，看到有人一按电钮，火箭"嗖"地就上天了，然后就看到电视屏幕上好像心电图似的波纹。后来，就听到报告说正确入轨了，全国人民特别高兴。我就想这是好事啊，那我们就多按几回呗！

今天我们参观了卫星发射中心以后，看到了大家这么辛苦，发射架那么高，真是不容易啊！我是全国拥军模范，每到"八一"建军节时，就送给子弟兵每人一件背心。在这里，我也答应大家，送给在座的每位科学家一人一件背心。

我女儿就读于北京航空航天大学。这个学校非常好，很多孩子都是本硕连读的。这些孩子毕业以后就来到咱们的队伍中，我们不愁人才。我就想我们的航空事业以后一定会快速发展，赶超其他国家！

名师点拨

这是一位农村干部参观完卫星发射中心后的即兴发言，通篇没有说到航空航天方面的专业知识，但她的发言很有层次和逻辑，以时间为轴，从过去、现在，想到未来的发展。这位农村干部的即兴演讲，语言表达流畅自然，融入自己的真情实感，以口语为主，通俗易懂，言之有物，中肯实在，成功地吸引了观众的注意，并感染了观众，赢得了观众的赞许与掌声。

回顾·思考·讨论·应用

一、单元知识要点

初识即兴演讲：即兴演讲的特点、类型、要求和禁忌。调整即兴演讲的紧张情绪：回避目光法、呼吸松弛法、自我陶醉法、注意力转移法、语言暗示法。即兴演讲的策略：调整心态，明确主题，精准切入，巧用思维模式，组织内容框架，设置强有力的结尾，语言表达精妙得体。

二、选择题

1. 即兴演讲按演讲形式来划分，可以分为（　　）。

　　A. 命题性即兴演讲和随意性即兴演讲

　　B. 主动式即兴演讲和被动式即兴演讲

　　C. 说明情况的即兴演讲和主持人的即兴演讲

　　D. 激情迸发时的即兴演讲和参观访问时的即兴演讲

2. 下列不属于即兴演讲要求的是（　　）。

　　A. 对演讲者的要求　　　　　　　　　　B. 对演讲内容的要求

　　C. 对演讲场合的要求　　　　　　　　　D. 对演讲方法的要求

3. 即兴演讲是靠演讲者临时发挥，快速构思，当即打腹稿，运用就地取材、展开联想、借题发挥等方式进行的临时性演讲，所以即兴演讲具有（　　）。

　　A. 广泛性　　　　　　B. 灵活性　　　　　　C. 精练性　　　　　　D. 临时性

4. 下列不属于即兴演讲主题提炼方法的是（　　）。

　　A. 自我调节　　　　　B. 就地取材　　　　　C. 借题发挥　　　　　D. 角度创新

5. 下列关于即兴演讲语言表达描述不正确的是（　　）。

　　A. 简明扼要，符合观众风格　　　　　　B. 语调高低起伏变化，激情振奋人心

　　C. 言之有物，融入个人真情实感　　　　D. 以专业术语为主，多用长句，少用修辞

三、问答题

1. 即兴演讲有哪些特点？即兴演讲的要求包括哪些具体内容？

2. 即兴演讲如何提炼、表达主题？

3. 即兴演讲内容组织方式有哪几种？

四、实践与应用

1. 即兴演讲训练

（1）获奖感言模拟演练。假设在公司的年底总结会议上，你所带领的团队被评为优秀团队，你作为团队的组长上台领奖。请模拟演练获奖感言，注意内容组织形式，可以按提出主题、举例论证、呼吁行动的框架组织内容，还要注意开场白和结束语，能够吸引观众的注意，给观众留下深刻印象。

（2）汇报工作演练。假设你所在的公司突发临时状况，领导针对此事召开紧急会议，请你说明情况，对此事做工作汇报。请同学们做即兴演讲演练，可以参考"问题—原因—解决方案"的内容组织形式进行演练。

（3）同学聚会即兴发言训练。在聚会中，同学邀请你进行即兴演讲。演讲时，注意观众的风格

特征，主要训练同学们的逻辑思维能力和语言表达能力。

2. 应变能力训练

请设想，遇到下列情况应该怎么办。

（1）在学校组织的迎新春联欢会上，你作为主持人，如何克服紧张心理？

（2）在参加演讲比赛时，出现忘词或失误时，如何处理？

3. 逆向思维训练

多角度提炼即兴演讲的主题，确定主题。可根据以下内容思考内容框架的组织模式、表达主题的技巧等。

（1）员工感恩领导。

（2）选择大于努力。

（3）近朱者赤，近墨者黑。

（4）有得必有失。

第八单元
展示职场才能的语言表达

8

在职场中，拥有良好的语言表达能力有助于提高工作效率，减少沟通时间，也有助于展示个人魅力，建立良好的人际关系。不管是求职面试、竞聘演讲、汇报工作还是述职演讲，职场表达能力都是必不可少的能力，是提升职场竞争实力、促进职业发展的有力武器。

课前思考

1. 在求职面试时，求职者要如何进行自我介绍？如何回答面试官的提问？进入公司后，要如何向上司汇报工作？

2. 在竞聘时，怎样做出精彩的演讲？在就职演讲和述职演讲时要注意哪些事项？

> **情景还原**
>
> ### 没有被表扬的努力
>
> MT公司在年初制定了年度销售额增长20%、在新市场X市的市场占有率达到10%的目标。经过层层选拔，销售员冯磊被杨涛派到X市开发新市场。
>
> 到了X市，冯磊发现这里的市场竞争非常激烈，大客户几乎被几个本地的大公司瓜分了，而小客户相对来说受到的重视比较小。冯磊立即确定了方案：要想打开这里的市场，只能先从小客户入手，等到站稳脚跟以后再慢慢向大客户渗透。
>
> 冯磊埋头苦干了几个月，取得了一些小小的成绩。一次，杨涛来X市出差，顺便来视察冯磊的工作。
>
> 冯磊滔滔不绝地向杨涛汇报了自己这几个月以来所做出的努力，包括如何争取本地客户、打开新市场如何困难……他想先诉说自己的辛苦，再说自己取得的成绩，以为这样杨涛会对他更加刮目相看。没想到杨涛突然打断他的话，说："你还记得公司今年在X市的销售目标吗？"
>
> 冯磊说："目标是市场占有率达到10%，经理，虽然我还没有达到这个数字……"
>
> 杨涛再次打断他："那你就应该把精力放在开发大客户上！总是围着小客户打转能做出什么成绩？"
>
> 杨涛说完以后就离开了，冯磊想再给杨涛汇报更多的情况，但杨涛已经不给他时间了。杨涛回到公司以后，就一纸调令把冯磊调回了公司。
>
> 请分析案例中冯磊在汇报时哪里出现了问题？要想获得杨涛的认可，他应当在开发市场的过程中如何做？

专题一　求职面试表达

求职面试是指在特定的时间和地点，由面试官与求职者按照预先设计好的目的和程序进行面谈，相互观察和沟通的过程。招聘单位可以通过面试全面了解求职者的表达能力、个人经历、知识素养和思维能力，而求职者也可以了解招聘单位的情况，以及自己在该单位未来的发展前景，并将个人期望与现实情况做对比之后找到合适的结合点。

一、求职面试的特点

求职面试具有以下特点。

1. 以谈话和观察为主要工具

在面试过程中，面试官向求职者不断提出各种问题，求职者则针对面试官的问题进行回答，所以谈话是面试的一个主要工具。面试官要正确地把握提问技巧，从而有针对性地了解求职者在某一方面的情况，同时准确驾驭面试的进程，营造良好的面试氛围；而求职者要灵活应对，通过语言把自己的良好形象和工作能力传达给面试官，赢得面试官的认可。

观察是面试过程中的另一个主要工具，求职者要仔细观察面试官的非语言行为，包括面部表情、身体语言，借助面试官的表象层面推断其深层心理。同时，求职者也要善于倾听面试官的话，对面试官的提问进行适当的回应。同时，求职者要边听边思索，及时归纳整理，抓住问题的关键之处。

2. 求职者与面试官双向沟通

在面试过程中，面试官与求职者之间是一种双向沟通，面试官可以通过观察和谈话来了解、评估求职者，而求职者也可以通过面试官的行为来判断面试官的价值判断标准、态度偏好、对自己的满意度等，从而不断调整自己在面试中的表现。同时，求职者还能通过面试了解招聘单位和意向职位的情况，以决定自己是否接受该单位的聘用。

3. 面试具有明确的目的性

求职者和面试官在面试时都有着明确的目的，求职者想要通过面试了解招聘单位及工作的情况，并通过语言和行为向面试官展示自己的能力和意愿，说服面试官自己能胜任工作，从而获得入职；而面试官的目的是了解求职者的工作能力，看其是否能胜任求职岗位，并将该求职者与其他求职者做比较，以确定最合适的人选。

4. 面试按照特定程序进行

面试是按照预先设计好的程序进行的，如表8-1所示。

表8-1　面试的特定程序

面试的特定程序	说明
准备阶段	本阶段包括确定面试目的，科学设计面试问题，确定面试的时间和地点等。面试官事先确定面试的事项和范围，了解求职者的资料
开始阶段	面试官先从求职者熟悉的问题开始提问，如询问求职者的工作经历、教育经历等，再过渡到其他问题，这样可以消除求职者的紧张情绪，营造和谐的面试氛围，客观地了解求职者
正式阶段	此时面试官会采用灵活的提问和多样化的形式来交流信息，所提的问题一般是根据简历或应聘申请表中发现的疑点提出的，先易后难
结束阶段	面试官在问完问题之后，询问求职者是否有问题要问，是否有要补充或修正的地方
评估阶段	面试官会在面试结束后根据面试记录表评估求职者，对求职者的不同侧面进行深入评价，同时横向比较，以确定是否录用

二、求职面试时自我介绍的技巧

在面试一开始时，面试官一般会要求求职者做一个自我介绍，这不仅有助于面试官了解求职者的大概情况，还可以考查求职者的语言表达能力、逻辑思维能力和应变能力。求职者可以通过自我介绍展现自己的实力和能力，给面试官留下深刻的印象。因此，求职者要重视面试中的自我介绍环节，掌握正确的自我介绍技巧。

1. 举止大方，充满自信

求职者在自我介绍之前要先礼貌地向面试官表示问候，举止要得体、大方、自然，面带微笑，充满热情，这样不仅可以表示对面试官的尊重，还能吸引面试官的注意。

在进行自我介绍时，求职者的眼睛不要东张西望、游移不定，否则会给面试官一种漫不经心、做事不认真和注意力不集中的感觉。求职者的目光要专注，与面试官保持目光接触，但也不要目不转睛地盯着面试官。

求职者要充满自信，表现从容，不能慌张、语无伦次，也不要随随便便、装腔作势，应当展现出亲切、自然、友好、自信的风度，使自己看起来稳重大方。

在自我介绍时，求职者的语调要自然，语速正常，发音清晰，切忌用背诵、朗读的口吻介绍自己。可以在面试前多练习几次，尽量让自己的声音听起来流畅自然，充满自信。在介绍完毕以后，求职者要向面试官和在场的其他人员致谢。

展示职场才能的语言表达

⏰ **小故事大道理**

最后的失败

张华在大学毕业时的求职意向是国际四大会计师事务所。经过层层筛选，张华如愿进入普华永道和安永的最后一轮面试，这时他要与会计师的合伙人见面。能在数千求职者大军中见到合伙人实属不易，正是因为来之不易，让张华更紧张了。

在见到普华永道的合伙人时，张华叫错了合伙人的名字。面试完以后，他在离开时把包忘在了合伙人的办公室里。在见到安永的合伙人时，全程用英文面试，张华重复一个单词数遍，唯恐对方听不清，直到合伙人打断他的发言，说已经明白了他的意思，他才知道应该适可而止。结果，两家国际一流的会计师事务所都把他拒之门外。

名师点拨

该故事中的张华在与合伙人谈话时，由于害怕失败，显得很紧张，出了不少错，让合伙人觉得他不专业，所以拒绝了他。张华应当做足准备，在面试前熟记合伙人的名字，同时放平心态，用流利而简洁的语言阐述重点内容，用得体和大方的言谈举止给合伙人留下深刻的印象。

2. 控制时间，重点突出

自我介绍应当内容精练，重点突出，一般在2~3分钟就可以表达清楚。如果求职者在自我介绍时花费的时间太长，没完没了，面试官会心生反感，降低对求职者的好感度。

自我介绍一般包括姓名、年龄、学历、籍贯、性格、特长、爱好、工作经历等，但在具体说明时不用面面俱到，而是主题鲜明，直接切入主题，合理组织内容，做到详略得当。

自我介绍的重点内容一般包括以下几点。

（1）个人基本信息

求职者首先要介绍自己的个人信息和专业特长，包括姓名、年龄、教育背景和与意向职位相关的特长等。

（2）实践经验

实践经验主要包括与意向职位密切相关的实践经历，如校内活动经历、实习经历、社会实践等，求职者在自我介绍时要清楚地说明实践的时间、地点、所做的具体事务等。

（3）获得的成就

获得的成就可以说明求职者的能力水平，主要包括与意向职位相关的个人业绩，如校内活动成果、校外实践成果等。

（4）意向和目标

求职者在自我介绍的最后要说明自己的职业目标和理想，包括对自己的意向职位、行业的看法，职业生涯规划，对工作的热情和兴趣等。求职者在谈论自己的实践经历和经验时，一定要简洁、明快，切忌漫无边际，东拉西扯，重要的、关键的可以谈，但与面试无关的最好别谈。

3. 不说空话，陈述事实

有的求职者为了给面试官留下良好的印象，在自我介绍时堆砌了很多夸赞自己的话语，这种炫耀自己和夸夸其谈的介绍只会给面试官留下负面印象。招聘单位很注重求职者的真实本领，与其说那么多空话，不如实实在在地举出在工作中的实际案例，以此来证明自己的工作能力。事实胜于雄辩，用工作经历作为论据，要比一串空洞的形容词更有说服力，更容易获得面试官的信赖和认可。

4. 客观介绍，留有余地

求职者要客观认知自己的能力，在自我介绍时不要过于主观地把话说得太满，显得自己无所不能，否则一旦发生意外情况，只会让自己尴尬万分。因此，求职者要避免使用保证式或绝对式的语言，如"我对这项业务非常熟悉，保证可以完美地履行工作职责""如果我在这一职位上，一定会让销售额在两个月之内翻倍"等，这样的话没有具体内容，只有吹嘘，会引起面试官的反感，一旦面试官追问到底，求职者回答不上来，就会陷入尴尬的局面，使自己的谎言不攻自破。

另外，求职者在介绍完自己的优点之后，也要适当说一下自己的缺点，但要强调自己克服缺点的愿望和努力。

三、求职面试时应答的技巧

尽管面试是求职者与面试官之间的双向沟通，但求职者在面试过程中仍然以应答为主，以提问为辅。面试官的风格各异，面试程序和模式也不尽相同，但有一些问题是面试官普遍要问的，求职者要对这些问题准备充分，灵活应对。

面试官一般会提出两种问题，即规定性提问和自由性提问。规定性提问是指面试官早就准备好的、对每一位求职者都要问的问题；自由性提问是指面试官随意穿插的问题，往往范围宽泛，十分灵活，面试官可以从求职者的应答中发现他们的突出能力或不足之处。不管是哪一类问题，求职者在应答时都要掌握以下基本技巧。

（1）条理清晰，把握重点。求职者在回答问题时要先说出结论，然后再发表议论。回答问题的语言要简洁明了，有理有据，突出重点，切忌长篇大论，让对方不得要领。

（2）具体明白，避免抽象。面试官总是会问一些有关求职者的具体情况，求职者切不可简单地以"是"或"否"来应答，应根据问题的不同，或解释原因，或说明程度。如果不说得具体明白，而是过于抽象，就很难给面试官留下具体的印象。

（3）确认提问内容，避免答非所问。求职者在面试中，如果对面试官提出的问题摸不着头脑，不知从何答起，或难以理解对方问题的含义，可以请面试官将问题复述一遍，并谈一谈对问题的理解。请教面试官以确认内容，这样才会有的放矢，不至于答非所问。

（4）见解独到，具有特色。面试官在考核求职者时会问到很多相似的问题，也会听到很多遍相似的回答，因此面试官难免会有乏味、枯燥的感觉。只有求职者发表独到的个人见解和具有个人特色的回答，才会引起面试官的兴趣和注意。

（5）实事求是，切忌不懂装懂。求职者在遇到自己不知道、不会回答的问题时，一定不要默不作声或不懂装懂、牵强附会，而应当诚恳地承认自己的不足之处，这样反而会赢得面试官的信任和好感。

对于一些具体的问题，求职者可以按照下列方式进行应答。

问题 1：你为什么选择我们公司？/ 你为什么来应聘这个岗位？

这个问题主要是用来了解求职者的求职动机、愿望和对工作的态度。求职者在面试之前，应对招聘单位的背景和应聘职位的相关信息有所了解。面试时，求职者应根据自身条件，重点强调和描述自己已经具备的工作经历和能力，证明自己可以胜任该职位。

绝大多数面试官对已有工作经验的求职者提出这个问题，有"你为什么要离开现在的公司"的含义，而有的面试官会直接提出这个问题，这时要尽量客观回答，不要掺杂过多的主观负面感受，如"太辛苦""公司管理太混乱""公司不重视人才"；也不要躲闪、回避，如"想换换环境"；更不要涉及自己的负面人格特征，如"不诚实""懒惰""缺乏责任感"等。

最重要的是，求职者要让面试官相信，自己在过往单位里的离职原因在现在这个单位是不存在的，在解释离职原因时要为自己的个人形象增添光彩，如"我离职是因为这家公司倒闭了，我在公司工作了五年，与同事关系不错，对单位也有了较深的感情。但去年市场形势突变，公司的局面急转直下。到了目前这一步我很遗憾，但也要面对现实，我要重新寻找能发挥我能力的舞台"。

问题2：你有什么优缺点？

这个问题主要是用来了解求职者是否坦诚，以及求职者的优点是否与职位的职责要求一致，而缺点是否会影响到实际工作。

求职者在阐述自己的优点时，要找出一两个与所申请职位相吻合的优点，并举例说明，以证明自己的优点适宜处理工作中的问题，自己非常适合做这份工作。

在阐述缺点时，求职者不要涉及目标职位需要的关键能力，但也不能说自己在工作中过于追求完美、太拼命工作等看似缺点的优点，否则显得太虚伪。求职者可以说自己对某一块边缘知识还不够了解，在学历方面有些不足，并做出计划努力改正自己的缺点。

问题3：你未来有什么职业规划？

这个问题主要是用来判断求职者是否对自己有一定程度的期望，在工作上是否有所规划，以确定求职者目标的清晰性。面试官当然喜欢对自己前途做过认真规划的人，他必须考虑自己所在的公司能否帮助求职者实现人生理想。

不过，求职者在说自己的职业规划时不要把目标说得太绝对，只要回答自己想要往什么方向发展就好了。以技术岗为例，求职者可以这样回答："我喜欢做技术工作，近几年想要踏实地做好技术，如果我的工作表现和绩效比较好，相信公司会对我的发展有所考虑的。"

大学生的职业
生涯规划

问题4：你对薪资有什么要求？

一般来说，当面试官对求职者问出这个问题时，基本说明面试官比较认可该求职者了，因此如何回答这个敏感的问题关系到能否进入该公司。在回答这一问题时，求职者先要明确自己的底牌，自问"我的期望薪资是多少"，要评估自身与应聘职位的匹配度，了解业内行情，并判断自己在该职位能贡献的额外价值和可以获得的成长机会，从而确认自己的期望薪资。如果薪资要求太低，显然就贬低了自己的能力，显得没有自信；如果薪资要求太高，也可能会让面试官觉得狂妄自大，或让应聘单位受用不起。

其实，大部分公司早就设定好了薪资标准，因此求职者在一开始可以把这个问题扔回给面试官，告诉面试官："我相信公司会根据对我的评估确定一个合理的薪资水平。"如果面试官坚持让求职者说出一个具体的薪资数字，那么之前的准备工作就派上了用场，也就是提前通过朋友或其他方法了解该职位的行业薪资标准，做到知己知彼。

问题5：你对加班有什么看法？

很多面试官问这一问题，这并不是一定要求职者加班，只是测试一下求职者是否愿意为公司奉献。求职者要表现出高配合度的诚意，可以参考下面的回答："如果我在本公司工作，会义不容辞地加班，我现在单身，没有任何家庭负担，可以全身心地投入工作。同时，我也会提高工作效率，减少不必要的加班。"也可以这样回答："如果公司有紧急任务，我会义不容辞地加班，但在平时我会提高工作效率，尽量避免加班，毕竟我有一个两岁的孩子，我需要下班回家照顾他。"

问题6：你有什么问题要问吗？

这一问题用来了解求职者的意愿和意见，以及对工作的兴趣和参加工作的迫切程度。求职者切忌直接回答"没有"，也不要直接询问薪资报酬、公司福利等没有含金量的问题，以免让面试官误解。求职者可以通过询问深入了解面试岗位的一些具体要求、公司的培训体系、面试岗位未来的发展状况等。

切记，在问完问题以后，求职者一定要认真听面试官的回答，不要单纯为了问一个问题而询问。

--- 即时演练 ---

全班分组，一组5人，2人扮演求职者，3人扮演面试官。请同学们演练求职面试的场景，注意面试官的提问方式和求职者的应答方式。

专题二　竞聘演讲

竞聘演讲又称竞职演讲，是为了得到某一职位而进行的演讲。通过竞聘演讲，竞聘者可以全面地展现自己的基本情况和素质，向观众营销自己。所以，竞聘演讲是竞聘者能否被聘用的重要依据。

一、竞聘演讲的特点

作为演讲的一种类型，竞聘演讲具有口语性、时限性、临场性和交流性等演讲的一般特征，但由于它是针对某一竞争目标而进行的，所以也具有以下特点。

1. 目标的明确性

目标的明确性是竞聘演讲与其他演讲最主要的区别。一方面，竞聘者一上台就要鲜明地表明自己的竞聘目标，如厂长、秘书、经理等；另一方面，竞聘者选用的一切材料和运用的一切方法都是为了让观众投自己一票，从而使自己竞聘成功。其他类型的演讲则不同，不论是命题演讲，还是即兴演讲，尽管都有目的，但目标有一定的模糊性和概括性，都不太具体。

2. 内容的竞争性

在其他类型的演讲中，内容涵盖的范围非常广，演讲者可以谈天说地，谈古论今，但一般不是凸显自己的长处。但竞聘演讲不同，它的全过程就是让观众在竞聘者之间进行比较和筛选。竞聘者如果过度谦虚，不好意思阐述自己的优点，甚至说自己能力一般，就不可能战胜其他竞聘者。

竞聘者们须各显其能，不管是讲述自身所具备的条件，还是讲自己的履职构想，都要尽可能地凸显出"人无我有""人有我强"和"人强我新"的优势，甚至把本来是劣势的某个方面转换成优势。

竞聘者在演讲时不仅要考虑个人的情况，还要认真分析竞争对手的优劣势，通过比较选择对自己有利的条件和项目并加以表现，从而展示出自己更具有竞争性的方面。

3. 思路的框架性

思路是指竞聘者在演讲时的思维脉络。为了在规定的时间内演讲完，竞聘者要提前做好内容和思路的框架安排，梳理好演讲的逻辑结构，想清楚先讲什么，后讲什么，明确重点阐述的内容和可以一带而过的内容。竞聘者在演讲时所表达的内容要在同一个主题的框架下，突出重点，围绕一个中心，切忌重点过多，中心过多。竞聘者不要奢求在一篇演讲中就可以解决和说明很多问题。

竞聘者可以通过画思维导图的方式在脑海中搭建演讲的整体框架，包括如何吸引观众的注意力，如何展现优势，如何论证案例，以及如何层层递进、有逻辑、有激情地安排演讲的内容。

二、竞聘演讲稿的写作技巧

一场成功的竞聘演讲离不开优秀的竞聘演讲稿。竞聘演讲稿是竞聘者在竞聘演讲之前撰写的准备用作口头发表的文稿。根据演讲稿的内容结构，竞聘演讲稿可以分为以下几个部分，每个部分都有特定的写作技巧。

1. 开头

竞聘演讲的时间是有限制的，所以演讲稿的开头要精彩有力。一般来说，竞聘演讲稿的开头如下。

（1）简洁的称呼

出于对观众的尊重，在竞聘演讲稿的开头应有一个简洁的称呼。例如："尊敬的各位领导，各位评委，各位同事。"由于竞聘演讲较为严肃，所以不适宜用"女士们，先生们"来称呼观众。

（2）问候观众

见面问候是礼貌待人的表现，在任何场合都是必不可少的。问候的同时表示感谢，可以给观众留下谦恭的印象，提升好感度，拉近竞聘者与观众的心理距离。例如："尊敬的各位领导，各位评委，各位同事，大家好！非常感谢各位给我提供了这样一个展示自己的机会。"

（3）用谦和的语气开始演讲

在向观众表示问候以后，竞聘者可以使用更谦和的语气开始演讲，同时表达获得支持的希望。例如："在座的很多人对我已经比较熟悉了，但是今天我想让大家对我有一个更好、更全面的认识。希望各位领导、评委多多指教，更希望我今天的表现能让在座的所有人满意。"

（4）介绍个人情况

即使台下的观众都认识自己，竞聘者也要简要介绍自己的相关情况，如姓名、学历、职务、经历等，以取得观众的信任和认可。

（5）说明竞聘理由

一般来说，人们竞聘主要是因为自身条件符合岗位要求，希望在工作上有进一步的发展等。在开头部分，竞聘者只需用简练的语言说明竞聘理由即可，提出几个要点，点到即止，让观众有一个大致的了解，具体内容在主体部分再详细说明。

例如，竞聘者要竞聘银行销售经理，可以像下面这样说：

"今天能够站在这里竞聘银行销售经理，我深感荣幸。为什么要申请这个职位呢？因为我热爱销售这份工作，把它看作一份事业，而不是一份工作。有一句话令我印象非常深刻：如果你想走得快，一个人走；如果你想走得远，一群人走。在加入公司5年后，我希望挑战自己，我希望通过经理这个职位，带领销售团队在职场上走得更远。银行销售经理是业务营销、客户维护的重要力量，在业务的经营和发展中占重要地位。我希望通过自己5年的经验竞聘这个重要的工作，帮助本行提升销售业绩。"

（6）概括演讲主题

概括演讲主题可以使观众对接下来的演讲有一个初步的了解，更容易把握演讲的中心思想，还能让竞聘者更自然地过渡到演讲的主体部分。

2. 主体

竞聘演讲稿的主体部分一般包括以下几个方面。

（1）介绍自己竞聘的基本条件

基本条件是指竞聘者的业务能力、思想素质和工作态度等。在这一部分，竞聘者要说明自己为什么竞聘，有何优势。竞聘者在介绍自己的基本条件时要有针对性，要针对竞聘的职位来介绍自己的学历、经历、能力和业绩等，不必面面俱到。虽然竞聘者要尽可能地展示自己的优势，但并非对自身的不足之处闭口不言，而是适当说一说自己的缺点，但要强调自己改正缺点的决心和措施，且该缺点与竞聘的条件不冲突。

🕐 **小故事大道理**

让你的优势更具体

为了竞聘部门经理，张玄和李威宏开展了激烈的竞争。演讲时，张玄是这样说的。

"我有较强的敬业精神，对工作认真负责，严格遵守组织纪律，拥有吃苦耐劳的优良品质。我接受新鲜事物的能力很强，也能很快适应新环境，对互联网行业很感兴趣，且思想活跃，可塑性很强。我信奉诚实做人的宗旨，提倡团结，在遇到事情时善于征求他人的意见。我希望这次竞聘成功，可以与同事共同打造一个充满凝聚和战斗力的团队。"

而李威宏在演讲中是这样说的。

"竞聘销售经理这个岗位，我的优势可以概括为一句话：拥有一项核心能力，具备两大专业技术，掌握三方面管理才能。

"我的核心能力就是具备较强的敬业精神，对销售工作认真负责。在过去的 3 年里，我为公司拓展了 20 多个新客户，平均每年的销售额都能增加一倍。

"我的两大专业技术是产品知识和销售技能。我已经掌握了公司核心产品的所有技术特点，还特意编制了一本说明产品特点的小册子。我的个人销售业绩一直处于前三名。

"我的三方面管理才能分别是善于团队沟通、团队协调和解决问题，这也是部门经理最重要的三种能力。"

最后，在竞聘演讲中表现更出色的李威宏成功获得部门经理的职位。

名师点拨

故事中的张玄和李威宏的演讲结果不同，原因在于两人的演讲语言有差异。张玄在介绍自己的优势时说了很多，但都是泛泛而谈，无法给观众留下深刻的印象。要想成功说服观众，让观众印象深刻，竞聘者一定要高度概括自己的优势，用例子和数字来客观地阐述事实，同时与竞聘职位的特点相结合，让观众更好地感受到竞聘者的优势与竞聘的职位相匹配。

当然，竞聘者还可以在演讲时用故事来阐述自己的优势，以打动观众。讲的故事不用太长。竞聘者讲故事可以按四步法来进行，如图8-1所示。

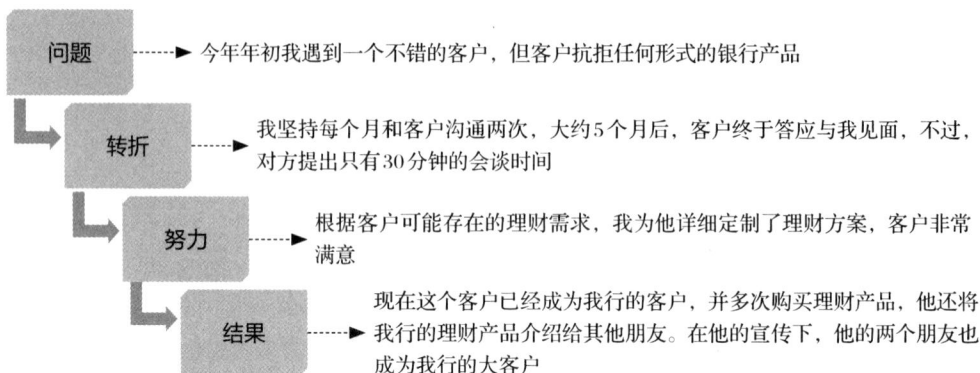

图8-1 讲故事的四步法

（2）具体阐述主题

竞聘者具体阐述主题时，要重点阐述自己对某些问题的理解和看法，并进行适当分析。需要注意的是，有自己的独到见解虽是好事，但竞聘者一定要客观分析，如果主观色彩太浓，会削弱观点的说服力，难以获得认同。

（3）表明自己任职后的打算

观众更关心的是竞聘者任职后的打算，因此竞聘者在演讲时一定要用简明扼要的语言表明自己的观点，紧紧围绕观众关心的热点和难点问题提出明确的目标和切实可行的措施。

很多竞聘者在这一步说得不够具体。例如："如果竞聘成功，我有以下计划：一是增强求实意识，不论何时何地都踏踏实实做事，老老实实做人，不做有损公司利益的事情；二是增强责任心，任何事情都认真去做，一丝不苟；三是增强协调意识，及时做好部门之间的沟通工作，确保工作及时完成。"

这段话说得太抽象、太笼统。要想竞聘成功，竞聘者就要举出具体的例子，说明自己未来的具体规划。例如："如果竞聘成功，根据公司战略定位，我将计划开展如下工作：第一步，将销售目标数字化，分解成年度、季度和月度销售目标，并配有月度和季度考核指标，同时按月度和季度达成率给予销售奖金。第二步，将销售人员按区域划分，每个销售人员都有自己管辖的区域和销售目标，同时制定跨区域销售政策；针对跨区域协作，对销售人员按照不同的提成比例给予奖励。鼓励全方位销售，不丢失每一个客户。第三步，带领和督促下属建立和完善各自管辖区域，完成公司的年度目标，同时发展新客户，维护老客户。"

3. 结尾

一个好的结尾可以加深观众对竞聘者的良好印象，从而有助于竞聘者竞聘成功。结尾一定要精练、简洁，不能拖泥带水。

竞聘演讲的结尾有以下两种方法。

一是表明对竞聘成败的态度，使观众感受到竞聘者的真诚，例如："不管结果如何，我都会以这次竞聘为契机，发现不足，一如既往地做好我的本职工作，不断提高自己，完善自己。"

二是表明自己对竞聘职位的信心，例如："我这次是毛遂自荐，但绝不是自卖自夸，我只是想向各位领导展示一个真实的我。我相信，凭借我的业务能力、踏实肯干和爱岗敬业的精神，我会以饱满的工作热情，奉献我的管理经验，把主管的工作做好。"

三、竞聘演讲的技巧

好的演讲口才可以展现竞聘者的优势和潜力，提升观众的信赖感，使竞聘者在众多竞争对手中脱颖而出。要想做好竞聘演讲，竞聘者需要掌握以下技巧。

1. 用故事表达观点

讲故事具有容易引发观众共鸣、指明问题、明确给出解决方法的优点。虽然竞聘者在演讲时要有逻辑、有激情地表达自己的优势，但如果直接说出来就很容易给人自吹自擂的感觉。因此，竞聘者要搭配以往的成功案例，用一定的数据作支撑，并把自己的优势融入故事中，从而让人信服。

2. 简洁有力，充满自信

竞聘者在演讲前要做好积极的心理暗示，相信自己一定可以成功，克服紧张的情绪。观众不仅能听到演讲本身的内容，还能看到竞聘者通过谈吐所表现出来的自信。竞聘者在演讲时不要说出"可能""也许"等模棱两可的词汇，因为这些词汇会展现出内心的不自信。

3. 展现专业性和价值

在竞聘时，竞聘者所阐述的内容属于自己工作的领域，所以竞聘者一定要事先做好功课，深入研究所在行业的专业知识，以表达对所在行业和职位的深刻理解，展现出自己的专业性和价值。

4. 见解独到，展示独创性

为了更好地展示个人的才能，每位竞聘者的演讲都要根据个人特点展示出独创性。因此，竞聘者在演讲时，不论是对个人基本情况的陈述，还是对工作的设想和安排，都要显示出个性化特征。只有具备一些独到的见解和创新，观众才会有耳目一新的感觉。

5. 所选材料要符合实际

竞聘者在演讲时，所选择的材料应当既对自己竞争有利，又符合实际。竞争并不意味着比赛谁擅长吹嘘，观众在听演讲时也在评估竞聘者的话是否可以在现实中发挥作用并取得效果。如果竞聘者在演讲时提到的管理措施只是凭空"画饼"，如"我当选经理后，会给大家涨工资，给所有在职员工提供宿舍"，观众一般是不会相信的，只有那种发自肺腑、切实可行的管理措施才是最受观众欢迎的。

6. 条理清晰地阐述措施

竞聘者在阐述自己的措施时要条理清楚，主次分明。为了让措施条理清楚，竞聘者可用列序号的方法表示，如"第一点……第二点……第三点……"或"其一……其二……其三……"，并且在点和点之间要用过渡语承上启下，使上下贯通，浑然一体。

7. 语言要准确

竞聘者在演讲时应恰如其分地表情达意。一方面，所谈的事实和所用的材料要符合实际、准确无误。例如，介绍个人学历时，不能把大专学历说成本科学历；在谈业绩时，不能把三次获奖宽泛地说成多次获奖，最好把在什么时间获得什么奖项说清楚，涉及数字时也要尽量具体。另一方面，竞聘者要注意说话的分寸，不要夸大其词，否则观众会产生逆反心理。

8. 注重肢体语言和仪容仪表

竞聘者在演讲过程中不仅要注重说的部分，还要注意自己的肢体语言和仪容仪表，这在很大程度上决定着他人对竞聘者的第一印象。因此，竞聘者在平时就

竞聘演讲与自信心

要注重日常穿着、肢体动作和神态举止等方面的细节。

9. 提前演练，及时调整

竞聘者要事先写好演讲稿，通过写演讲稿理清思路，并提前熟悉场地，在家人或朋友面前多试讲几次，让他们听完后提改正意见，或者自己录音录像，发现问题后及时调整。

专题三 汇报工作

在职场上，汇报工作是每个人必不可少的基本沟通能力。每一名职场人士的成长都伴随着一次次的汇报过程，一次汇报的结果可能会对工作产生巨大的影响。

一、汇报工作的原则

通过汇报工作，职员和上司之间的联系往往变得更紧密，交流也更顺畅，而职员可以在汇报总结和上司的反馈中了解自己的优缺点，上司从汇报中了解职员的工作状态，掌握工作进度。因此，工作汇报使双方实现了双赢的效果。

虽然汇报工作非常重要，但很多职员不知道如何汇报才是正确有效的。有些人只专注于把事情呈现出来，而不明白以何种形式呈现出来才能效果更好。不合理的汇报有时会给汇报人和公司造成不可挽回的伤害和损失。因此，汇报人在汇报工作时，要遵循以下原则。

1. 重点突出

重点突出是汇报工作最重要的一项原则。汇报工作的过程其实是汇报人梳理自己的思路、突出问题或解决问题的过程，能够抓住重点也反映了汇报人的逻辑思考能力。

有些汇报人在汇报工作时缺乏条理性，汇报的内容杂乱无章、缺乏说服力，无法引起上司的重视。汇报人同时汇报多项工作时，应主次分明，逻辑清晰，做到有针对性、有侧重点，按工作的轻重缓急分类，把重要且紧急的工作放在前面说，让上司尽早决策，而把一般重要但不紧急的事情就放在后面说。汇报人切忌盲目表现或表现过度，否则容易喧宾夺主，适得其反。

2. 客观分析

客观分析是汇报工作的中心格调，汇报人要通过翔实的数据进行客观分析，让自己的观点和论点在逻辑层面更具有说服力。一般来说，数据和图表的视觉结合可以唤起人们大脑更高的注意力。数据图表更直观、清晰，也更能反映工作中存在的问题。用数据进行客观分析能反映出汇报人的专业素质，给上司留下精通业务的良好印象。例如："我们在××区域的营业额是1000万元，同比上个月增长了500万元，占比是50%，本月的损耗率是5%，同比降低了2%，客户的满意度是95%，同比上升2%，环比上升5%。"

3. 简明扼要

简明扼要是汇报工作时语言表达的核心要求。汇报人要在短时间内引起上司的重视，而上司一般工作繁忙，能听取汇报的时间有限，所以汇报人要遵循简明扼要的原则，对汇报内容进行归纳和概括。尤其是与上司关注点、工作侧重点和重要节点等相关的内容，汇报人要在汇报前准备好，列出提纲和摘要，准确反映重点节点的信息，让上司可以快速掌握相关情况，并进行决策。

废话连篇、顾左右而言他、绕圈子的汇报方法很容易把上司的注意力消耗殆尽，使上司抓不到重点，自然无法取得良好的汇报效果。

4. 第一时间汇报

汇报工作讲究时效性，汇报人要在第一时间将信息反映给上司。汇报人只有把握好时间，才能真正将汇报工作做到位。汇报人要把握上司的心理预期时间，赶在他预期的时间之前完成汇报，让上司尽早掌握事情发展的动态，并以最快的速度提出应对措施。如果事情紧急但条件不允许，或来不及当面汇报，汇报人可以通过电话、微信进行汇报。

职场上有6个关键时刻，在这些时刻要尽快向上司汇报工作。

（1）一开始做工作计划时。

（2）工作进行到第一个小的阶段，有一定成果时。

（3）工作出现意外情况时。

（4）需要超出权限做决策时。

（5）工作出现错误时。

（6）最后工作完成之时。

5. 主动汇报

很多职员总是等到上司提出要求才想起来汇报工作，这种被动的工作态度说明职员缺乏工作的积极性，对相关的工作和信息不够重视。主动汇报往往可以显示出职员的责任感，提升职员在上司眼中的形象。

除了主动汇报以外，汇报人在汇报时还要主动向上司提供方案，献计献策，所以汇报人在汇报之前必须对汇报内容有深入了解，提前确定措施，拟好备选方案，并结合在汇报过程中上司流露出来的倾向和意图对方案进行修正。

小故事大道理

让上司不放心的员工

陈曦来公司4年了，平时工作认真谨慎，兢兢业业，但她性格比较好强，觉得自己只要工作做好、任务完成就可以了，平时不太和主管接触。因此，陈曦虽然在工作上表现不错，但始终得不到主管的赏识。

和陈曦相反，她的同事王静就很喜欢和主管沟通，经常找主管汇报工作，一天一个小汇报，一周一个大汇报，每个月还会向主管提交一份工作心得和总结。

有一次，公司接了一个大客户的单子，上级非常重视，把这项任务派到陈曦所在的部门。陈曦非常激动，觉得自己一定能在这次任务中展示自己的能力。但令她始料未及的是，在晨会上，主管宣布这个任务的主要负责人是王静。

陈曦在会后找到主管，问："为什么是王静？她的能力明明不如我。"

主管说："王静总是积极主动地汇报工作，让我可以随时地了解她的工作动态。尽管她的能力不是最强的，但她的状态是可控的。这个任务十分重要，不能有任何闪失，如果交给你来办，等于全权委托你，你不怎么向我汇报，我没有办法掌握你的工作进度，这样一来，风险太大，我不放心。"

名师点拨

有些人认为汇报工作只是走形式，自己只要每天做好份内的工作就可以了。其实，汇报工作也是工作的一部分，主动汇报、第一时间汇报也是员工职责的一部分。尽管陈曦工作能力强，但她不主动汇报，不及时让主管掌握工作动态，这也是失职的表现，自然不会获得主管的认可。

6. 明确方向和目的

有的汇报人在汇报时缺乏目的性，不清楚自己所要达到的目的，所以汇报时没有一个固定的方向，这就导致汇报的内容散乱无章，缺乏条理性，说服力不强，自然就不会被上司重视。因此，要想被上司重视，以及接受自己的汇报，汇报人要把握好汇报的方向和目的，有针对性地在汇报中突出自己的想法。

7. 实事求是

汇报人在汇报时应实事求是，确保汇报内容的真实性，绝不能无中生有，刻意隐瞒实情，或颠倒黑白，否则会导致上司做出错误的判断和决策。汇报人在收集资料时要确保资料的来源真实可靠，信息数据分析有凭有据，参考建议有价值。只有这样的汇报才有助于上司做出正确的决策。

8. 设身处地

汇报人要站在上司的角度看问题，在汇报之前先问自己3个问题。

（1）上司已经知道了什么？如果汇报的内容是上司已经知道的，上司会觉得这是在浪费时间，会很不耐烦。

（2）上司不知道哪些影响他决策的背景信息？当汇报需要上司决策，需要上司提供资源时，背景信息就很重要。例如，汇报人在申请增加部门人员编制时，就一定要站在上司的角度，给他充分的背景信息，告诉他目前部门的人员现状如何，工作饱和度如何，新增的人员如何进行工作定位，增加人员的成本是多少，等等。这样才能打破汇报人与上司之间的信息不对称。

（3）上司最关注什么？要想抓住上司的注意力，汇报人就要从上司最关注的点开始。不同层级的上司，关注点也是不同的。一般基层管理者关心绩效，中层管理者关心业务流程和模式，高层管理者更在意公司战略、发展方向和团队文化。

二、汇报工作的技巧

汇报工作讲究效率，并且要让上司掌握重点信息，切忌汇报得杂乱无章，否则只会浪费时间。汇报工作可以分为口头汇报和书面汇报两种。

1. 口头汇报

向上司进行口头汇报是一项常见的工作，看似平常，其实很重要。口头汇报的质量直接关系到能否真实反映自身的工作水平，能否赢得上司的肯定和支持。因此，要想做好口头汇报工作，汇报人应懂得以下技巧。

（1）做好充分的准备工作

在口头汇报之前，汇报人应做好充分的准备工作。口头汇报的准备工作如表8-2所示。

表8-2　口头汇报的准备工作

准备工作	具体内容
资料准备	充分的资料是汇报成功的基础。汇报人必须经过调查了解，掌握准确的情况，收集数据、事例、图片、视频等资料后做汇报

准备工作	具体内容
思想准备	汇报人不仅要消除紧张情绪，还要摒弃无所谓的态度，树立自信，认真对待
内容准备	确定汇报主题，合理安排汇报内容的顺序和层次，对汇报中可能出现的情况和可能被问到的问题提前准备，以做到心中有数

除了做好充分的准备工作以外，汇报人还应具备较好的临场应变能力。遇到上司提问时，汇报人要快速反应，用敏捷的思维沉稳应对，同时注意上司的表情和肢体语言，根据上司的临场反应判断上司对汇报内容的需求，从而及时做出调整。

（2）逻辑清晰，结果先行

汇报人在汇报工作时要逻辑清晰，层次分明，讲究效率，为上司和自己节省时间，创造效益。一般来说，上司喜欢先听结果，所以汇报时要结果先行。汇报人可以采用总分式结构进行汇报，先说结论，后阐述具体内容；先把框架说出来，再说出具体的细节；先把结果说出来，再说出具体过程。汇报人要克服思维的惯性，始终有意识地从上司的角度思考问题，组织阐述的内容。

──┤ 情景还原解析 ├──

在"情景还原"板块中，冯磊之所以被杨涛指责，和他平时不注意汇报自己的工作动态有一定关系。如果冯磊在一开始就告诉杨涛自己已经取得的一些成绩，以及自己先开发小客户的原因，结局可能会有所不同。这说明员工在汇报工作时要养成先说结果后阐述具体过程的习惯，因为上司关心的就是结果，越重要的事情就越要先说结果。

（3）把握汇报时间

汇报工作要把握好时间，一方面是选择适宜的汇报时机，另一方面是把握好汇报工作的时长。

① 选择适宜的汇报时机。汇报人要及时在事前汇报、事中汇报和事后汇报。

• 事前汇报：向上司讲清自己的想法和思路，听取上司的意见和建议，确保不偏离方向，遵守原则。

• 事中汇报：把工作的进度和成效，以及工作中遇到的问题说清楚，以获得上司的肯定和支持。

• 事后汇报：汇报心得体会，反思自己的不足，给工作收尾，然后听取上司的评价，以进一步提高自己的能力水平。

汇报人应选择上司不忙时汇报，尽量选择上司单独一人，且心情不错，有听取汇报的意愿时。这时上司更容易接纳汇报人的意见或看法。

🕐 小故事大道理

你其实没有完成你的工作

陈浩在一家公司做总监助理。有一天，总监对陈浩说："你通知小冯来我办公室一下。"陈浩在公司找了一圈，没有发现小冯，于是打电话给小冯："冯哥，总监让您去一趟他的办公室。"

小冯说："好的，我知道了。我在外边忙业务，马上就回去。"听到小冯这么说，陈浩觉得自己的工作完成了，便回到座位上处理手头的事情。

　　没想到，一个小时以后，总监愤怒地质问陈浩："小陈，你怎么回事？我让你叫小冯来我办公室，怎么他现在还没来？"

　　陈浩吓坏了，说："我通知他了，他说马上就去您的办公室，我以为他早去了呢。我真的通知他了……"

　　总监没等陈浩说完，气冲冲地甩门就走了。陈浩觉得十分委屈。

名师点拨

　　总监让陈浩通知小冯，虽然陈浩的确打电话通知小冯了，但这不算完成了工作，只有小冯进入总监的办公室，陈浩的工作才算完成，打电话通知小冯只是中间的过程。陈浩的疏忽耽误了总监的大量时间。其实，陈浩在打电话以后就应当及时向总监汇报小冯不能及时回公司的原因，此时总监要么会亲自催促小冯，要么换人解决问题。陈浩在汇报时可以这样说："总监，您让我通知小冯，我已经通知了，他不在公司，在外边忙业务，回到公司至少需要一个多小时。"

　　② 把握好汇报工作的时长。汇报人在汇报时要尽量缩短汇报的时间，给上司留出提问的时间，一般汇报的时间不能超过10分钟。

（4）汇报内容的方式因人而异

　　汇报人要根据上司的特点和风格采取不同的汇报内容的方式，如表8-3所示。

表8-3　汇报内容的方式因人而异

上司的性格和特点	汇报内容的方式
严谨细致	解释得详细一些，最好列举必要的事例和数据
干练果断	言简意赅，提纲挈领
务实沉稳	语言朴实，少加修饰
活泼开朗	语言可以轻松幽默一些

（5）汇报内容要有独特性

　　汇报人在汇报时要找到不同的角度，说出独特的观点，最好有一定的高度和深度，对上司来说有足够多的参考价值，而不是套模板说空话。"车轱辘式"的汇报不会受到上司的重视，他们更喜欢耳目一新的感觉。因此，汇报人要善于观察上司的倾向和关注点，创造性地提出自己的观点，给上司留下深刻的印象。

（6）为上司提供解决方案

　　汇报工作最重要的是提出解决问题的方案，而不是简单地提出问题。汇报人要先想出多种解决问题的答案，在汇报时一起提出，让上司选择。

　　如果希望上司做出某个决策，汇报人可以陈述自己最中肯的意见，给出足以说服上司的理由。在阐述理由时，汇报人要运用决策思维，即该方案需要多少资源、能达到什么效果、能否符合目标等。

　　例如："我建议采用A作为我们此次线下活动的供应商，因为A可以在活动的搭建上给我们更多的优惠，提供更专业的技术支持。我调查过，A在以前的大型活动中都表现得很好。另外，A可以帮助我们联系场地。"

┌─ 即时演练 ─┐

全班分组，一组两人，一人扮演下属，一人扮演上司。请同学们演练口头汇报的情景，可变换汇报的内容，下属要根据汇报的内容改变汇报的方式。

2. 书面汇报

书面汇报材料是一种向上级领导、上级部门所做的综合性较强的工作汇报文稿，是单位经常使用的一种应用文体。在做书面汇报时，要注意以下4点。

（1）突出重点

书面汇报的内容一般有引言、基本情况、工作进展、工作成果、存在的问题、下一步工作计划等方面，汇报人要根据具体的情况酌情组织内容。

书面汇报要突出重点内容，做好汇报材料的"精加工"，抓主要矛盾，不搞事无巨细、面面俱到。汇报材料中的辅助性文字要适当精简浓缩。

（2）简洁扼要

汇报材料的结构要合理，层次要清晰，让上司一目了然，清晰地看到关键点。文字要简洁扼要，充分考虑上司的阅读感受，不使用过长的句子或段落，多用短句，通俗易懂，布局合理，文字流畅，使上司舒适阅读，从而获得上司的认可。

（3）实事求是

汇报材料要为上司决策提供信息。材料如果不符合实际，就有可能导致上司做出错误的决策，给公司的发展造成不良后果。

汇报人在撰写汇报稿时，内容要保证真实、准确，尤其是数字、比例、评价等内容，更要确保准确无误。汇报人在谈到成绩时一定要恰如其分，不能随意拔高，也不能刻意回避和掩饰问题。

（4）注重细节

汇报人在撰写汇报材料时，能够量化的内容一定要量化，该使用比例的地方一定要用比例，能用数字说明问题的一定要把有关数字写清楚。汇报人还可以适当使用图表来辅助，让汇报内容更具说服力。

在撰写完汇报材料以后，汇报人一定要逐字逐句地读，检查是否有错误，对格式、字体、标点、错别字、文字的流畅度、论点的突出性、主题的明确性、语义的明确性等都做一番检查修改。

专题四 就职演讲

就职演讲是就职者面对下属的第一次亮相，就职者通过演讲抒发志向抱负，展示自身素质，同时凝聚整个团队的力量。

一、就职演讲的特点

就职演讲具有以下特点。

1. 目的性

发表就职演讲的目的是让观众了解就职者任职期间的工作目标和管理措施，了解就职者的任职态度，为就职者有效地组织员工向既定目标奋斗奠定基础。因此，就职者提出的目标要具体、现实，让观众有一个清晰的思路，这样才能调动起观众的积极性。

2. 承诺性

郑重的承诺是就职演讲的重要内容。就职者在明确地提出了自己的工作目标之后，还必须以郑重的态度立下承诺，告诉观众将如何贯彻自己的管理措施，如何履行自己的职责，确保工作目标的实现。

3. 激励性

就职者提出自己的工作目标和管理措施，但工作目标的实现必须依靠团队成员的共同努力。因此，就职者在演讲时必须用自己的激情和使命责任感来激励员工。

二、就职演讲的基本内容

一般来说，就职演讲的基本内容分为以下4个部分。

（1）称呼

就职者在演讲称呼观众时，一般运用全称，因为面对的观众是群体，表达要亲切得体。

（2）开头

开头部分要表明就职者的心情，表达对观众的谢意，要简短亲切。

（3）主体

就职演讲的主体部分要详细说明管理措施、近期所要做的几项重要工作，以及所要达到的效果、目的等，内容要具体而充实。

（4）结尾

就职者在演讲的结尾处要表示决心，展望未来，鼓舞观众的斗志，一般以表示谢意的话语作为最终结尾。

以下是某公司副经理的就职演讲稿。

尊敬的公司各级领导：

刚才××宣布我任公司副经理，我深感荣幸，也非常激动，在此首先感谢公司各级组织和领导对我多年的培养和信任，以及广大职工一直以来对我的支持和帮助。虽然我在之前的管理岗位上已经工作了几年，积累了一些经验，但要履行副经理的职责，还存在很多不足。因此，在以后的工作中我会更加努力地尽职尽责，不辜负大家对我的期望！

我将尽最大努力做好以下几项工作。

（1）加强学习。提高学习的积极性和自觉性，不断学习理论知识，提高对公司各项方针和政策的执行力，尽全力让自己的言行和公司的发展保持一致。

（2）做好管理。协调好分管部门的工作，及时掌握和分析分公司的经营信息，提出恰当的措施，为经理提供决策依据，让本部门做出的决策既符合公司的利益又能兼顾员工的意愿。在管理工作中，我会做到尽职不越权，帮忙不添乱，补台不拆台。

（3）维护团结。我会一直记得分公司领导多年以来给我的培养和支持，在今后的工作中我会更加尊重他们，向他们学习，并自觉服从组织领导，做事讲原则，遇事勤沟通，与同事互相关心、互相支持。

（4）做好表率。我的成长不仅有领导们的培养，也离不开广大职工对我的支持，所以在今后的工作中我会力求身先士卒，做好表率，杜绝违反规定的行为，努力做一个让领导放心、让职工满意的优秀管理人员。

总之，我会在今后的工作中继续尽心、尽力、尽职，为分公司的可持续发展做出自己的贡献，不辜负各级组织和领导对我的信任，不辜负同志们对我的支持，谢谢大家！

三、就职演讲的技巧

为了增强现场演讲的效果，加深观众对自己的第一印象，就职演讲可以采用以下技巧。

1. 对症下药

就职者要对工作中最需要解决的问题发表见解，矛头一定要指向工作中的热点和焦点问题，不要模棱两可。另外，就职者在演讲时要抓住观众的心理需求来说话，不要回避问题。观众的心理需求往往由他们的一些希望构成，就职者要明确观众的希望并做出适当的承诺。只要做到这一点，观众是不会吝啬掌声的。

2. 感情真挚

就职者要在就职演讲中注入强烈而真挚的感情，并以适当的方式表现出来，从而产生强大的感染力和号召力，让观众感觉特别亲切、自然、平易近人。因此，就职演讲的语言要真切、朴实，切不可卖弄文采、矫揉造作。

3. 语言简洁

就职演讲是新就职的人在特定的环境中对观众的一次正式亮相和表态，所以演讲的时间一般比较短，这就要求就职演讲的语言简洁、明快，主题集中、突出，层次少而有条理，让观众一听就能理解，切忌夸夸其谈、拖泥带水。那种借机"全面展示才华"、漫无边际的演讲，容易让观众心烦意乱。简短、干脆利落的演讲给人一种准备立即投入工作的干练的感觉，不仅能加深观众对就职者的良好印象，还能调动观众的工作积极性。

4. 实事求是

就职演讲的内容要真实、实事求是，不能哗众取宠。有的就职者为了激发观众的积极性，对观众做出不切实际的承诺。如果接下来的工作过程中就职者没有兑现承诺，那么不仅会打击员工的积极性，还会让自己的威信和权威大打折扣。

成功就职固然值得欣喜，有时就职者难掩喜悦之情，但清醒的就职者此刻会想到身上的责任和担子。

例如，某濒临倒闭的工厂的厂长在就职演讲时说："虽然目前我无力帮你们迅速涨薪，增加你们的奖金，但我会竭尽心力使你们成为企业的主人。我将诚恳地倾听你们的心声和呼声，当然，如果谁的建议对工厂的发展有利，一经采纳，会给予奖励。只要我们每个人都充分发挥智慧和潜力，我可以断言：我们厂很快就会东山再起，重现之前的辉煌，到时大家的待遇肯定会提高不少。"

5. 态度严肃

由于就职演讲的具体内容体现了就职者作为管理者的责任，所以就职者的演讲要态度严肃、认真，否则会让观众产生不信任感。但是，这并不意味着就职者就要板着面孔讲话。就职者如果根据表达的需要增添语言的幽默色彩和风趣意味，往往会获得出人意料的现场效果。

6. 不要与竞聘演讲相矛盾

有些人在就职演讲上重复竞聘演讲时提到的内容。当再次涉及时，就职者最好加以改进或修正，不要与竞聘演讲有太大的出入。如果就职者在竞聘演讲时为争取支持做出了某些承诺，但在就职演讲时又以某些理由否定这个承诺，或者这两次演讲让观众感觉大不相同，那么观众会觉得自己受到了欺骗。

专题五 述职演讲

述职演讲是述职者本着实事求是的原则，就自己任职以来履职的成绩、问题、经验、教训以及今后的打算，向本单位领导和同事所作的演讲，是职场中人人都应掌握的一门演讲艺术。

一、述职演讲的特点

述职演讲具有以下特点。

1. 限定性

述职演讲的限定性表现在以下3个方面。

（1）述职演讲的内容和材料要限定在述职人自己的职责范围内。因此，述职人要围绕岗位职责和目标展开演讲。如果述职人不按照岗位职责和目标演讲，述职演讲就容易成为一般性的工作总结和工作汇报。

（2）述职演讲的内容和材料必须限定在述职人一定的任职期限内。

（3）述职演讲的时间是受到限定的，一般为15~20分钟。

2. 客观性

述职人的演讲内容要客观真实、实事求是。由于述职人工作的固定性和观众的固定性，述职人和大多数观众属于同一单位，双方长时间共事，彼此相知，如果述职人演讲的内容存在虚假信息，很容易被发现。因此，述职人不要夸大自己的业绩，以虚充实，编造成果，而应当有一说一。

3. 严肃性

述职演讲的场合非常庄重，上级领导特别重视，同事也到场监督，这就要求述职人必须严肃、认真地对待述职演讲，不能视其为走过场。另外，述职演讲能力是各级领导的基本功，是一个人德才学识的综合表现，可以树立自我形象，进一步实现自我价值。如果不能成功演讲，是否称职的答案也就可想而知了。

4. 总结性

述职演讲能否引起领导和同事的共鸣，关键在于能否把所做的工作上升到理性层面去认识。例如，成功后要讲清成功的原因，总结出经验供他人参考；如果失败了，就要讲清楚失败的原因，总结出教训和需要规避的地方，让他人少犯类似的错误。

5. 鉴定性

一般来说，述职人在演讲完以后就要回避，然后同事配合上级领导进行分组讨论，鉴定述职内容的正确性和客观性，然后把鉴定的报告和述职人的述职报告一并交给上级主管部门审核和评估，以作为升职、降职、调整、留任等决定的重要依据。

二、述职演讲的基本内容

述职演讲的内容应做到全面和重点相结合，以叙述为主，以议论为辅。述职演讲的重点在于述职，主要是阐述述职人在一定时期内在任职岗位上做了哪些工作，获得哪些成绩，存在哪些问题。按照结构来看，述职演讲的内容分为开头、主体和结尾3个部分。

1. 开头

开头又称引语，一般交代述职人任职的情况，包括何时任职、任职的岗位、任职的变动情况、岗位职责和考核期内的目标任务等。述职人在开头还要确定述职的范围，对自己的工作尽职情况进行整体评估。这一部分应当简明扼要，给观众一个大体印象。

2. 主体

主体是述职演讲的中心内容，主要包括实绩、做法、经验、体会、问题或教训等，要强调以下几个方面。

（1）对上级交办事项的完成情况，对分管工作任务的完成情况。

（2）在工作中提出了哪些解决方案，采取了哪些有效措施，做出过哪些决策，解决了哪些实际问题，纠正了哪些偏差，取得了哪些成绩。

（3）阐述自己的思想作风、职业道德、关心下属和同事等情况。

（4）找出存在的主要问题，并分析问题产生的原因，提出今后改进的意见和措施。

述职演讲的主体部分要具体、充实，条理清晰，逻辑分明。由于这一部分涉及面广、内容较多，所以述职人应分条阐述，并注意每一条目的内在逻辑关系。

3. 结尾

结尾是指结束语，主要内容是表示感谢，表达对未来的工作愿景，表达努力工作的决心。例如："一年以来，总结过去，在上级领导的指引下，经全体员工的辛勤工作，我们顺利完成了各项任务，成绩是可喜的。展望未来，我应当尽心尽职，勤勉工作，为公司下一年度的发展再贡献出自己的力量。在新的一年里，我将加强各项工作的学习，与领导和同事们一起，带领公司全体员工们积极努力，以促进公司健康长远的发展。"

三、述职演讲的方式和技巧

对于述职演讲来说，照本宣科的照读式演讲和以背诵为基础的备忘录式演讲并不能取得良好的效果，这两种演讲方式会让述职人把注意力都集中到演讲稿上，无法与观众进行很好的交流和互动。

与这两种演讲方式相比，即兴演讲不受具体演讲稿的束缚，述职人可以根据实际情况灵活地发挥生动的口头语言和得体的身体语言的优势，在激情、联想的作用下，让整个演讲更充实、生动和形象，且更具有针对性。因此，即兴式演讲是可取的述职演讲方式。

在作述职演讲时，述职人要掌握以下的演讲技巧。

（1）务实少虚

务实少虚是指多讲述实际的东西，少说理论的认识。领导和同事在听述职演讲时在乎的是述职人做了哪些事，是否实现了任职期间的目标，获得了哪些效益。因此，述职人一定要在"实"上下功夫。

（2）通俗易懂

演讲的观众个性不同、情况各异，要想让所有观众全都听懂演讲的内容，演讲就必须具有通俗性。即便是专业性、学术性很强的内容，述职人也要尽可能明晰准确、口语化地讲述。

（3）语言精练

一般述职演讲的时间在15～20分钟，要在这有限的时间里把自己一定时期内的主要成绩和经验教训较完整、系统地表达清楚，就必须语言精练。因此，述职人在演讲时要准确措辞，详略得当，不啰唆，不重复，不带口头禅。

例如，有的述职人在讲到自己的工作过程时会这样说："我在平时工作中会与各部门打交道，做好协调工作。在自己的部门里，我会严格要求下属执行公司的制度，如不能迟到、早退，工作期间不要闲聊，不能玩手机，不能频繁请假等。在生产过程中，我会带领下属查看产品工艺、产品质量、制造成本和产量等指标。在我的带领下，部门的全体员工都恪尽职守，在自己的岗位上尽心尽力。"

这样说显得啰唆，可以改为："在日常工作中，我会做好各部门的工作协调，严格要求下属执行各项管理制度，调控生产过程种的各项工艺、质量、成本、产量等指标，大家责任明确，各司其职，各尽其能。"

（4）总结规律

虽然述职演讲要求务实少虚，但"虚"的内容也必不可少。述职演讲不能只把已经发生过的现实简单地罗列出来，还必须对搜集来的现实、数据和材料进行认真的归类、整理、分析和研究，从而找出其中的规律，得到公正的评价。如果不能把感性的现实上升到理性的规律的高度，述职演讲就无法作为未来行动的向导。

述职演讲是否具有理论性和规律性的认识是衡量述职演讲好坏的重要标准。当然，述职演讲中规律性的认识是从实际出发的认识，实践性很强，不需要很高的思辨性。述职演讲的目的是总结经验教训，使未来的工作能够在前期工作的基础上有所进步和提高。

四、述职演讲的注意事项

述职人除了要掌握基本的演讲技巧以外，作述职演讲时还要注意以下事项。

1. 服饰要得体

述职演讲的场合是十分严肃的，在这样的场合下，服饰如果不得体，无论如何都不会引起他人的好感与尊重。服饰是一个人气质和涵养的外化，所以述职人一定要穿戴整齐、服饰整洁，展现出良好的职业素养和专业感。

2. 保持平和的心态

发表述职演讲固然要有激情，但过于激动和兴奋，或者表现得沮丧和消沉都是不可取的。述职人如果露出得意洋洋的神情，在演讲时大喊大叫，甚至做出撸起袖子的动作，就会给人留下浅薄和轻浮的印象；述职人如果低垂着头演讲，声量还很低，就难以让观众产生信赖之感。

3. 淡化"我"的身份

有些人在述职演讲时总是"我"不离口，如"我认真学习了领导的讲话""我带病坚持工作，轻伤不下火线""我帮助年轻后辈提高业务水平"……这种讲述方式会让人听起来很不舒服。述职人讲述的自然是自己的事情，因此要注意把"我"的身份淡化一些，尽可能省略主语"我"，也可用"自己""大家"代替"我"，或者在讲述完以后加一点谦虚的语词，不给观众留下"把功劳归于自己"的坏印象。

4. 平实、有趣

述职演讲的语言一般以平实为主，但也不应失去情趣，否则演讲会成为"催眠曲"，让观众昏昏欲睡，效果不好。

5. 保持良好的语言节奏

人们在写述职报告时会不经意地按照论文的逻辑来写，使语言过于书面化，再加上如果述职人不熟悉演讲内容，比较生硬地对着演讲稿来读，就会让整个演讲变得生涩、无趣，很难获得好的效果。

一般来说，述职人要列出简要的提纲，然后用自己的语言把提纲中的重点列出来。有时述职人可以对着演讲稿来讲，但在演讲时不要埋头阅读演讲稿，而要保证与观众的眼神交流，并在说话的语气和节奏上强调内容重点，如工作成果中的数字，从而引起观众的关注。

回顾·思考·讨论·应用

一、单元知识要点

求职面试表达：求职面试的特点、自我介绍技巧、应答技巧。竞聘演讲：竞聘演讲的特点，竞聘演讲稿的写作技巧，竞聘演讲的技巧。汇报工作：汇报工作的原则和技巧。就职演讲：就职演讲的特点、基本内容和技巧。述职演讲：述职演讲的特点、基本内容、方式和注意事项。

二、选择题

1. 关于求职面试的特征，下列描述正确的是（　　）。

　A. 以谈话和倾听为主要工具　　　　　B. 求职者与面试官单向沟通

　C. 求职面试有明确的目的　　　　　　D. 面试程序有很强的灵活性

2. 下列属于面试正式阶段的是（　　）。

　A. 了解求职者的资料　　　　　　　　B. 询问求职者熟悉的问题

　C. 针对简历中的疑点提问　　　　　　D. 让求职者提问

3. 下列不属于竞聘演讲稿主体内容的是（　　）。

　A. 概述演讲的主要内容　　　　　　　B. 说明竞聘的理由

　C. 介绍竞聘的基本条件　　　　　　　D. 说出任职后的打算

4. 在向上司汇报时，汇报内容的方式要因人而异。下列说法错误的是（　　）。

　A. 上司严谨细致，汇报应列举数据　　B. 上司干练果断，汇报应详细解释

　C. 上司务实沉稳，汇报应少加修饰　　D. 上司活泼开朗，汇报应轻松幽默

5. 关于述职演讲的要求，下列说法错误的是（　　）。

　A. 详略得当，逻辑清晰　　　　　　　B. 多讲自己做过的事情

　C. 不需要很高的思辨性　　　　　　　D. 演讲不要超过10分钟

三、问答题

1. 在面试时如何回答面试官的提问？

2. 做好书面汇报需要掌握哪些技巧？

3. 述职演讲时需要注意哪些事项？

四、实践与应用

1. 求职面试训练

（1）学生3人一组，其中两人扮演面试官，一人扮演求职者。

（2）演练求职面试的情景，如求职者向面试官打招呼，求职者自我介绍，面试官向求职者提问和求职者应答等。

（3）表现出求职者的举止动作，同时配合语言表达。

（4）教师和其他学生点评。

2. 竞聘演讲训练

（1）设想自己是公司的一名员工，工作业绩突出，想要通过竞聘获得某个理想的职位。

（2）拟定主题，准备好演讲大纲，上台演讲。

（3）教师和其他学生点评。

（4）辅助训练：学会总结工作，培养自己归纳、总结和即兴演讲的能力。

3. 汇报工作训练

（1）全班学生分组，2人一组，一人扮演下属，一人扮演上司。

（2）演练下属向上司口头汇报的情景，要求重点突出，言简意赅。

（3）上司的角色可以变换人物的性格类型，要求下属进行针对性的汇报。

（4）教师和其他学生点评。

（5）辅助训练：针对书面汇报的要求，培养文字简洁、语言条理清晰的能力，这是基本的写作能力。同时训练自己对数据、错别字等的敏感度。

4. 就职演讲训练

（1）设想自己是一名刚刚竞聘成功的管理者，有着雄心壮志，要在就职演讲中做出规划。

（2）全班分组，3人一组，组内先练习就职演讲，着重练习内容的措辞和说话的语气、语调，体现就职者的高昂意志和达到目标的信心。练习完毕之后，选一名代表到台上作就职演讲。

（3）所有代表演讲完之后，教师做出点评。

5. 述职演讲训练

（1）设想自己是公司主管，在岗位上兢兢业业，带领员工取得了显著的成绩。这次你要站在台上作述职演讲。

（2）分别使用照读式演讲、备忘录式演讲和即兴式演讲三种方式来演讲，体会三者之间的区别。

（3）辅助训练：平日里多读有趣的书，积累素材，提升自己的语言表现力；尝试让自己的语言精练，只说出主题，越精练越好；提升自己对文字材料的分析和概括能力。

第九单元
彰显企业形象的商务型演讲

商务型演讲是商业场合中一种重要且具有较高层次的展现方式，在产品推广、项目运作、招商投资等商业活动中都发挥着极为重要的作用。在品牌社会中，无论是企业高层、中层管理者，还是普通员工，商务型演讲能力都是提升个人影响力和魅力不可或缺的技能，也是彰显企业形象的重要途径。

课前思考

1 商务型演讲的前期准备有哪些？

2 在招商会上，演讲者要如何演讲才能说服观众？

3 在新品发布会上，演讲者要如何向观众介绍产品？新品发布会PPT的制作有哪些技巧？

彰显企业形象的商务型演讲

成也手势，败也手势

虽然杨涛现在是MT公司的销售部经理，业务能力出众，口才也很好，但刚工作的那段时间，他也遇到过很多让他头疼的问题。

之前，MT公司为了扩大市场，决定招商引资，吸引更多人合作。杨涛负责组织的招商会办了好几场，虽然每次都会花费大量成本，准备得很充分，现场也布置得很华丽，发言稿也记得很熟练，但成交量一直很低。这让杨涛很苦恼。

为此，他向做培训师的朋友咨询了这个问题。朋友到现场观察，发现杨涛在演讲时身体总是晃动，手有一半时间处于下垂的状态，或放在背后。这让他整个人看起来既没有定力，又没有力量和气场。而在成交环节，杨涛又高举起手，大声呼喊，感觉十分空洞，成交量低是必然的。

培训师朋友后来帮杨涛稍微做了一些小的调整，让他在演讲时把手放在脖子和腰部之间，在活跃现场气氛时把手放在脖子以上。再次招商演讲时，现场气氛活跃，成交转化率有了明显增长。

请分析案例中杨涛前几次举办招商会失败的原因。他是如何扭转局面的？试着分析一下手势在招商演讲中的作用。

专题一 商务型演讲的前期准备

在商务型演讲中，每一位演讲者都是带着特定的目的走上演讲台的。只有真正做好准备，才能更好地达到自己的演讲目的。所谓"谋定而后动"，充足的准备可以让演讲者更加自信，达到最佳的演讲效果。

一、全方位布局

在做商务型演讲之前，演讲者要全方位布局，充分考虑以下各个方面。

1. 演讲时间

演讲者只有在合适的时间表达合适的内容，才能达到理想的演讲效果。因此，演讲者在演讲之前要对自己的演讲时间进行严格把控，争取在正确的时间表达正确的内容，以更好地为演讲服务。

要想做到这一点，演讲者要注意以下几点。

（1）开场白

在一场商务型演讲中，演讲者和观众一般互相不了解。因此，演讲最开始的开场白就显得非常重要。有些演讲者忽略开场白，直接进入演讲主题，这种做法不可取。哪怕时间再短，演讲最开始也要有一个开场白。一个震撼有力的开场白可以让观众快速记住演讲者，并快速投入这场演讲中。

（2）中间内容

商务型演讲的中间内容是演讲的主体内容，是最为关键的部分，因此演讲内容应当充实、逻辑清晰、环环相扣。在说完开场白之后，演讲的主体内容要先讲什么，后讲什么，最后讲什么，演讲者一定要心里有数，而不能杂乱无章、毫无逻辑，否则不仅没有任何意义，还浪费时间。演讲者要有条理地阐述自己的观点，并且限制时长，不要说得太多。

（3）结束语

在商务型演讲中，一个好的结束语可以起到余音绕梁的作用，帮助演讲者对本场演讲做一个总结和提示，让观众知道，演讲这就要结束了。因此，演讲者一定不要忽略结束语，不能因为演讲内容没讲完就占用结束语的时间，然后匆匆结束演讲。

2. 演讲场所

演讲者要在演讲之前充分考虑演讲场所，主要体现在以下3点。

（1）演讲场所的空间大小

如果演讲场所的空间较大，演讲者的声音就很容易出现回音，而且会出现很多空位。演讲者在台上看到空荡荡的座位时，难免会产生一种失落感。演讲者和观众的心情也会受到影响。演讲场所有较大的空间，且观众不太多时，尽量让观众坐在前方中间的位置，不要分散地坐。

如果演讲场所的空间较小，大量观众挤在一起，就会产生一种强烈的压迫感，观众的私人空间受到干扰，情绪会受到影响，难以接收演讲者传达的信息，导致现场互动性变差，从而使演讲效果大打折扣。

（2）现场布局

有些演讲者会忽略观众对现场布局的感受，一味追求奢华，选择了与观众感觉格格不入的演讲场所，不但没有为演讲增添光彩，还让观众感觉无所适从，导致演讲者与观众互动困难，影响演讲效果。

（3）现场设备

所谓"工欲善其事，必先利其器"，要做好演讲，一定要把现场设备，包括音频设备、话筒，以及投影仪和无线遥控笔准备好。

① 音频设备：一场高水平的演讲应当给予观众丰富的视听体验，所以音频设备尤为重要。音频设备播放的音乐或音频可以更好地烘托气氛，填充演讲之前的空闲时间，而在演讲结束后也可以用与演讲主题相关的音乐对整场演讲起到很好的衬托效果。

② 话筒：为了让观众更清晰地了解演讲的内容，演讲者要在演讲之前选择合适的话筒。初级演讲者一般使用手持式无线话筒，这样可以只用另一只手来做手势，显得更加自信；经常演讲的人一般用耳麦，将双手解放出来，从而展现更大的舞台张力。

③ 投影仪和无线遥控笔：投影仪必须选择质量好的、大品牌的产品。有时演讲者要走下演讲台与观众互动，这时无线遥控笔是一个非常重要的工具。演讲者要在演讲之前准备好无线遥控笔，以控制PPT的播放。

3. 演讲议程

一场成功的演讲不是演讲者一个人就可以撑起来的，还需要与其他人员配合。演讲者要充分考虑演讲议程，在以下方面做好准备。

（1）演讲者与主持人之间的配合

主持人可以很好地烘托演讲的气氛，演讲者在与主持人配合时，其演讲风格要与主持人紧密相关。如果演讲者的风格比较严肃，主持人应当是沉稳型的；如果演讲的主题比较轻松，主持人就应当是活泼型的。主持人可以帮助演讲者主持中场休息的活动，活跃场内的气氛，给演讲者一定的休息时间，还能够临时配合演讲者的演讲需要。

（2）演讲者与会场人员的配合

有时演讲的成败也受到会场人员辅助的影响，如灯光、音效、投影和摄像等。会场人员要根据演讲者演讲的不同情况来提供灯光、音效、投影或摄像等，这就要求演讲者与会场人员有较强的默契，甚至演讲者仅仅一个眼神就可以得到会场人员的配合。因此，演讲者与会场人员在演讲之前要密切沟通，提高双方的默契度。

（3）演讲者与观众之间的配合

在商务型演讲中，演讲者与观众之间的配合是非常重要的。演讲者要密切关注观众的心理变化，和观众互动配合，才能营造出更好的演讲氛围。关于如何与观众密切配合和互动，下面将重点阐述。

二、了解观众

演讲的受众是观众，他们是接受信息的人，演讲者必须充分了解和考虑观众的兴趣，重视观众的心理需求，从而更好地触发观众的兴奋点，打动他们的心，最终获得预期的演讲效果。

具体来说，演讲者了解观众要从以下两个方面来考虑。

1. 观众规模

演讲者要想掌控大场面，为更多的观众演讲，就要具备以下能力。

①对观众需求有一个正确而清晰的认识，并可以满足观众需求。如果可以满足观众需求，无论多大的场面，演讲者都可以掌控。

②能和观众实现良性互动，调动观众的兴趣。演讲者不断向观众提出能获得积极回应、正向答案的问题，这是调动现场气氛的基本方法。演讲者要不断调整自己的状态，与观众近距离交流。

③要能够化解演讲现场的尴尬局面，因为观众人数越多，出现突发情况的概率就越大。

2. 心理意愿

演讲者要想在演讲中获得成功，必须分析观众的心理。只有了解观众，贴近观众，演讲者的演讲内容才能更好地让观众得到心灵的安慰和鼓舞。

有时观众听一场演讲是为了获取与自身相关且有用的信息，商务型演讲就是这类演讲。如果观众花费了大量时间却没有获得任何启发，那么这场演讲不但没有满足观众的信息需求，而且会让观众产生抵抗心理，甚至愤怒的情绪。因此，演讲者要演讲与观众有用、有关、有益的信息，这样才能被观众喜欢，并获得良好的演讲效果。

在演讲时，不同的商务型演讲，观众的心理意愿不同。例如，融资路演和招商演讲时，观众多是行业内人士，他们大多想要了解产品或项目的盈利模式，思考如何才能增加利润，这时演讲者不要一上来就阐述某技术的应用、原理等，最好先阐述使用某技术的产品对客户能有什么吸引力，以及使用某技术会带来多少利润，再阐述目前的现状和瓶颈，以及研发计划、人力经费、工作打算等。而在新品发布会上，面对众多媒体和行业外人士，演讲者可以通过讲故事吸引观众的注意力，让观众有兴趣继续听下去。

三、确定演讲风格

每一位演讲者在演讲时都要有自己独特的演讲风格，只有对自己的演讲有着准确的定位，找准商务型演讲的风格，演讲者才能让自己的演讲打动人心。

1. 设计演讲风格

虽然演讲者都有自己独特的演讲风格，但如果演讲的内容不同，演讲风格也要有所不同。演讲风格主要有以下几种类型。

（1）严谨型演讲

严谨型演讲是一种比较常见的演讲方式，总体特征为理智、质朴。严谨型演讲是用命题本身去激发观众的思考，演讲者通过充分论述命题来说明某个道理。在商务型演讲中，新品发布会中的产品介绍环节讲究实事求是、朴实无华，就要用到严谨型演讲风格。

严谨型演讲要求选择的主题减少主观性，增加客观性；语言要工整、鲜明和准确，不要过分华丽，用过多的修饰词；演讲者的语速要平稳，不能有较大的起伏；演讲者不要有太多的肢体动作，采用较为平稳的站立姿势。

当然，严谨型演讲并非让演讲者在演讲时毫无感情色彩，而是更注重征服观众的理智。严谨型演讲风格除了受到演讲者的演讲素养影响以外，还受到观众内在条件的影响，这种演讲风格更适合理智型观众。

（2）激昂型演讲

激昂型演讲是一种充满激情的演讲，演讲者的演讲内容要具有真情实感，包含丰富的案例，极具说服力，顺利地把演讲者的思想和观点传递给观众，提高观众的认知水平。

当要表达一个不为人熟知的新观点，或演讲的内容具有鼓舞性和号召性时，演讲者就可以选择激昂型演讲。如果演讲的内容比较平和，就不太适合这种演讲风格。在商务型演讲中，招商演讲中的说出成功案例环节讲究情绪饱满、鼓舞人心，就要用到激昂型演讲风格。

激昂型演讲的缺点在于，演讲者可能会因为过于兴奋，沉浸在抒发感情上而偏离演讲的主题，导致演讲缺乏逻辑性，这是一种很常见的情况。另外，观众在演讲内容的感染下，很容易进入强烈的情感状态，在满足个人情绪和心理的同时，可能会忽略演讲的精华。演讲者要特别注意这个弊端，最好与严谨型演讲风格相搭配。

（3）活泼型演讲

活泼型演讲的特点是轻松、亲切、幽默、生动，这类演讲风格一般有着特定的适用范围，如社会生活问题、人生经历、工作学习等话题的演讲，或者针对青年观众的演讲等。

在活泼型演讲中，演讲者往往注重讲一些角度新颖、与现实生活密切相关的话题，语言有极强的口语化风格。演讲者会充分利用手势、神态，以及声音的轻重缓急和抑扬顿挫，让整个演讲会场的气氛非常轻松。在商务型演讲中，演讲者一般会在新品发布会演讲中为观众讲一些故事来活跃现场气氛，以引出产品，这个环节讲究幽默风趣，轻松自然，可以用到活泼型演讲风格。

需要注意的是，活泼型演讲要防止过分活泼，要适可而止，毕竟演讲不等同于表演，演讲主题的严肃性是必须遵守的要求，否则会破坏演讲的效果。

总之，不同的演讲者在讲述不同的演讲主题时有着不同的风格要求。演讲者在进行一场演讲时要综合利弊，全面考虑，选择符合演讲主题且适合自己的演讲风格类型。

2. 建立目标导向

不同的演讲具有不同的目的，有的是介绍产品，宣传公司理念，有的是给公司树立更好的形象。演讲者在演讲之前要建立目标导向，确定自己的演讲目的。演讲的目的主要有以下两种。

（1）让观众了解并接受信息

演讲在本质上是一种传播活动，主要是为了说明、解释和阐述相关的人、事、物的特征和状况，让观众理解和明白演讲者传递的信息，并使其接受和信服。然后，演讲者要号召观众按照演讲的要求行动起来，这是演讲更高一层的目的。

（2）让观众获得鼓励和快乐

在这类演讲中，演讲者不是为了影响观众的思想、信念，而是用更强烈、更深刻、更动人的方式再现观众已有的思想、观点、情感和信念等，从而进一步升华和强化观众的思想，使观众受到鼓舞和获得快乐。

专题二　商务型演讲的具体技巧

不同的商务型演讲需要使用不同的技巧。下面将重点介绍招商演讲、新品发布会演讲和融资路演的演讲技巧。

一、招商演讲

招商演讲，顾名思义，就是为了获得投资人投资，为了拿下订单业务所做的面对面的表达和互动。因此，招商演讲的目的性非常强。一场合格的招商演讲应当逻辑性极强，环环相扣，引人入胜，引导客户思维，使客户看到产品的优势，相信演讲者和企业的实力，以及与企业合作后的前景，从而自愿进行合作。

1. 招商演讲的内容结构

很多客户是带着各种质疑和听听看的心情走进招商会现场的，在面对一个陌生的环境时，自然会自我保护，做出如双手抱胸之类的姿势，神态迷茫，表情严肃。为了招商演讲的顺利展开，演讲者首先要在短时间内，通过简单、幽默的语言活跃现场气氛，和现场的客户产生语言和肢体上的互动。在此过程中，演讲者要用眼神传递关注到现场客户的信息，这会让招商演讲的内容更容易被接受。

根据招商演讲的步骤，其内容结构可以分为以下几点。

（1）行业趋势

行业趋势是商业发展的前瞻，一个行业有着怎样的发展趋势，决定着这个行业中企业的发展走向。因此，演讲者必须学会谈论行业趋势。

行业趋势是客户考虑是否合作的第一步。客户在考虑合作时，第一步并不是看产品、价格、投入成本等，而是看该产品是否有足够大的市场。

行业趋势的影响因素有很多，包括国家政策、科技发展、消费水平和消费理念等。演讲者要重点关注经济潮流的方向，在招商演讲时善于向客户描绘一幅值得憧憬的商业蓝图，以吸引客户的注意，让他们愿意进入产品或项目的推介语境。

（2）产品优势

当客户对行业趋势放心之后，初步决定加入该行业时，就会考虑资金的安全性，如投入的成本会不会打了水漂，合作伙伴是否可靠等。因此，演讲者要对自身企业的优势和实力进行充分的介绍，从资金、团队、产品、品牌、历史等角度中至少明确一个自己独有的优势。

很多互联网科技公司在这一方面做得淋漓尽致，常常用一句话就概括出产品最核心的优势。例如，苹果公司创始人乔布斯在推出苹果笔记本电脑时，将其简单地描述为"世界上最薄的笔记本"，让人一下子就记住了这款产品的特点，与其他产品区分开。

产品优势是整个招商演讲最关键的部分，也是招商会比重最大的环节。要想让客户愿意选择你而不是他人，演讲者就要讲出一个只有自己才具备的优势。

（3）盈利模式

在解决了前两个问题之后，客户想要了解公司的盈利模式，这时演讲者就可以用数字来说话，向客户详细讲述公司的商业模式和盈利模式。

（4）合理利用工具

"工欲善其事，必先利其器。"在招商演讲中，演讲者要善于利用工具，如企业宣传片和招商手册。

企业宣传片可以直观、立体地展示企业的创始人、实力、背景、产品、荣誉、使命和梦想等关键要素。

招商手册是企业招商的必备工具，一份定位精准、制作精良的招商手册是客户判断企业实力、产品质量、市场前景和利润回报等问题的重要渠道。

很多人对此掉以轻心，认为只要自己的产品好，不需要这些虚头巴脑的包装。但现在早已不是"酒香不怕巷子深"的时代了，企业宣传片、招商手册都是企业实力的缩影，可以反映出企业的经营现状。

（5）说出成功案例

所谓"耳听为虚，眼见为实"，不论演讲者如何夸自己的公司和产品，都不如一个成功的范例更有说服力。有目共睹的成功案例可以加深客户对企业的认知度和信任度，帮助客户树立信心并投身到演讲者的事业中。

演讲者在说出成功案例时应当图文并茂，或者用视频形式展示，最好有合作过的客户现场站台。客户的一句话抵得上演讲者的上百句话。

客户站台分享主要是解决其他客户的信任问题，其步骤如下。

① 先讲述自己的公司在营销上遇到的瓶颈导致对公司业绩和发展不利。

② 与台下观众互动一下，询问大家是否遇到相同的问题，以引起观众的共鸣。

③ 告诉观众自己是如何度过这段困难时期并获得如今的成绩的。

④ 告诉观众自己就是选择了与这次招商的企业合作才有如此效果的，并对现场观众进行一次感召，让观众知道，他们也可以获得这样的成绩。

（6）介绍扶持机制

一个项目要想成功，就必须具备完善的服务。因此，演讲者要清楚地说出企业会如何提供全方位的指导服务，有专业团队护航，为加盟的客户提供开业指导、技术知识培训，并在市场推广宣传方面提供支持，让客户轻松获益。

（7）给客户危机感

当一个人面临多项选择时，会优先选择紧急而重要的事情。如果客户认为演讲者推荐的项目可做可不做，他们就会面临抉择，产生犹豫和拖延的心态，最终不了了之。因此，演讲者在招商演讲中一定要让客户有危机感，让他们觉得如果错过了这次机会，就错失了一次最好的机遇。这是广告商常用的方式。

在招商会上，演讲者要给客户传达这样一个感觉：如果错过了这次机会，他们不但享受不到经济上的优惠，损失时间成本和机会成本等，还会错过这个行业发展最好的黄金期。客户一旦接受了这个观点，就会主动在招商会上成交。

彰显企业形象的商务型演讲

─────────── 即时演练 ───────────

全班自由分组，商讨如何进行招商演讲，然后派一名代表在教室讲台上面对全班同学演讲，要求按照招商演讲的内容结构进行演讲。

2. 招商演讲PPT制作的技巧

招商演讲PPT的制作有以下技巧。

（1）内容简洁

招商演讲PPT是一个重要的招商演讲工具，需要演讲者给予足够的重视。演讲者要花时间制作一份出色的演讲型PPT，而不是阅读型PPT。

阅读型PPT无法直接作为招商演讲的演示工具，这种PPT一般文字比较多，里面的内容阐述非常清楚、详细。演讲型PPT的内容设计是服务于演讲的，在信息接收上有更大的视觉冲击力，同时要点有条理，逻辑分明，文字简洁，可以让客户有深刻的感受。

演讲型PPT的原则是文不如句，句不如词，词不如字，字不如图。只要能够传达信息，内容越简洁越好。

一般来说，一份PPT要控制在20页以内。一旦页数过多，演讲者就会觉得里边都是重点，会抓紧时间讲述所有重点和卖点，以及频繁地翻动PPT。这样不仅使客户眼花缭乱，还降低演讲者的专业度。

（2）演示内容要有先后顺序

在招商演讲中，演讲者要让客户所有的注意力都跟随自己的指引。如果PPT的某一页提到三个要点，最好不要同时显示出来，而是将PPT设计成自定义动画，按一次显示一个要点，如图9-1所示，否则在讲第一点时，客户的注意力很容易转移到第二点和第三点上，影响客户对要点的吸收和理解。

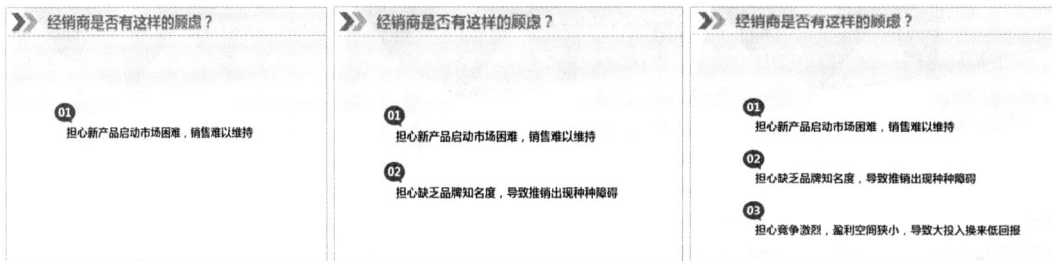

图9-1 演示内容要有先后顺序

（3）PPT要美观

一份美观的PPT可以给演讲者加分5%，但一份丑陋的PPT会减分50%。PPT的页面版式设计要遵循对齐、对比、重复、亲密4个原则。具体内容可参考本书第五单元专题一。

（4）图片处理

演讲型PPT的图片应尽量铺满屏幕，这样可以显得美观、大气，给客户带来一种震撼感，同时带动客户的情绪，帮助客户更好地理解内容。

PPT中的文字虽少，但都是重点信息，因此一定要突出显示。在全图页面型PPT中，为了使文字清晰，图片不要过亮，以免给客户造成阅读障碍。图片过亮时，演讲者可以在图片上覆盖一层半透明的蒙版，弱化背景效果，更好地体现文字信息。

演讲型PPT对背景图也有一定的要求。为了不增加阅读障碍，不分散客户的注意力，演讲型PPT背景图的选择应遵循简约、清晰的原则，一般采用渐变背景。如果PPT整体呈扁平化风格，也可以尝试纯色背景。

（5）优化表格

优化表格可以围绕以下几点来完成。

① 明确要点：如果标题是一个语焉不详的短语，就无法形成明确的观点，因此表格的标题要能够提炼表格的主题。

② 调整表格内容的顺序：根据人眼从左至右自然阅读的原理，左侧是人的视觉焦点区，因此表格内容要向左向上优先排列，如图9-2所示。该图中的表格展示的是大数据在零售业中的应用方向与表现，人们一般要从左往右、从上往下依次阅读。

大数据在零售业中的应用方向与表现

应用方向	具体表现
数据存储	企业在经营过程中会产生海量的经营数据和消费者消费数据。对于企业来说，这些数据都需要长久储存，才能更好地发挥其价值
消费者需求挖掘	随着智能手机的普及和各大社交平台的迅猛发展，企业获得的消费者行为数据呈爆发式增长。借助大数据与云计算技术，企业可以将消费者日常浏览行为产生的数据和交易行为产生的数据进行整合与分析，从而挖掘消费者新的需求
消费者消费行为分析	通过大数据分析了解消费者的消费行为特征和消费习惯，并寻找影响消费者消费行为和习惯的因素，企业可以根据消费者的消费行为和习惯进行自我优化，实施精准的商品营销策略
消费者细分	通过运用大数据中的海量数据和分析技术，企业可以对消费者进行群体细分，了解不同消费群体的消费习惯和消费需求，从而针对不同的消费群体制订相应的营销计划，更好地开展精准营销
运营分析	根据历史销售数据，运用大数据技术对自身的运营情况进行分析，例如，分析促销活动的效果，分析商品品类、陈列方式、包装是否需要优化等

图9-2 调整表格内容的顺序

③ 调整表格尺寸：如果表格的结构太松散或太紧，可读性就不高。因此，演讲者要适当调整表格的松紧度，使表格松紧得当，在视觉上达到较好的可读性。

④ 删减表格线：充斥整个表格的线条，在纵横交错间产生了干扰视线的影响。要知道，不是所有的线条都必须存在的。去掉多余的表格线，只留下区分层次的框线即可，这样可以使表格更加清爽，更易于理解。

⑤ 突出重点：演讲者可以用不同的色调把重点和非重点区分开。例如，用暖色强调重点，用冷色标识非重点。

（6）使用图标

在制作PPT时，演讲者如果没有找到合适的图片，但不用图片会使PPT显得单调，这时就可以使用图标。图标是PPT中的常用元素，因其简洁、形象而又不失美感的特点，受到用户的广泛欢迎。PPT使用图标和不使用图标的效果大不一样。图9-3所示为PPT中使用图标和不使用图标的对比。从中可以看到，同样的页面，将图片替换成图标，PPT变得不再枯燥，风格也更加统一。

（7）确定PPT尺寸

招商会一般在酒店或会场举行，场地每次都不太一样。为了避免PPT的投放尺寸不一致导致变形、错位，演讲者在制作PPT前应确定现场屏幕的尺寸。计算机的常见屏幕尺寸比例为16∶9，但大多LED屏幕的尺寸比例并非如此，可能是4∶3或10∶6，也可能是5∶2的超宽屏。

图9-3　PPT中使用图标和不使用图标的对比

（8）设置导出格式

招商演讲PPT是提前制作好的，可在招商会现场测试。因此，考虑到PPT的输出格式，演讲者最好将每一页PPT导出为图片格式，最大程度地避免出现字体丢失、图片错位等问题。

3. 招商演讲的注意事项

要想成功地完成招商演讲，演讲者要注意以下事项。

（1）调整心态

很多人有恐惧心理，一上台就会呼吸困难、面红耳赤，说话无法控制音量，甚至手脚无处安放。演讲者要学会调整心态，调节呼吸，关注呼吸，从而保持精神的集中，并聚焦在自己的想法上。具体做法是在感到紧张时，做3～4次有意识的、平滑的吸气和吐气练习：放开你的肚子，不要收腹，让气息一直深入腹部。

另外，在现场演讲时绝大多数人害怕出现突发情况，如话筒出现卡顿、破音，灯光出现问题等。演讲现场遇到突发情况的可能性是客观存在的，演讲者要调整好自己的心态，并做好应对任何情况的准备。

用演讲提高心理素质

（2）把想法写下来

很多人在准备演讲稿时喜欢对着计算机屏幕想，一想就是半天，就是不动笔。其实，动笔把想法写下来有很多好处。

人的脑力应该多用来处理事情，而不是记事情。很多人把大量脑力用在记事上，注意力和能量都聚焦在记忆上，会压缩大脑处理事情的精力。因此，写下来可以降低大脑的记忆负荷，把一些脑力释放出来，集中处理更重要的事情。

有时灵光乍现，如果不及时记录下来，很可能灵感的火花就再也不出现了，这是非常可惜的事情。"好记性不如烂笔头"，灵感迸发时，记得要及时捕捉并记录下来，可以记在电子设备上，也可以写在纸上。

写下来，内容更聚焦，这才是关键所在。通过把想法诉诸笔端，这些想法变得可视化，之后进行演讲设计时就会更聚焦，更容易找到焦点。

把想法写下来，具体做法如下。

① 涂鸦。涂鸦是脑子里内在杂乱思路的外在记录。演讲者可把先前查找到的所有资料，如行业发展、动态、公司详情、前景等整理成素材，总结关键词，概括事件，厘清思路。

② 便签纸排序。这时，摆在演讲者面前的是一大堆素材和关键词，演讲者要把有价值、可以放在演讲中的内容写在便签纸上，从左往右，按照重要程度依次排列。演讲一般很早就要开始准备，演讲者要对着便签纸上的内容仔细思考和组织内容。

③ 合并同类项。这一阶段，演讲者要对素材合并同类项，把类似的内容合并在一起，这时内容结构也就逐渐产生了。例如，把客户故事、服务水平放到一起，把创业动机、产品研发放到一起，把有因果联系的内容按照递进、前后呼应或设置悬念的方式组织到一起。

④ 写出提纲。到了这一步，演讲的内容设计就差不多了，这时可以写出提纲。

（3）体现风趣

来到招商会的客户都不愿听到单调乏味的背诵或朗读，他们想要听到的是一场轻松的、与众不同的演讲。这就要求演讲者用风趣的语言来调动整个会场的气氛，满足这些客户的需求。客户的心情愉悦了，自然有利于加盟合作，促成合约的签订。当然，这并非要求演讲者像杂要一样又蹦又跳，而是要求演讲者在演讲时流露出自己的热情和真诚。

（4）掌握演讲时间

演讲者在进行招商演讲时一定要把握好演讲的时间。一般情况下，演讲的时间在10～20分钟，人们普遍不喜欢漫长的演讲。要想合理地控制演讲时间，演讲者就要紧扣主题，不要提与主题无关的琐碎之事。只有让自己的思路紧扣主题，客户们才能明确主题，并进一步思考。

（5）感动客户

一个成功的招商演讲要求演讲者面带自信的微笑，用发自内心的热情说出具有哲理的语言，从而形成自己的演讲风格，以此来感动客户，促成招商合作。

（6）注重眼神交流

演讲者在演讲的过程中一定要和现场的客户有眼神上的交流。如果演讲者只将眼神投放在某一个或某几个人身上，对方会感觉不适，而其他客户也会觉得被忽视。因此，演讲者要将眼神投放在不同的人身上，让每个人都能感受到演讲者的诚意，从而加深对演讲者的印象。

（7）合理运用手势

手势是演讲内容的延伸，演讲者在招商演讲的过程中，需要用一定的手势来辅助演讲。不过，演讲者不能刻意地做出手势，否则会显得举止生硬。如果把身体分为三个区，与之配合的手势可以分为三种。

① 无能区：手部在腰部以下活动，会拉低整个身体的能量，应避免使用。

② 能量区：手部在脖子与腰部之间活动。

③ 高能区：手部在脖子以上，用于激励和提升现场气氛。

能量区和高能区的手势可以使演讲者看起来坚定、自信，增加客户的信赖感，从而无形中增加合作成功的概率。

情景还原解析

在"情景还原"版块中，杨涛的招商演讲在一开始成交量很低，原因在于他一直使用无能区的手势，这种手势无法获得客户的信任，只有把手放在能量区和高能区，身体才能提升调动能量，让自己看起来自信且有气场。除了手势外，演讲时的身体姿态、语言、声音和场景等也会对客户产生影响。

（8）PPT不要喧宾夺主

PPT的确可以帮助演讲者避免演讲时忘词的情况，还可以让客户更了解演讲的内容。但是，请别让PPT成为演讲的主角。PPT过于美轮美奂，会分散客户的注意力，那么客户与演讲者的交流就会少之又少，很大程度上会忽略演讲者的讲述。

⏰ **小故事大道理**

不要关灯

王华在某市进行招商演讲。招商会是在一个比较封闭的场所举办的，再加上是在晚上，所以必须把屋子的灯全都打开。王华在上场之前，公司的同事已经做了一场演讲，但没有用到PPT。看到王华打开投影仪播放PPT，在开关附近的人站起来去关灯。王华连忙说："请不要关灯。"

很多人露出吃惊的表情。王华笑着说："今天是我演讲，而不是我的PPT演讲。"

名师点拨

很多人以为，一打开PPT就必须关灯，这样可以让PPT更清晰。其实，在不影响PPT投影清晰可见的基础上，尽量不要关灯，不要让演讲者处于黑暗的环境里，要让在场的人们看到演讲者的表情、眼神和肢体动作，这些情感上的交流比单纯的演讲内容更容易打动人。

二、新品发布会演讲

新品发布会简称发布会，是企业联络、协调与客户之间关系的一种重要手段，其常规形式是由某一商界单位或几个有关的商界单位出面，将有关的客户或潜在客户邀请到一起，在特定的时间和特定的地点举行一次宣布新产品的会议。

1. 新品发布会演讲的内容结构

新品发布会的目的在于推出新产品，所以发布会的主体内容为演讲者对新产品的介绍。具体来说，新品发布会演讲大体要遵循以下的内容结构。

（1）阐述产品理念

演讲者在一开始可以阐述产品的理念，向观众传达产品的精神品质，为整场发布会奠定一个较高的格调。

例如，在iQOO的新品发布会上，演讲者向观众表示问候之后这样说道："iQOO是一个倡导热爱、探索、积极的健康长远的科技品牌。一路走来，我们坚信，永远坚持做有思想、有情感的产品，将思想和情感融入每一个细节，每一个产品都会更具生命力。作为一个新晋的品牌，我们也坚信，iQOO品牌的生命力就在于不断地向未知的数字世界探索和突破，要不断地给你们带来新的惊喜。"

（2）回顾产品以往的成绩

为了先声夺人，吸引非"粉丝"人群，或巩固"粉丝"人群的黏性，演讲者也可以在发布会的一开始回顾产品以往的成绩，收获现场的热烈掌声。

例如，一加8系列新品发布会一开始，PPT就突出地显示这样一句话："肉眼可见的出类拔萃。"紧接着，演讲者开始讲述过去一年里一加手机取得的成就，PPT中展示"2019年，全球高端手机市场排名第四……2019年，印度高端手机市场份额占比33%，排名第一……2019年，中国3500多家线上高端手机销量第三"，演讲者还列举了众多权威媒体对一加手机的高度评价。

（3）引出新品

回顾完产品以往的成绩之后，演讲者一般会引出新的产品，这是新品发布会的重头戏。新品发布会的演讲者一般是公司的首席执行官（CEO）或创始人。演讲者可稍微概括新品的优势，说出公司的新品设计与哪些合作伙伴有密切关联，这些合作伙伴一般是权威或为人熟知的组织或企业。

然后，CEO 或创始人可让其他演讲者来介绍新品的具体功能、设计风格、性能等优势。演讲者的身份一般有设计师、开发者、产品经理等。为了增强说服力，深化互动性，可安排一些工作人员在现场辅助配合。例如，演讲者阐述某手机的运行能力时，可让工作人员在一旁玩游戏，让游戏画面实时上传到 PPT，凸显手机的高效运行能力。

（4）提出用户的痛点

新品的优势是什么？如果产品不具备其他产品缺乏的特征，优势也就不存在。凸显优势的一大方式就是提出用户的痛点之后再立即提出解决方案。用户痛点往往是用户遇到的但迟迟没有得到完美解决的问题。只要产品能解决用户的痛点，演讲者就要自信、完整地提出来，表达产品的独特性。

（5）说出产品的使用场景

对产品的使用场景，演讲者要详尽地阐述清楚，这样可以让观众更充分地认识到产品的优势。一旦产品的使用场景与观众的预期一致，就很容易满足观众对产品的期待，增强产品的说服力。

（6）讲述产品的体验感

演讲者这时可以对产品的外观设计、使用体验进行详细阐述，进一步完善观众对产品的认知和期待。

目前很多新品发布会有了线上形式，在演讲者说完以后，可以把场地转移到第二现场。这样用户不仅有更多的视听体验，还可以更好地了解产品。

2. 新品发布会 PPT 制作的技巧

震撼人心的演讲总会让人回味无穷，但要让演讲具备影响力和冲击力，将演讲者的情绪传递给客户，这并非全部依赖演讲者的口才。一份精美的 PPT 也能让客户感受到演讲者的真诚。

制作新品发布会 PPT 可以采用以下技巧。

（1）提高有效内容的比例

为了减轻认知上的负担，让观众感觉更轻松，新品发布会 PPT 中要提高有效内容的比例。

① 内容清晰明了。PPT 的内容应力求清晰明了，尽可能避免使用削弱主题的内容。例如，表格的边框要细，颜色要淡，甚至干脆不使用边框。

② 使用纯色背景。PPT 要使用纯色背景，这不仅可以减少观众注意力的分散，还能提升发布会整体上的正式感和严肃感，给人一种所要介绍的产品十分高端的感觉。

③ 文字简洁。PPT 中文字要简洁，内容要压缩，主要放关键句或关键词，然后演讲者围绕关键句或关键词来讲。

④ PPT 不必完整。演讲是一种现场活动，需要演讲者现场讲解。PPT 和演讲者的声音、肢体语言、现场观众的互动反馈等元素交织在一起，形成信息传递的多个通道。因此，PPT 不必是完整的，可以是跳跃的，这和电影中的蒙太奇一样，不影响观众对信息的理解。

（2）留白处理

有些人在制作 PPT 时总是追求"顶天立地"，恨不得把所有空间全部利用上，似乎这样心里才能踏实。但这样的 PPT 毫无设计感。在 PPT 设计中，留白是一个基本的要求，它是创造平衡、协调的工具。留白可以把主要元素和背景区分开，有助于引导视线到被留白包围的元素上，建立层次感，让观众区分出重点和关键点。例如，在小米手机发布会上，PPT 中就留出了大量的空间，把背景与其他元素区分开来，如图 9-4 所示。

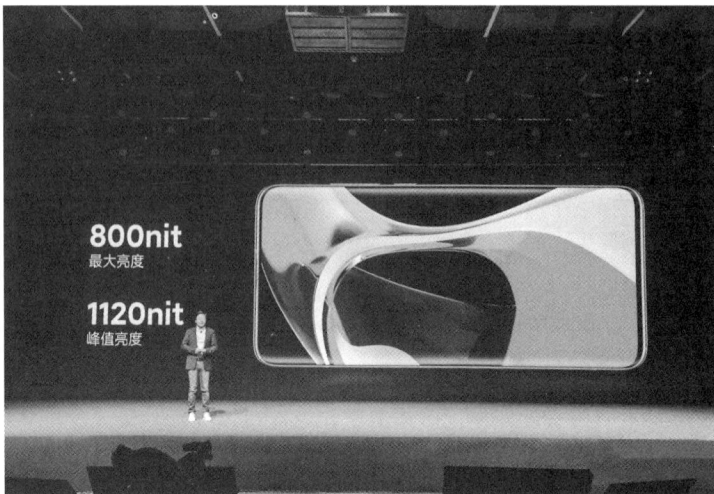

图9-4　小米手机发布会PPT的留白

（3）充分利用图效优势

图效优势是指图片较文字更容易被人记住。人们在较短或有限的时间里接受某些信息时，图效优势尤为明显。图效优势的运用可以帮助人们记忆关键信息。在为文字配图时，应确保文字与图片之间的协调统一，以达到理想的效果。既然图片比文字更容易让人记住，那么演讲者在制作PPT时就要考虑：PPT中的哪些文字内容可以用图片替代。

在使用图片时，演讲者要选择大图，然后在图片中的适当位置插入必要的文字。演讲者必须保证图片的分辨率至少与PPT的大小相当，而且图片上要有足够的空间插入文字。在大图中插入文字比在文字旁边插入一幅小图的效果更好，可以给人耳目一新的感觉。

（4）使用项目符号

图片在PPT中的重要性不可或缺，文字的重要性也非同小可。如果PPT中没有文字，只有图片，PPT就成了电子相册。因此，即便"一图胜千言"，也离不开文字的搭配。在新品发布会上，如果产品的特性用了很多文字来描述，这些文字无法用图片替代，这时就要压缩文字描述，突出要点，每一个要点一行，分条目列出。

这时演讲者可以使用项目符号。项目符号是一种无序列表形式，可以展现出极强的兼容性。图9-5所示为坚果手机发布会PPT页面，关于手机特点的描述就使用了项目符号。

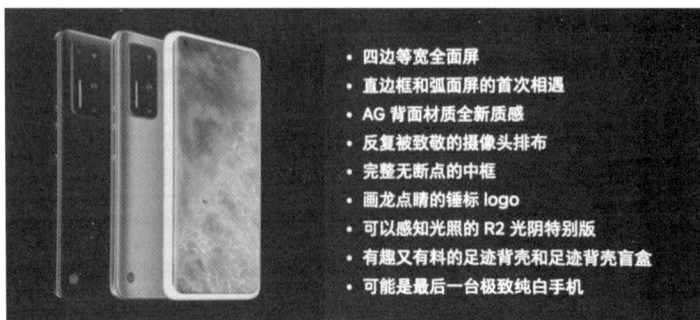

图9-5　坚果手机发布会PPT页面

当然，有些人不喜欢项目符号，觉得清一色的圆点太过于呆板，看起来没有任何变化。项目符号的样式是可以更改的，只要选择"自定义"功能，就可以变换样式。

（5）合理使用视频

合理使用视频可以让演讲变得效果非凡。视频可以展示产品的美感、实用性，以及其他客户使用产品的感受等，非常具有说服力。但要注意的是，视频的长度一般不超过1分钟。

3. 新品发布会演讲的技巧

新品发布会演讲的技巧有以下几点。

（1）讲故事

人人都爱听故事，故事满足了人们对于理想和美好人生的向往。讲故事作为演讲的手段，主要作用有以下3点。

① 讲故事容易引起观众的兴趣，让观众产生深刻的印象，并形成对重点的长久记忆。

② 故事大多是通俗易懂的，利于观众对演讲主题的理解，有助于演讲质量的提高。

③ 讲故事可以有效地活跃现场气氛。

收集和选择故事的途径有很多，如看故事书、听他人讲故事、自己编故事等。选择故事要遵循四大原则，如表9-1所示。

表9-1　选择故事的原则

原则	具体要求
相关性原则	故事一定是为了更好地说明主题，阐述内容要点，而不仅仅是活跃气氛，因此故事的内容要与演讲主题相关
针对性原则	不同的人群对故事的理解习惯不同，因此要针对观众选择合适的故事
向上性原则	故事要积极向上，切忌低俗
新颖性原则	故事不要老生常谈，否则对观众来说没有什么吸引力

小故事大道理

小米公司合影背后的故事

小米公司创始人雷军在小米2的手机发布会上曾介绍自拍功能。虽然自拍功能在如今看来很平常，但在当年是很新潮的。针对这个功能，雷军循序渐进地讲了一个故事。

开场时，大背景上投放了一张照片。雷军介绍说，这是拍摄于2009年的照片，当时他们团队在海淀区保福寺桥银谷大厦的一个小房间里，十四个人煮了一锅小米粥，怀着浪漫主义情怀，准备开创伟大的事业。雷军说，这张照片可以作为小米创业史中的伟大的重要历史文献。

雷军说："细心的网友可能发现两个问题。谁要能找到，送一部小米手机……算了，不让你们找了。这里面只有十三个人，全是男的，没一个女生。"雷军又说道，其实他们是十四个人，也有女生，那女生在哪儿？——女生在拍照。正是因为这个原因，他找了所有照片，都找不到一张所有人的合影，这成为小米不可挽回的遗憾。这时，雷军又说："因此我们要加入这个功能——自拍功能。我们这次小米2将有这个功能：喊一声'拍照'，就自动拍了。"

彰显企业形象的商务型演讲

彰显企业形象的商务型演讲

雷军在介绍小米2的自拍功能时，并没有平铺直叙，而是通过一张合影及背后的创业故事来引出，并用灵活、有趣的现场互动点燃现场气氛，直到最后揭开自拍功能的神秘面纱，让观众无不折服。这种演讲方式的说服力更强，雷军在讲述故事的过程中埋下伏笔（女生在哪儿——女生在拍照）、"抖包袱"（刚说发现照片中的问题赠送小米手机，紧接着说不让找了），节奏很好，吸引了观众的注意力，在众人的关注和期盼下很自然地融入了产品的话题。

（2）有针对性地演讲

在新品发布会上，讲清楚产品解决的痛点是重中之重，但切入痛点的方式决定了发布会的调性。有些新品发布会"雷声大雨点小"，有可能是因为切入点找错了。如果企业负责人觉得自己的产品是一款革命性、颠覆式的产品，可能在开发布会之前就忍不住造势了，这会让观众的期待变得非常高，但在演讲时千万不要一上来就说痛点，不然很难获得理想的效果。

对于颠覆型新品发布会，演讲者要先展示产品的全貌，而不是描述痛点，否则会让产品的格局变得很小。当然，前提是产品的确是颠覆式的，而不是演讲者的自我陶醉。

对于改良型新品发布会，演讲者适合从场景和痛点引入话题，在结尾做好总结和升华，把低维度需求升级为高维度需求。这在改良型新品发布会中至关重要，直接影响发布会的转化效果。

对于普通型新品发布会，很多人觉得产品很普通，很容易理解，没必要开发布会，这种观念是错误的。对于这种类型的发布会，演讲者要把重点放在"人"上，而不是产品上。观众对普通产品的期待，一定是"你是谁""为什么是你"。

小故事大道理

Mate40系列强势登场，余承东：华为敢想敢做，创造美好未来

2020年10月22日，华为Mate40系列全球发布会上，它用近乎行业天花板的科技创新，再次证明了华为的实力，也彰显了华为强大的抗压能力。

余承东在主题演讲《Dare To Dream》中表示，"2020年对于世界每一个人来说都是非同寻常、极具挑战的一年。尽管面临困难，我们还是携手共进，共同应对新的情况。我们取得成功的愿景和希望不应被磨灭，而应该更加蓬勃生长。在华为，我们敢想敢做，创造更美好的未来。"

余承东演讲最后说出了6个大字"在一起，就可以"。华为方面说，站在前线就无畏前路。

新品演讲怎样才能打动观众？除了提供产品、实用的信息之外，还要在情感上下功夫。什么是情感，即通过产品、信息所传递出的价值取向、人生态度，这些是演讲产生情感共鸣、赢得观众的较高境界。

（3）利用停顿的力量

很多演讲者喜欢一气呵成地从头讲到尾，从不停顿，但这样做会让观众听不到重点，无法消化演讲内容。

优秀的演讲者非常擅长利用停顿的力量，给观众留出时间来思考演讲者接下来会讲的内容，进而创造出戏剧性的效果。例如，演讲者在抛出一个问题以后，不是自己说出答案，而是停顿一下，让观众说出答案。

停顿的力量不仅体现在引导观众上，还体现在消除紧张感上。很多演讲者在台上不知道要让眼睛看向哪里。其实演讲者可以选择一个焦点，在与多方位的观众互动时进行眼神交流，而在停顿时，可以选择一个点去聚焦，把注意力放在观察任何一件小事上，如谁戴了手表，观众穿了什么鞋子等。当演讲者有一个要关注的点时，就不会产生紧张感。

（4）让观众参与互动

美国的一个国家训练实验室经过研究，提出了"学习金字塔"模型，如图9-6所示。

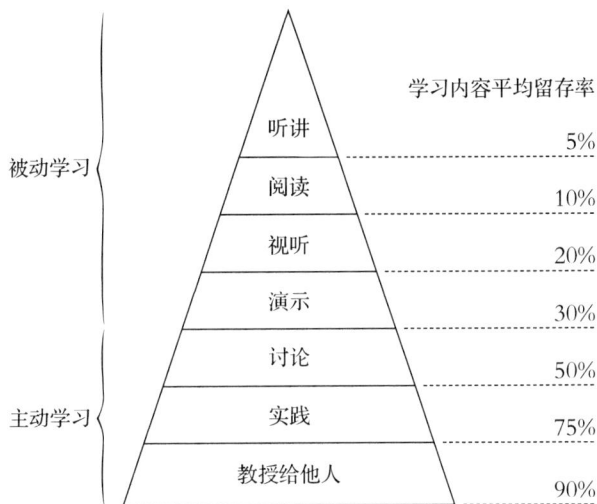

学习内容平均留存率

	学习内容平均留存率
听讲	5%
阅读	10%
视听	20%
演示	30%
讨论	50%
实践	75%
教授给他人	90%

被动学习：听讲、阅读、视听、演示
主动学习：讨论、实践、教授给他人

图9-6 "学习金字塔"模型

学习效果在30%以下的几种传统方式都是个人学习或被动学习，而学习效果在50%以上的都是团队学习、主动学习和参与式学习。也就是说，不管演讲多么精彩，想传递的内容有多高的价值，如果不让观众参与进来进行互动，观众最后或许只能记住演讲的一小部分内容。

演讲是一种价值和想法的传递过程，要让观众最大化地吸收演讲者表达的内容，演讲者就一定要让观众参与互动。在演讲之前演讲者就要想一想，哪些地方可以进行互动。

（5）语言简明易懂

很多演讲者在新品发布会上千篇一律地说着自己产品的优势，但观众仍然感觉不到重点。演讲者要问问自己，如何才能最精准地把产品的特性描述出来。演讲者要保证自己说的内容是强有力的、令人印象深刻、主题鲜明的。

（6）及时调整演讲状态

如果演讲者在演讲时出现绕圈子的情况，很有可能把自己绕进去。这时要想快速跳出来，摆脱大脑空白的窘状，演讲者可以采用以下两种方法。

① 回归结论。一旦在现场讲话时意识到自己离题太远，或开始对一个主题绕圈子绕不出来时，演讲者要立即将自己的意识聚焦到当下正在论述的这段话的主题或结论上，把话题引到核心结论，重申一下，问题就可以快速得到解决。

② 查看PPT。PPT可以提醒演讲者演讲的要点，因此演讲者要充分利用PPT。一旦出现语言啰嗦、思维失控的状态，演讲者可以立刻查看PPT，迅速定位当下正在讲述的要点，然后重申要点。

三、融资路演

创业者在创业初期一般缺少资金，为了寻找资金支持，往往要进行融资。但投资人很忙，手上的项目很多，于是融资路演成为创业者融资的重要方式。所谓融资路演，是指创业者在公共场所向投资人进行演讲，演示项目或产品，以此吸引投资人的关注和青睐，从而获得融资。

要想成功地完成融资路演，获得投资人的资金支持，创业者在路演时要注意以下事项。

1. 选择合适的融资路演类型

融资路演涉及的方面很多，总结起来可以归为三大类型，如表9-2所示。

表9-2　融资路演的类型

融资路演的类型	说明	特点	企业特质
参观型路演	邀请投资人到企业内部参观，在参观企业的过程中让投资人感受到公司文化、产品的优势，从而产生投资的兴趣	聚沙成塔、积少成多是促进融资的最好路演方式，但需要一定的条件，不是每一位创业者都能掌控的	（1）企业应当小有名气；（2）有极强的引领创新能力
活动型路演	通过举办沙龙的方式吸引投资人	企业需要花大量的时间和精力，收益滞后但可观	（1）要让投资人在无形中认可企业的文化；（2）有很强的分享能力，把自己的优势分享出去
现场展示型路演	创业者和投资人直接对接，彼此交心，让投资当场发生	便捷，成功率较高	（1）有完善的路演系统和路演线路图；（2）有好的平台作为支撑；（3）精准、有针对性地展示产品或企业优势

对于急于获得资金支持的初创企业来说，现场展示型路演是最合适的融资路演类型。

2. 合理准备融资路演

准备融资路演具体分为4个步骤：设定路演目标、聚焦观众利益、头脑风暴和设计内容结构。

（1）设定路演目标

融资路演的本质是商务型演讲，商务型演讲的本质是说服观众，使观众理解并赞同观点，最终付出行动。因此，融资路演的目标也分为3个层次。

① 传递信息：让观众了解创业项目的市场前景、商业模式等情况。

② 接受观点：让观众觉得创业项目有优势，有很大的盈利可能性，前景广阔。

③ 激发行动：让观众行动起来，乐意投资，从而让自己获得融资。

融资路演的最终目标是获得融资，但要实现这一层次的目标，创业者首先要实现前两个层次的目标，准确阐述创业项目的市场前景、商业模式、自己具备的优势及盈利前景。

（2）聚焦观众利益

有的路演之所以让人听得只想打瞌睡，很大一部分原因是观众觉得内容和自己关系不大。路演的任何内容都要和观众的利益联系起来，否则很难打动观众。

（3）头脑风暴

很多创业者在准备融资路演时会直接设计一个内容结构，然后把内容填进去，中途如果想到新的内容，再调整和填充。这样就很容易推翻原来的结构，从头再来，导致效率非常低。

创业者可使用头脑风暴的方法准备素材，先把内容罗列出来，再进行逻辑整理。例如，用便签纸把与融资路演相关的内容都记录下来，把能想到的观点、要点全部写下来。

（4）设计内容结构

融资路演是口头语言的传播，内容层次不能太多，否则观众很容易混淆。要想让观众听得简单明了、一目了然，创业者最好使用线性结构，在短时间内用一个主旨把几个要点和内容串联起来，让内容呈现简洁的美感。

3. 融资路演的内容结构

一个好的融资路演应该具备以下特质：一是讲述一个令人信服且逻辑合理的故事，二是通过实验和研究数据验证商业模式，三是结尾有经过充分研究推导出的明确融资数额。具体来说，融资路演的内容结构可以分为以下几点。

（1）问题和痛点

很多创业者在融资路演中喜欢推销他们的解决方案，而且往往在这方面用力过度，却忘了让投资人明白他们要解决的问题是什么。关于这一方面，创业者要融资路演中要明确以下几点。

① 问题和痛点是什么？

② 你是如何发现问题和痛点的？你是否有相关的一手和二手的研究数据？

③ 你要为谁解决这个问题？

（2）解决方案

在解决方案的讲述中，创业者要回答以下问题。

① 人们目前正在使用的其他解决方案是什么？为什么这些解决方案没有真正解决问题？

② 你的解决方案是什么？

③ 你的方案为什么比其他方案更有优势？最终能带来什么好处？

④ 你的方案有什么专利或独特之处吗？

（3）数据验证

很多投资人到了这一阶段想看到解决方案的数据验证，以此来评估该创业项目是否是一个好的投资机会。这时创业者要回答以下问题。

① 你目前有多少客户或用户？

② 你每月和每年能产生多少收入？

③ 你的每月增长是多少？

④ 你是否实现盈利？

⑤ 你有重要的合作伙伴吗？

⑥ 你有来自客户的嘉奖吗？

（4）产品

创业者要大体上阐述一下自己的产品，在不透露过多细节的同时说明产品是如何工作的，语言要尽量简洁。这时创业者可阐述以下内容。

① 你的产品是如何工作的？

② 产品如何为客户带来价值？

（5）市场分析

创业者可以阐述所在行业的市场总量、自己企业的可服务市场总量和实际服务市场总量。如果自身所在行业的市场属于极度细分的市场，创业者可谈一谈如何进入该市场的前列。

创业者可阐述以下内容。

① 企业的用户画像是怎样的？谁是你的早期使用者？

② 客户的生命周期价值和获得成本是多少？客户流失率是多少？

（6）竞争分析

创业者要展示自己的企业在适应市场和获得市场份额上的信心，同时展示当前的客户满意度和忠诚度。创业者要考虑以下问题。

① 你的市场定位是什么？

② 如何防止竞争对手夺走自己的市场份额？

③ 你要如何变得比竞争对手更优秀？

（7）商业模式

一个创业者的真正产品不是解决方案，而是一个行得通的商业模式。创业者真正该做的是随着时间的推移系统性地降低商业模式的风险。因此，创业者要展示企业商业模式的工作原理，以及如何通过早期使用者验证。创业者要解答的关键问题有以下两点。

① 企业要如何创收？

② 商业模式是如何通过实验或案例研究得到验证的？

（8）市场推广策略

创业者要让投资人知道自己如何获得目标市场，而市场推广策略应当在小范围内得到验证，并确定了最有效的客户获取渠道。创业者这时要回答以下问题。

① 如何让产品出现在客户面前？

② 基于当前的资源，你将关注哪些渠道？你是如何验证这些是最有效的渠道的？

③ 你有什么有竞争力的分销策略？

（9）融资需求

为了支持市场推广策略，创业者要提出融资需求。这时投资人应该明白该创业项目是否是一个好的投资机会，他们现在想知道需要多少资金来实现创业项目。这时，创业者要重点回答以下问题。

① 你需要多少资金来进一步验证你的商业模式？

② 你目前的资金池还能支持多久？你还要消耗多少资金？

③ 资金将如何分配？

④ 你的获客成本是多少？你有多大的信心能够将获客成本保持在一定范围内？

（10）团队

创业者要介绍团队的情况，包括团队成员各自的职务和过往经历，向投资人解释为何自己的团队是完成该创业项目的最佳选择。这时，创业者要重点回答以下问题。

① 团队里有哪些成员？他们有什么相关技能和经验？

② 你是如何认识这些成员的？你们过去做过的哪些事情可以证明你们之间能够合作顺利？

③ 你有哪些顾问？他们的经验与你要解决的问题有何关联？

（11）愿景

在创业者提供了所有事实、数据和检验信息后，如果这些内容达到了投资人的标准，投资人会想知道为什么要关心该项目。创业者在这时要回答以下问题。

① 你的愿景是什么？

② 什么在激励着你实现这个愿景？

4. 融资路演的技巧

融资路演是一个系统工程，需要创业者做好充足的准备，如商业计划书的制作、演讲者的挑选、路演场合的匹配选择等。要想融资路演获得成功，创业者可以使用以下技巧。

（1）制作适当的商业计划书

商业计划书是一份全方位的项目计划，其主要的是递交给投资人，以便于他们能对企业或项目做出评判，从而使企业获得融资。商业计划书是对自己企业的梳理，也是创业者演讲的辅助。商业计划书要包含以下内容：投资亮点、企业的基本情况（企业历程、主要业务和核心技术等）、商业模式、行业分析、团队介绍、财务情况与预测、发展规划、融资计划（融资用途及资金需求）。

（2）PPT的内容要简洁明了

成功融资的路演PPT一般以简单明了的图表和数据为主，辅以简短的总结文字和强调文字，给人直观和有冲击力的感觉。创业者一定不要在PPT中写大段文字并照本宣科。路演的内容需要创业者自己讲出来，而不是让投资人费力地在PPT中寻找。

详细的数据可以明确告诉投资人企业的发展趋势、竞争优势、历史财务状况和盈利预测等。如果企业过去有很快的增长，可以直接放上图表。显而易见的增长趋势会使投资人立刻产生兴趣。

（3）讲一个有逻辑、带感情的故事

讲故事是融资路演的一种惯用方式，其实际效果已经得到验证。创业者在讲故事时要把企业过去的、现在的、未来的成长故事讲给投资人听，而故事能不能被投资人听懂，关键在于创业者能否把握好故事的逻辑和演讲的感情。

企业所处行业不同，讲故事的逻辑也不同。互联网行业一般先讲用户的痛点，为什么做产品，自己的产品能解决用户的什么需求；再讲做什么，产品如何解决用户的痛点；接着讲如何做，即产品的商业模式、盈利模式；最后讲谁来做，阐述团队的人员配置。

传统行业一般先讲做的是什么，行业的状况如何，市场空间有多大；然后讲商业模式是什么；最后讲如何盈利。但不管先讲哪些内容，创业者都要用讲故事的方式来讲述，以吸引投资人的关注。

带感情是指创业者在演讲时要精神饱满，展现出企业精神和创业的激情，讲述的故事一定要生动有趣，而不是从头到尾平铺直叙。

（4）说出痛点和亮点

如果企业的产品是切实解决用户的某些痛点、需求，最好强调出来。企业可以结合所在行业的特点来突出自身优势，包括产品技术、核心团队、市场渠道、商业模式等方面。例如，在高科技行业，企业的技术领先，比竞争对手强大，这就是最大的亮点；在互联网企业，企业产品解决了用户的哪些痛点，是如何解决的，创业者可以尽情展示产品的细节和独特价值，这就是最大的亮点。

如果创业者能在融资路演开始的3~5分钟内把自己企业的亮点提炼出来，吸引投资人的眼球，那么投资人对企业项目的兴趣会大大提升。

（5）重点阐述所在行业的知识

创业者应该对所在行业有足够的了解，这样才能打动投资人。投资人一般对关注的行业有比较全面的了解，但对于细分行业往往了解得并不是很透彻。创业者的融资路演时间是有限的，所以不要一上来就谈产业概念和风口，因为投资人在这些方面已经了解很多了，比创业者更清楚。创业者要说的应该是所处行业的现状、自身企业所处的阶段、企业链接的上下游、进入市场的壁垒、市场上的竞争对手及与他们之间的区别、行业的利润率等。

（6）突出团队优势和核心人物

投资人不只关注创业者创办的企业，还关注企业的团队成员。对于投资人来说，投资企业就是在对人投资。因此，创业者在融资路演时要尽可能突出自己团队的优势，如果没有足够的时间去逐一讲述每个团队成员的背景和从业经历，那就把最核心的、与企业竞争力相关的部分说出来，如最核心人物的经历、团队拥有的资源、可以解决的问题等。

在创新创业中
增长智慧才干

（7）做好应变准备

有时投资人承诺给创业者一个小时的融资路演时间，但为了考验创业者的即兴发挥能力，看创业者是否准备得足够充分，可能会临时把融资路演时间缩短一半，这就需要创业者重新安排自己的时间。创业者要做好及时应变的准备，做好第二套方案，提前想好投资人可能会问的问题及其答案，做最坏的打算，一旦中途出现变化，可以随机应变。

回顾·思考·讨论·应用

一、单元知识要点

商务型演讲的前期准备：全方位布局，了解观众，确定演讲风格。商务型演讲的具体技巧：招商演讲、新品发布会演讲、融资路演的技巧。

二、选择题

1. 关于招商演讲的内容结构，下列描述错误的是（　　）。

　　A. 在讲完行业优势后讲述行业趋势　　　　B. 要用数字讲解盈利模式

　　C. 用图文并茂的形式讲述成功案例　　　　D. 介绍企业的扶持机制

2. 在制作招商演讲PPT时，下列做法中正确的是（　　）。

　　A. 制作阅读型PPT　　　　　　　　　　　B. 在一页内同时显示多个要点

　　C. 没有图片可使用图标　　　　　　　　　D. 表格的结构要尽量松一些

3. 关于新品发布会演讲的内容结构，下列描述错误的是（　　）。

　　A. 一开始要阐述产品理念　　　　　　　　B. 引出新品是新品发布会的重头戏

　　C. 阐述产品的使用场景和体验　　　　　　D. 由一名演讲者一气呵成地介绍产品

4. 关于新品发布会演讲PPT的制作，下列说法正确的是（　　）。

　　A. 追求更低的信噪比　　　　　　　　　　B. PPT要进行留白处理

　　C. 使用大图会遮住文字　　　　　　　　　D. PPT中不要使用项目符号

5. 在新品发布会演讲过程中，下列做法错误的是（　　）。

　　A. 通过讲述通俗易懂的故事吸引观众　　　　B. 讲清楚产品解决的痛点

　　C. 大脑出现空白时要直接结束演讲　　　　　D. 适当停顿可以引导观众思路

三、问答题

1. 商务型演讲之前要做好哪些准备？

2. 演讲者在制作招商演讲PPT时要注意哪些事项？

3. 新品发布会演讲的大致内容有哪些？

四、实践与应用

1. PPT制作训练

（1）学生们自由分组，一组人在网络上查找公司招商会的演讲稿，以及该公司的概况，然后组内的每个人根据这些内容制作PPT。

（2）组内讨论，分析谁的PPT制作得更好。

（3）根据讨论结果改善自己的PPT，以提升制作PPT的水平。

2. 演讲训练

（1）学生在教师指导下练习演讲技巧，并结合招商演讲PPT的内容尝试演讲。

（2）熟练以后，学生们延续之前的分组，分别派代表上台演讲。

（3）教师点评学生的演讲，并分析哪里需要改进。

第十单元

快速打动客户的营销语言

10

在销售的过程中，语言是极其重要的。大多数销售成功的秘诀不仅在于产品，更在于销售人员的个人魅力，而语言表达是展现个人魅力的重要途径。要想快速打动客户，销售人员首先要做的是了解客户，与客户建立良好的人际关系，然后才能层层推进，把握客户需求，向客户介绍产品，同时完美地解决客户的异议，进而完成营销目标。

课前思考

1. 在与客户沟通时，销售人员的营销语言表达要遵守哪些原则？

2. 对于不同的客户，销售人员要如何有针对性地介绍产品？介绍产品时客户有异议，销售人员该怎么做？

情景还原

优秀的导购员

张培是MT集团一家商场中的一名灯饰导购员。有一天，她接待了一位中年客户。看到客户在柜台处兜兜转转，张培问道："您好，欢迎光临，请问您选哪一款灯？"

客户说："我想选一款护眼灯。"

张培为客户推荐了一款："您看这一款怎么样？"

客户看了一眼上面的价格标签，摇了摇头："太贵了。"

张培说："是的，这款灯的价格确实有些贵，但买护眼灯不能光看价格，最重要的是质量，看它是不是有护眼作用。判断一款护眼灯是否真正护眼，有三个标准：一是看灯有没有频闪；二是看这个灯是不是使用的三基色荧光光源，光线是否柔和；三是亮度是否合理，有没有炫光。"

客户点了点头："嗯，你说的好像有点道理。"

张培问："您是买给自己用还是给孩子用？"

客户回答："我给我家小孩买的。"

张培马上向客户推荐了另外一款黑色的护眼灯："那您看看这一款怎么样？"

客户摇了摇头，表示自己不喜欢。

张培问："您为什么不喜欢呢？您是不喜欢灯的颜色还是灯的造型呢？"

客户说："我不喜欢这个颜色。"

张培说："那我给您推荐这款蓝色的，蓝色在今年是流行色，男孩女孩都非常喜欢。"

客户说："这个颜色还可以，但我觉得你推荐的这款灯也有点贵。"

张培问："除了价格以外，您在其他方面是否都感到满意呢？如果您都感到满意的话，我可以给您申请一个合适的价格。"

客户说："嗯，除了价格贵，其他方面我都满意。"

张培说："其实这款灯自从上市以来从来没有打折，而且很多人拿着钱也买不到自己满意的产品，您今天真是幸运。您要是确定买的话，我可以跟店长申请一下，给您打9折，并送您一份礼品。"

最后，客户接受了张培的价格，购买了这款护眼灯。

请分析案例中张培在处理客户的异议时采用了什么方法。

专题一　初识营销语言

营销语言是指以言语为载体、商务信息为内容，促使销售成功的策略和技巧。通过有效使用营销语言，销售人员可以加快说服客户的节奏，减少被客户拒绝的可能性，这对于提高销售业绩有很大的帮助。

一、营销语言的作用

营销语言是一种以销售人员为主导的双向思想交流的专门性语言，它与一般性语言有着明显的区别。销售人员既要清晰明了地表达自己的观点，又要认真地倾听客户的意见，然后找出突破口，通过商谈说服对方，协商双方的目标，最终将产品推销出去。

俗话说："货卖不好，话语未到；话语一到，货卖三俏。"这句话体现出了营销语言的重要性。销售人员要想让产品介绍富有诱人的魅力，以激发客户的兴趣，刺激客户的购买欲望，就要讲究语言的艺术。

掌握营销语言这门艺术的人，往往讲话精练，字字珠玑，简洁有力，使人不减兴味且深得人心。对于销售人员来说，关键不在于说的话有多少，而在于是否能把话说到客户心里去。

销售人员最基本的日常工作就是面对形形色色的客户，并时刻准备应对各种各样的突发事件。不管是与客户的接触，还是对突发事件的应对与处理，都离不开销售人员与客户的沟通，而这种沟通的有效性建立在销售人员出色的营销语言上。如果销售人员的语言表达能力不好，就很难吸引客户的注意，也就谈不上成功销售了。

快速打动客户的营销语言

小故事大道理

失败的推销

一名销售员来到某公司推销验钞机。进入公司之后，他直接走到最近的一张办公桌上，低声问道："你好，财务部在哪里？"

对方头都没抬一下，用手指向一间屋子："在斜对面。"

销售员走进财务部主管的办公室后，担心对方不同意购买验钞机，就犹豫着走到桌边，慢吞吞地说："要不要验钞机，买一个吧。"

主管摇摇头，说道："我们不需要，就这样吧。"说完，主管低头做着自己的事情。过了一会儿，销售员看没人搭理他，自感无趣，只好灰溜溜地离开了。

名师点拨

故事中的销售员之所以推销失败，除了财务部对推销的成见以外，更多的是因为销售员平淡的话语很难让人产生兴趣。销售员要想成功销售，至关重要的是用营销语言吸引客户的注意，赢得客户的好感，然后才有机会说服客户做出购买产品的决策。

除了激发客户兴趣外，营销语言还能消除客户疑虑，向客户传递相关信息，缓和紧张和尴尬的气氛，帮助销售人员摆脱被动的局面，进而有效地实施销售策略，完成销售，同时赢得更多客户。

总之，销售工作的各个环节都离不开营销语言，良好的语言表达能力是销售人员走向成功的关键和有力保证。

二、营销语言的特征

营销语言是在销售和营销过程中使用的语言，它除了具有语言的一般特点以外，还具有以下特征。

1. 目的性

营销语言具有明显的目的性，在与客户接触的过程中，营销语言的目的是宣传产品、推销产品。一般来说，营销语言的目的比较单一，在某个时间、某个场合，对某个人说什么样的话，都有特定的目的。只要获得了预期的效果，营销目的就算达到了。

2. 真实性

营销语言的真实性体现在两个方面：一方面说的话要真实、确切，销售人员在介绍产品时要实事求是，不说含混不清的话；另一方面感情要真挚，销售人员要热情地对待每一位客户，不能虚情假意，也不能油嘴滑舌。

销售是通过经营者和客户的双方沟通来完成的，是建立在客户对经营者的信任和信念之上的，而人的信任感和信念感的形成有一个过程，客户在确信产品具有真实性以后才会产生信任感，而客户对产品真实性的追求获得满足以后会逐渐形成对产品的信念感。因此，语言的真实性是营销语言的基本特征，是对销售人员的基本要求。

当然，在保证真实、可信的基础上，销售人员也可以适当夸张地表达对产品的感受，以吸引客户的注意。

3. 艺术性

营销语言不但是为商业活动服务的工具，而且是一种语言艺术，其艺术性是对销售艺术的具体体现。营销语言的艺术性表现在接待客户、介绍产品、业务洽谈等具体的销售活动中。

如果销售人员语言缺乏艺术性，无所忌讳地胡说乱说，那么只会自讨没趣，几乎不可能达到销售目的。

🕐 **小故事大道理**

伤害性极高的推销

某日化用品公司的销售员到一个工厂推销具有染发、防皱等功能的化妆品。见到工厂的工人以后，这位销售员说道："人过四十，天过午，头上的白发一天比一天多，脸上的皱纹一天比一天深，人变得越来越老。今天我给大家带来了几种美容产品，可以帮助大家遮遮丑……"

工人们越听心里越不是滋味，都笑着说："算了吧，人越老，学问越多，也许越懂礼貌，还是听任白发和皱纹越来越多吧。"说完，这些工人不约而同地走开了。

名师点拨

故事中的销售员在说话时没有礼貌，直接点明工人们的长相丑、老，让工人们非常生气，所以工人们自然不会购买他推荐的产品。可见，营销语言要是没有艺术性，不但会得罪客户，而且会丢了赚钱的机会。

---

4. 直接性

营销语言一般指的是口头语言，存在于销售人员和客户的交际之中，因此与书面语言有较多不同之处。书面语言如果出错，可以及时修改，而营销语言的表达与感受同步，具有直接性。因此，销售人员要擅长随机应变，善于思考，"三思而后言"。

5. 适应性

客户的类型不一，在不同的消费情境中有不同的心理需求，这对营销语言的要求也不尽相同。因此，销售人员的语言要能够适应不同的场合和不同的客户。人们的文化、性格、兴趣爱好、经历等各不相同，销售人员也应针对不同的客户使用相应的语言。例如，对老年人、少年儿童，销售人员要使用耐心细致的语言；对青年人和中年人，销售人员要使用富有时代性、干脆利落的语言。

三、营销语言表达的原则

语言交流贯穿于销售活动的整个过程中，语言表达的优劣直接关系到销售活动的成败。因此，销售人员要想做好销售工作，应当讲究一定的语言技巧，遵守营销语言表达的原则。

1. 真诚原则

"精诚所至，金石为开。"销售人员在销售过程中要真诚地面对客户，说话时要流露出真实的情感和诚恳的态度。例如，在初次与客户见面时，销售人员要真诚地赞美客户，这样可以有效地拉近彼此的距离，促进销售工作的顺利开展。

⏰ **小故事大道理**

亲切的口音

刘海是公司的营销人员，一天他到某商场推销商品，接待他的是商场副经理。商场副经理一开口，刘海马上说："听口音您是北京人。"商场副经理点点头，问他："您也是北京人？"刘海笑着回答："不，但我对北京很有感情，一听到北京口音就感到非常亲切。"

简单的几句话以后，商场副经理很热情地接待了刘海，两个人在业务上也谈得很顺利。

名师点拨

故事中的刘海在与商场副经理说话时，准确地判断出对方的口音，但又没有虚伪地说自己是北京人来套近乎，而是真诚地表达了对北京的感情。这种真诚的语言可以打动客户的心，所以获得了热情的接待，业务也谈成了。从故事中可以看出，在与客户初次见面时，找到自己与客户的相同之处，能最大程度地连接话题，使销售进行得更顺利。

营销语言的真诚原则还要求语言庄重不轻浮，因此销售人员不能花言巧语或信口开河。有些销售人员为了让客户相信自己，往往把话说过了头，这是非常不可取的。在日常生活中，我们会看到一些商家在促销时经常使用"跳楼价""挥泪大甩卖""清仓大处理""亏本卖"等语句，这种过了头的话语，起到的是反作用，难以获得人们的信任。

精诚所至，金石为开

2. 慎重原则

商场如战场，销售人员说话时稍有不慎就会导致利益受损。在遵循慎重原则时，销售人员要注意以下几个方面。

（1）不轻易许诺

销售人员不要轻易向客户许诺一些办不到的事情。在销售过程中，销售人员可以在一般性的交谈中侃侃而谈，但在关键问题上应当慎之又慎，即使可以用轻松的语言来讨论和交流，在表态时也要严肃认真，不能马虎。有的销售人员与客户谈天说地，说到尽兴处，忘乎所以，在关键问题上轻易承诺，事后悔之晚矣，因为不落实承诺是不守信用的表现，而落实了承诺就要蒙受损失。

（2）不把话说绝

当客户提出要求或条件时，其中有一些交叉的利益关系在短时间内无法理顺，为了给自己留有余地，销售人员不要一口回绝，以便于利用时间争取主动。营销语言要进可攻，退可守，不要让自已陷于被动和尴尬的境地。

（3）不外露情绪

销售人员要具备察言观色的能力，而客户可能也具备这种能力。因此，销售人员要在业务洽谈过程中"喜怒不形于色"。这种慎重要表现得轻松和自然，如果表现过度，客户会认为销售人员是一个过于谨小慎微的人，而从销售人员外露的慎重中，客户也能察觉销售人员的真实意图。

3. 通俗原则

营销的目的是推销产品，因此，销售人员向客户传递产品信息，介绍产品的特点和优点，说服客户购买时，说的话要通俗易懂，让客户一听就能领会和理解。如果客户听不懂销售人员说的是什么，就不会产生购买欲望，更谈不上放心去买了。

营销语言要做到通俗易懂，销售人员首先要使用规范化语言，尽量用普通话，且用词规范，少用生僻词语和专业术语。语言力求简洁明快、富有表现力，让客户觉得亲切自然、通俗易懂。销售人员不要堆砌华丽的辞藻，而应当语言质朴，让客户感受到坦诚和率直。

例如，销售人员在推荐洗发用品时，如果这样说"这款洗发水含有多种表面活性成分，如月桂醇聚醚硫酸酯铵、月桂醇聚醚硫酸酯钠、月桂酰谷氨酸钠，还有顺滑性成份，如硅油、植物油等，可以让头发柔顺、不干燥"，那么客户在听到如此长的专业词汇时，会很快失去了解的兴趣。销售人员应当只说含有表面活性成分即可，然后重点讲解洗发水的营养物质对头发的护理作用，如"这款洗发水含有多种表面活性成分和顺滑性成分，清洁、去油脂的效果非常好，还能去除头皮屑，对头发和头皮有很好的护理作用"。

4. 生动原则

生动原则要求营销语言新鲜活泼，可以灵活地表现事物和思想感情。营销活动说到底是一种说服行为，如果说服的语言呆板、无趣，让客户觉得味同嚼蜡，那么产品的质量再好，也难以获得客户的认可，销售人员也就无法获得销售效益。因此，销售人员说话要风趣幽默、生动活泼，这样比直截了当的效果更好。

⏰ 小故事大道理

有价值的玩笑话

一位营销人员在市场上推销灭蚊剂，他滔滔不绝地讲述了灭蚊剂的使用效果，很多人被他的讲述吸引了过来，围成了一堵人墙。

人群中有人提出了一个十分刁钻的问题："你敢保证这种灭蚊剂能把所有的蚊子都杀死吗？"

这位营销人员机智地回答："不敢，在你没打药的地方，蚊子照样活得很好。"这句玩笑话使围观的人们愉快地接受了他的推销宣传，几大箱灭蚊剂很快就被抢购一空。

名师点拨

在营销活动中运用生动的语言，不仅可以营造轻松、活泼的气氛，还为营销工作创造了一个良好的环境，会给客户留下深刻的印象。故事中的营销人员面对刁钻的问题，并没有虚伪地做出绝对化的承诺，而是用幽默的语言侧面表现了产品的优势和效果，说服力很强，打消了人们的顾虑，所以产品才会被抢购一空。

5. 简洁原则

简洁原则要求销售人员用简单明了的语言把尽可能多的信息传递给客户，不管是在推荐产品时还是业务洽谈时，都要突出重点，让客户能够听懂、记住。如果销售人员说的话颠三倒四、反复啰唆、言之无物，不但无法让客户抓住重点，而且会占据客户很多时间，从而引起客户的反感。

简洁的语言是销售人员与客户交际的需要，能反映出销售人员业务熟练，思维缜密，能对事物的本质有较为清楚的认识。销售人员要一语中的，删繁就简，不说废话，能用一句话讲清楚的决不说两句，只围绕主题讲，选择最具有说服力的典型事例说服客户，从而达到营销目的。

专题二　营销语言表达的策略

销售人员在与客户沟通时，只了解营销语言表达的原则还不够，在具体的销售过程中，对于常见的问题，在关键的沟通阶段贯彻营销语言表达的策略也十分重要。因此，销售人员要掌握基本的营销语言表达策略。

一、根据客户特点有针对性地沟通

不同的客户可能具有不同的价值观、审美观和人生观，做事风格也各不相同。这些不同主要表现在语言行为，肢体动作，语气、语调、语速等方面。心理学家威廉·莫尔顿·马斯顿在著作《常人之情绪》中提出了DISC理论，把人划分为4种类型：支配型（Dominance）、影响型（Influence）、稳健型（Steadiness）和服从型（Compliance）。同样，客户也可以分为这4种类型。销售人员要仔细分析客户的特点，针对不同类型的客户采取不同的交流方式，以营造和谐的沟通氛围，最终达成营销目标。

1. 支配型

支配型的客户大多有强烈的控制欲望，凡事都要在自己的掌控之中。他们做事雷厉风行，追求高效，一切情都必须要有结果，对目标的追求很坚定，更多地专注在事情上，不太会考虑其他人的感受。

面对这类客户，销售人员在沟通时一定要注意效率，言简意赅，一语中的。如果销售人员喋喋不休，客户就会非常反感。另外，销售人员要把决定权交给客户，千万不要帮客户做决定。销售人员要就事论事，不要谈关系、打感情牌，更不要越界，而要公私分明。

需要特别注意的是，这类客户总认为自己是对的，不太能接受他人的反驳，所以销售人员可以采用欲擒故纵的方法，激发客户的逆反心理。

🕐 **小故事大道理**

绝妙的激将法

王海全是一个经验丰富的销售人员。一日，他去拜访客户，一推门发现有一个20多岁的年轻小伙子，留着板寸发型，拿着手机在电话里骂骂咧咧。看到王海全进来，小伙子没有理会。

等打完电话，小伙子问王海全："你是干什么的？"

"我是卖办公桌椅的，您不是想买一套桌椅吗？我过来看看。"

> "多少钱一套啊？"
>
> 王海全想了想，说："我们的桌椅挺贵的，一般人买不起。"
>
> 小伙子说："再贵也得有个价吧，你就说多少钱一套。"
>
> "10万元一套。"王海全把产品目录递给小伙子。
>
> 小伙子拿眼瞟了一下，说："10万元也叫贵啊，给我来一套！"
>
> 王海全说："我看了一下，您的办公室空间不大，要是摆放一整套可能有点拥挤，我觉得给您合理定做比较好。"
>
> 小伙子一听就不高兴了，说："你什么意思？我就问你我这办公室摆一套够不够霸气？"
>
> 王海全说："确实很霸气，您的标准很高。"
>
> 小伙子说："那就得了，我要的就是霸气，屋子挤不挤跟你没关系。"

名师点拨

支配型客户一切以结果为导向，对任何事情都要有掌控权，不接受他人的反驳。故事中王海全通过客户打电话的行为举动和言谈就判断出他是支配型客户，于是采用激将法，故意说"一般人买不起""屋子会拥挤"等话语，激发出客户的逆反心理，让他偏要买，从而顺利达到销售目的。

2. 影响型

影响型客户比较感性，更喜欢用感性思维来做决定。这类客户喜欢与人交流，不喜欢独自一人，同时追求时尚，总会产生一些新奇的想法，表现欲强烈。他们热情、直接，有幽默感，比较活跃，在说话的过程中往往会借助一些动作来表达。

销售人员在与这类客户沟通时，要学会顺着客户的思路走，让客户多说一些，并注意倾听，从客户的表达中提取重要信息，不要打断客户。同时，销售人员在说话时要声音洪亮，与客户一样保持热情和活力。

3. 稳健型

稳健型客户做事情比较优柔寡断，不太喜欢出风头，即使心里有一些想法，也不会轻易说出来。由于这类客户不知道自己要什么，总是需要他人帮忙做决定，所以销售人员如果跟着客户的思路走，会迟迟无法成交，但如果销售人员强势的话，也容易使客户反感。因此，销售人员在面对这类客户时要理解客户优柔寡断的性格，保持足够的耐心，用细致的讲解和真诚的服务打动客户。

🕐 小故事大道理

拿不定主意的顾客

一名女士到珠宝店挑选钻戒。女士看了所有的款式，比较了所有的价格，最终在店员的耐心引导下确定购买一枚六爪皇冠的经典款。到了要成交的最后一刻，女士又犹豫着说要再考虑一下。

这时已经过去两个多小时了，接待她的店员已经不对这个单子抱什么希望了。旁边的同事赶紧倒了一杯水给女士，和女士聊起了生活中的一些琐事。过了一会儿，女士心情放松了，决定就买这款。这时店员才松了一口气。

但是，就在付款时，女士又反悔了，说付款以后自己又后悔了怎么办？虽然女士很犹豫，迟迟不付钱，但也没有离开的意思。于是，店员就把她引导到休息区继续聊天。经过4个小时的努力，最后女士终于付款了。

名师点拨

故事中的顾客经常变来变去，出尔反尔，但是销售人员始终耐心地讲解，并与顾客谈心，最后才彻底打消了顾客的顾虑。在面对这种客户时，销售人员还可以限制客户的选择范围，如二选一，减少客户的选择难度，让客户快速做出决定。

4. 服从型

服从型客户的逻辑思维能力很强，做事非常认真，对任何事情都要求很高，追求完美。他们对事实和细节感兴趣，倾向于以实际且长期的方式看待事情。他们很少做出情绪化或冲动性的行为，而是按计划行事，把所有已知的可能性都考虑进去。高度服从型的客户喜欢程序和组织，会很自然地遵循规定，服从指示。他们重视正确性和精确度，不会把时间花在广泛的概括事项上。

在面对这类客户时，销售人员要非常直接，不要有太多的寒暄，而且在说话时语言要非常准确，不要模棱两可。销售人员要实事求是，保持客观，给客户提供充分的数据、证据和书面材料，以增加说服力。

二、说好开场白引发客户兴趣

在与客户面对面沟通时，说好开场白是十分重要的。销售专家通过深入的调查与研究发现，在销售接触中，客户在刚开始的30秒内所获得的刺激信号一般比之后10分钟里所获得的要深刻得多。但很多时候销售人员对第一句话处理得不太好，开场白是没有任何作用的废话。

开场白的目标是吸引客户的注意力，引起客户的兴趣，使客户乐于继续交谈下去。在说开场白时，销售人员可以使用以下几种方法。

1. 寒暄

销售人员与客户初次见面时，开场白往往是从寒暄开始的。寒暄是人际交往中不可缺少的一环，是交谈的"导语"。得体的寒暄可以获得客户的好感，让沟通顺利进行下去。

寒暄可以分为3种方式，如表10-1所示。

表10-1　寒暄的3种方式

寒暄方式	解释	特点
问候式	先问候客户，然后进行下面的交谈	这类寒暄要简短，不可问东问西
聊天式	先跟客户聊一些无关紧要的话题来接近客户，寻找成交机会	无论是陌生拜访，还是与老客户沟通，都可以采用这种方式，但不要聊太久
赞美式	与客户沟通时，适时地称赞客户	这种方式可以营造一种和谐的氛围，但赞美要实事求是

2. 利益引导

以利益引导客户是销售高手普遍具备的意识。在刚开始见面时，销售人员就要让客户了解自己的利益，并且出发点必须100%从客户的利益出发，只有这样才能把话说到客户心里，让客户产生信任。

例如，"如果我送给您一套有关提高个人效率的书籍，您打开以后发现内容十分有趣，您会读一读吗？如果您读了之后非常喜欢这套书，您会买下来吗？""张经理，我有一种节能设备，可以让您的公司减少一大笔电费开支。"

3. 制造悬念

好奇是人类行为的基本动机之一，人们会被那些不熟悉、不了解和与众不同的事物所吸引。为了快速激发客户的兴趣，销售人员可以假设一个场景，制造一些悬念，将产品最终能给客户带来的利益转换成一种问句的形式，让客户在销售人员一开始介绍产品时就产生好奇心和期待感。之后，只要销售人员能够证明产品是有效的，确实可以为客户带来方便和利益，客户购买的意愿会非常强烈。

小故事大道理

提前备好救生圈

销售员汪华见到客户时第一句话就说："我有一个救生圈要卖给您，您打算出多少钱？"

客户摇摇头："我不需要救生圈。"

汪华说："如果您坐在一艘正在下沉的小船上，您打算花多少钱买救生圈呢？"

客户对汪华的问题有了兴趣："那就该考虑一下了。"

汪华进一步说道："当您坐在一艘正在下沉的小船上时，再去考虑花多少钱购买救生圈，岂不是为时已晚了吗？"

客户反问道："你的意思是让我预备一个救生圈？"

汪华说："对，提前备好救生圈。但是先生，我不是来卖救生圈的，我其实是一名保险销售员，您应该已经知道，在遇到危险之前的安全准备措施是非常重要的，所以您肯定已经知道保险的意义了。那么您是否考虑为自己买一份保险呢？"

客户听完汪华的话恍然大悟，说道："那你就给我做一份详细的保险计划吧。"

名师点拨

故事中的汪华仅仅用了一句具有悬念的问话就向客户阐述了这样一种思想：人必须在实际需要出现之前投保。销售人员用悬念式开场白，引起了客户的重视，从而为自己争取到进一步解说的机会。随后，汪华通过深入解说，激发了客户的购买欲望。

4. 提及第三方

如果销售人员与拜访的客户有共同认识的第三方，销售人员在初次拜访客户时可以在客户面前提一提第三方，说明这次拜访是通过熟人介绍来的，这样可以有效地消除客户的戒备心理，从而相对容易接近客户。

例如："先生，您好，我叫小林，是××公司的员工。××公司的王经理您应该认识吧，他之前从我这里买了一套办公桌椅，觉得特别好，他听说你们部门也需要一套办公桌椅，所以告诉我，让我来为您推荐合适的产品。"

销售人员还可以借助权威机构或权威人物完成开场白，在客户面前建立一种威信，增加自己的专业性和正规性，有利于销售成功。

例如："陈经理，您好，我是××公司的销售代表，我们公司即将在国际展览中心举办新产品巡回展，我们所有的产品都会进行展示，而且我们请来了电子商务方面的专家×××，他对互联网的数据中心很有研究，您一定会感兴趣的。"

另外，销售人员可以针对客户的行业列举一些知名的典型客户，以强化客户的兴趣和信任。例如："李经理，××公司的张总采纳了我们的建议后，他们的营业状况有了很大的起色。"

5. 提供有用的信息

对于客户来说，有用的信息是比较有吸引力的。因此，销售人员如果向客户提供一些有用的信息，如市场行情、新技术、新知识等，往往会引起客户的注意。例如，"张先生，最近我关注到一项新的技术发明，我觉得对贵公司提高生产效率十分有用。"

要做到这一点，销售人员就要站在客户的立场上，为客户着想，并充分掌握市场动态，充实自己的知识。只要销售人员提供的信息对客户是有帮助的，对自己的销售就会有帮助。

三、向客户介绍产品的技巧

一名销售人员要想成功地向客户推销产品，必须把握三大关键：一是产品介绍要吸引客户；二是要有效化解客户的异议，使客户由怀疑变为坚信；三是说服客户产生购买欲望，从而实现交易。在这三个关键点中，产品介绍是基础，是实现后两点的必要条件。

销售人员向客户介绍产品时可以使用以下技巧。

1. 讲故事

销售人员可以通过讲述一个有趣的故事把想要向客户传达的信息变得饶有趣味，使客户在愉快的心情中接受信息，对产品产生浓厚的兴趣。

在销售过程中讲故事时，销售人员可以运用以下技巧。

（1）讲述真实的故事：销售人员可以把别的客户使用产品后所发生的变化以故事的形式讲给新客户听，也可以将产品的优点编成故事，生动地讲给客户听。

（2）为客户造梦：面对现实中的各种无奈，人们会通过幻想来缓解心理压力，获得心理快感。在销售时，销售人员要充分认识到客户的幻想心理，尽可能做一个造梦者，为客户编造一个美好的故事，让客户沉浸其中并情不自禁地签单。要注意，这个故事一定要与客户的现实利益相结合。

（3）故事要引人入胜：要想把故事讲得引人入胜，首先销售人员的语言要通俗易懂，能让客户迅速明白，其次故事要有冲突性，要能够产生画面感。

2. 引用例证

用事实证实一个道理远比用道理论述一件事情更能吸引人。销售人员在介绍产品时，要善于引用例证，拿出产品的有力证据，如获得某项荣誉的证书、质量认证证书、数据统计资料、专家评论、广告宣传情况、媒体报道等。

3. 用数字说话

用数字说话可以给客户一个直观、准确的印象，更容易使客户信服，如节电50%、比国家标准高25%等。

例如，在销售指纹锁时，销售人员可以这样说："指纹锁通过验证手指的生物信息来识别指纹，认假率小于0.01%，拒真率小于1%，使用寿命为100万次，即使一天使用100次也能用上1万天，就是27年。"这样一说，客户就会对指纹锁有更加具体而明确的认识，也会更加信赖销售人员。

除了介绍产品的性能、参数等要素以外，销售人员还可以介绍产品的销售数据，如"这一款是我们卖得比较好的，价格也不贵，这个月卖了200把了。"

4. 使用富兰克林成交法

富兰克林成交法是指把客户购买产品后所能得到的有利之处和不购买产品的不利之处一一列举出来，通过非常多的有利之处和较多的不利之处之间的对比，来增强说服力。销售人员可以拿出一张纸，将购买产品的有利之处写在左边，把不买产品的不利之处写在右边，然后让客户一一分析比较。销售人员可以帮助客户记忆有利之处，而不利之处就要由客户自己写出来，如表10-2所示。

表10-2　富兰克林成交法

有利之处	不利之处
产品质量过硬	价格稍高
有赠品，附带资源多	
售后服务有保障	
能体现客户的高品位	

在纸面写下这些信息能让客户感觉到销售人员只是把评估比较客观地写在纸面上。同时，在时间和信息有限的情况下，客户不可能想出太多的不利之处，这对销售人员十分有利。富兰克林成交法是一种理性分析方法，对那些犹豫不决的客户，销售人员需要用这种方法帮助客户做决定。这种方法也适合于果断型和分析型的客户，因为这符合他们强调理性的特点。

5. 演示示范

如果只使用语言，销售人员可能无法清楚地介绍产品的很多性能、优点和特色，客户也会对销售人员的话半信半疑。这时，销售人员要采用演示示范的方法。演示示范是指通过某种方式，如现场操作，直观地展示出产品的性能、优点和特色，让客户对产品有一个直观的了解和切身的感受。

如果销售的产品无法随身携带，销售人员可以利用模型、样品、照片等工具做示范，也可以通过纸笔写写画画，进一步向客户介绍产品。

小故事大道理

让采购经理吃惊的产品介绍

张志辉是一家铸砂厂的销售员，为了和一家铸铁厂建立供货关系，他经过5个月的努力，终于争取到5分钟的产品介绍时间。

在见到采购经理之后，张智辉并没有滔滔不绝地说个没完没了，而是从包里取出一包铸砂倒在纸上，办公室里立刻尘土飞扬，几乎令人窒息。

采购经理大吼道："你这是要干什么啊？难道这就是你们的产品吗？如果是的话，请你直接回去吧！"

> 　　张志辉不慌不忙地说："对不起，我想您是弄错了，这种会让尘土满天飞的产品正是贵公司正在使用的产品。"说着，张志辉又取出另一包铸砂倒在纸上——不仅没有丝毫尘土，在性能、硬度和外观上还要优越得多。
>
> 　　采购经理惊讶地看着，一句话也说不出来。最终，张志辉赢得了一笔数额非常可观的订单。

名师点拨

　　一个成功的销售人员不仅要会说、会听，还要会演示。产品的演示示范可以胜过千言万语。故事中的张志辉本来就没有多少时间介绍产品，如果中规中矩地用语言介绍产品，采购经理很有可能会不屑一顾，因为单凭语言说服力不足。张志辉正是通过强有力的产品演示和对比，让采购经理受到了强烈的视觉冲击，因此快速成单。

6. 运用FAB法则

FAB法则是指详细介绍产品如何满足客户的需求，如何给客户带来利益的技巧，有助于更好地展示产品，使客户对产品有更深入的认识，从而提高客户的购买欲望。

FAB法则由三部分组成，即特性（Feature）、作用（Advantage）和好处（Benefit）。

① 特性：特性部分主要介绍产品的特征，这些是客户能够看到的东西，也是产品最容易让客户相信的一点，如设计特点、材质等。

② 作用：作用部分是从特性引出来的用途，表明产品如何使用，能做什么。

③ 好处：好处是产品能够给客户带来什么好处，表明产品如何满足客户表达出的明确需求。

四、借助提问探询客户的需求

一流的销售人员要善于挖掘客户的潜在需求，因为很多时候客户未必清楚自己真正需要什么。这时，销售人员要通过提问多角度地了解客户的需求，引导客户说出真实的想法，帮助他们发现自己的实际需求，这样销售才会更容易。

提问的方式有以下几种。

1. 引导式提问

客户与销售人员的思维习惯往往并不一致，销售人员想得最多的是尽快把产品销售出去，而客户总会按照自身的利益思考问题，如果产品无法达到个人期望，就会拒绝。因此，销售人员要尽快把客户的思维一步步引导到自己这一方，最简单的方法就是使用引导式提问。

在使用引导式提问时，销售人员要善于用"为什么"来反问，可以引导客户说出拒绝购买的原因，了解其背后的隐藏需求，从而有针对性地说服客户重燃购买欲望。

2. 限制式提问

限制式提问是指销售人员将答案限定在一个比较窄的范围内，使客户不管回答哪个答案，都对销售人员有利。要注意的是，所提的问题一定要明确而具体，这样效果才更明显。因此，销售人员要熟练掌握限制式提问的技巧。

在运用这一方法时，销售人员要确保已经充分掌握销售主动权，而且对方必须能够做出明确回答，否则这种提问方式会让客户感到压迫和约束，可能会让对话陷入僵局。

小故事大道理

两家卖粥的小店

一条街上有两家卖粥的小店，左边这家和右边那家每天的顾客数量相差不多。然而晚上结算时，左边这家总是比右边那家多出了百十元来。天天如此。

于是，我走进了右边那家粥店。服务员微笑着把我迎进去，给我盛好一碗粥，并问我："您是否要加鸡蛋？"我说加。于是她给我加了一个鸡蛋。每进来一个顾客，服务员都要问一句："您是否要加鸡蛋？"也有说加的，也有说不加的，大概各占一半。

我又走进左边那家小店。服务员同样微笑着把我迎进去，给我盛好一碗粥，并问我："加一个鸡蛋，还是两个鸡蛋？"我笑了，说："加一个。"

再进来一个顾客，服务员同样问了一句："加一个鸡蛋还是两个鸡蛋？"爱吃鸡蛋的就要求加两个，不爱吃的就要求加一个。也有要求不加的，但是很少。一天下来，左边这家小店就要比右边那家多卖出很多个鸡蛋。

名师点拨

"您是否要加鸡蛋？"和"加一个鸡蛋还是两个鸡蛋？"都是限制式提问，前者留给被提问者的选择余地较大，而后者缩小了选择的范围，直奔主题，这就让被提问者做出了更有利于提问者的选择。给他人留有余地，更要为自己争取尽可能大的领地。只有这样，才会于不声不响中获胜。销售不仅仅是方法的问题，更多的是对消费心理的理解和把握。

3. 建议式提问

销售人员在与客户沟通的过程中，应采取一些主动性的建议式提问，以逐步了解客户的真实信息，探求客户对产品的真实反映。在运用这一方法时，销售人员的语气要平和，就像在和客户商讨一样，让客户感到这是为他考虑，是在关心他，从而感动客户，赢得客户的信任和认同，给客户留下深刻的印象，使双方的交谈气氛更融洽。

例如："和您谈了这么多，看得出来您对护肤品的认识非常深刻。我感觉您是希望选择保湿效果明显，而且有利于滋养皮肤的产品，是吧？""这批计算机是供网吧使用的，因此我建议，键盘和鼠标最好选择特别耐用的品牌，您说呢？"

4. 探求式提问

如果销售人员对客户的基础信息了解得比较少，就可以使用探求式提问，向客户了解一些基本的事实和情况。探求式提问只适用于了解一些比较浅层或简单的信息，对于客户深层次的信息则不适用。销售人员在使用探求式提问时，语气要柔和，如"我可以向您请教几个问题吗？""我公司想要适当降低产品价格，贵公司能否增加一些进货量？""我可以咨询贵公司的一些情况吗？"

小故事大道理

普通品牌成功"拦截"客户

王女士准备购买某知名品牌的面膜，于是来到大型商场。刚一进门，映入眼帘的是××专柜，这是一家普通品牌化妆品的专柜，王女士觉得这是一个大众品牌，因此并没有太在意。

王女士询问门口的咨询台，想要知道她想购买的知名品牌化妆品专柜在什么地方。这一切都被××专柜的销售人员张晓萌看在眼里。

正当王女士准备离开，去购买她想要的化妆品时，张晓萌走到她的身边，彬彬有礼地说："您好！冒昧地问一下，您为什么不选择××品牌的化妆品呢？"

王女士十分委婉地说出了不选择××品牌的理由。张晓萌听后，微笑着说："是这样啊！那能不能麻烦您配合我们做一次调查呢？只需要一分钟，不会花费您太多时间，而且我们会送您一份精美的小礼品。"

王女士本来也不着急，何况只有一分钟，所以就欣然接受了张晓萌的调查请求。

张晓萌取出一张事先设计好的表格，按照上面的问题对王女士逐一提问："您用过××产品吗？""您觉得自己最适合用哪个品牌？""您最喜欢什么色彩？"

王女士很快就给出了回答，张晓萌根据王女士的回答做了相应的解释，然后帮助王女士分析她的皮肤特点。更重要的是，张晓萌通过提问，已经完全掌握了王女士的实际需求，所以可以做出相应的推销。结果可想而知，王女士不仅在××专柜购买了面膜，还购买了口红、眼影等化妆品。

名师点拨

故事中的张晓萌对客户王女士采用了调查的方法，通过一系列有针对性的提问，直接问出了对方的需求。一旦掌握了客户的真实想法，张晓萌就能有的放矢地展开工作，并消除客户之前的抵触心理，进而成功地完成销售。

5. 证实式提问

证实式提问是指销售人员针对客户的回答再次提问，让客户进一步证实和补充，多用于关键时刻或关键问题上。通过使用证实式提问，销售人员不仅可以从客户那里获得对问题的澄清、确认和证实，还可以进一步挖掘客户的信息。例如："对家长来说，子女的成长是最关注的问题，是吧？""根据您刚刚做出的陈述，我能否这样理解：您打算让您的孩子有一个更舒适的床，但目前还没有合适的选择？"

销售人员在具体的销售过程中，一定要根据实际情况来使用以上的提问方法，既可以只使用其中一种方法，也可以把这些提问方法结合起来使用。

另外，销售人员在向客户提问时要保持礼貌，不要给客户产生不被尊重和不被关心的感觉，只有当销售人员以征求意见的态度向客户提出友好而切中需求的提问时，客户才会渐渐放松对销售人员的警惕和抵触。在提问之前，销售人员要谨慎思考，切忌漫无目的地信口开河，所提问题必须切中实际，紧紧围绕特定目标展开。

🕰 小故事大道理

客户的深层需求

王利是一名汽车销售员，今天刚上班就迎来了一个客户。

快速打动客户的营销语言

> 王利："您好，欢迎光临！请问您是来买车的吗？"
>
> 客户："是的。"
>
> 王利："请问您准备购买什么类型的车？"
>
> 客户："我觉得七座的 SUV 不错。"
>
> 王利："您之前开的是什么车型呢？"
>
> 客户："我之前开的是一辆双门的小型车。"
>
> 王利："您之前开的是小型车，现在换成七座 SUV，是不是您的家里人增加了呢？"
>
> 客户："是的。"
>
> 王利："您方便说一下家里的情况吗？"
>
> 客户："父母最近要搬过来和我一起住。"
>
> 王利："原来如此，难怪您准备购买一辆七座 SUV。您的父母年龄不小了吧？"
>
> 客户："嗯，他们都超过 75 岁了。"
>
> 王利："那我建议您最好选择一辆方便上下车的，这样比较适合他们。"
>
> 客户："嗯，你说得没错。"
>
> 王利："另外，我建议您选择靠背可以减轻腰背负担的后车座，让老人乘车时可以更舒服一些。"
>
> 客户："是啊，我父母总是说他们的腰很疼。如果有这样的车，请一定给我介绍一下。"
>
> 王利："好的，没问题。根据您的情况，我建议您选择××型车，这辆车底盘较低，很方便老人上下车，而且您在驾驶座就可以操作后车座靠背，方便您给父母调整到一个最舒服的位置。我带您一起去看一下这辆车，怎么样？"
>
> 客户："好的，去看看这辆车吧。"

名师点拨

客户的需求分为两种，即浅层需求和深层需求，很多时候客户自己也不知道深层需求是什么，一旦销售人员帮助他们挖掘出深层需求时，客户就会感觉销售人员解决了一个非常困扰自己的问题，进而对销售人员十分信赖。故事中的王利就是通过提问成功地问出客户的深层需求，即客户准备购买七座 SUV 的原因，然后有针对性地给客户提出了一个恰当的建议，给客户留下一个专业、懂客户的印象，客户会觉得王利很可靠，之后的销售也就变得容易多了。

五、灵活应对客户提出的异议

有很多销售人员在挖掘客户需求、建立关系、介绍产品等环节表现得非常出色，但往往在最后处理异议时出现了问题。当客户说出"价格太高了""我还想再考虑考虑""我没听说过你们的品牌"等异议时，销售人员应当如何做？

如果销售人员试图与客户争论，结果就是两个人产生对抗，甚至争吵起来，导致不欢而散。销售人员不要觉得自己说的话是正确的就与客户争论，客户需要的不是正确的答案，而是他能接受、认同的答案。

在应对客户提出的异议时，销售人员要做到以下几点。

1. 分析异议产生的原因

客户有异议不是没有原因的，销售人员要想应对客户提出的异议，首先要找到客户产生异议的原因，只有这样才能找到化解客户异议的方法。

一般来说，客户产生异议的原因有以下几点。

（1）客户对销售人员不信任

在与客户建立信任关系以前，客户对销售人员说的每句话都保持怀疑的态度，总觉得销售人员会使用一些套路来欺骗自己。正是因为对销售人员不信任，客户有权利怀疑销售人员说的每句话，所以会提出很多异议。

（2）客户对自己不信任

由于客户在低频消费或复杂型产品方面缺少相关的购买经验和知识，在购买这类产品时，他们会担心自己上当受骗，因此迟迟不能做出决定，只是处于一边选择一边学习的阶段。他们认为，只有自己对该领域完全懂了时，才会决定购买。

（3）客户对产品没兴趣

销售成功有两个前提，一是发现客户的需求，二是为客户匹配能够满足需求的产品。因此，如果销售人员对客户的需求把握不准，就很容易把产品推荐错，客户自然就不会感兴趣。当然，即使抓住了客户的需求，但假如销售人员的营销语言不够精彩，产品介绍不能打动客户，客户也可能没有兴趣。

（4）客户比较谨慎

有的客户比较理性，追求完美，对所有事情都要"打破砂锅问到底"，销售人员不能用感性的方式与客户沟通，也别指望通过感情关系就说服客户。有理有据是面对这类客户的沟通法则。这类客户对所有的问题都很在意，所以异议会比较多，只要销售人员能够耐心地进行专业讲解，这些异议还是很容易处理的。

（5）客户存在损失厌恶心理

行为经济学中有一个著名的"损失厌恶理论"，即同样一件东西，你得到它产生的愉悦跟失去它产生的痛苦相比较，后者更强烈。也就是说，在准备把钱交给销售人员的那一刻，是客户最痛苦的时刻。这时，客户会用各个异议来拖延交钱的动作。

2. 确认客户的异议

很多销售人员害怕客户的异议，总担心自己无法应对客户的异议而导致订单流失。面对客户的异议，销售人员要抱有积极的态度，因为异议是销售过程中非常平常的事情，没有任何异议的客户不是真正的客户，而且销售人员要相信没有解决不了的客户异议。

在客户提出异议时，销售人员不要无端猜测，如当客户说"这个产品也没有什么特别的地方"时，销售人员在内心不断猜测：客户说这句话是什么意思？他是不是不喜欢我推荐的产品？或者是他觉得价格太贵了？销售人员要对客户提出的问题进行充分了解，正确的做法是跟客户确认他的异议："先生，您说没有什么特别的地方，主要是指哪个方面呢？"当与客户讨论的细节越多，销售人员就会为自己争取越多的主动权。

当然，销售人员除了通过提问等语言方式来确认客户的异议，还可以通过观察客户的肢体语言来了解客户的真实想法。例如，客户一边说我不喜欢这个产品，一边又恋恋不舍地注视着产品，那么他的行为就透露出他的真实想法，也就是他的异议是假的。

3. 解决客户异议

销售人员在确认客户的异议后，可以使用以下6种方法来解决客户的异议。

快速打动客户的营销语言

（1）忽视法

忽视法是指当客户提出的一些异议并不是真的想要获得解决和讨论时，如果这些异议与目前的营销目标并没有直接关系，销售人员只要面带微笑地同意即可。有些客户是为了反对而反对，只是想表现自己的看法比他人的强，如果销售人员认真处理这样的异议，不仅浪费时间，还会有节外生枝的风险。只要让客户满足了表达欲望，销售人员就可以采用忽视法迅速转移话题，如点头表示同意，或者说"您真幽默！""嗯，真是高见！"。

（2）补偿法

当客户提出的异议有事实依据时，销售人员就不要强力否认事实了，而要承认并欣然接受，然后给予客户一些补偿，让客户心理平衡。

事实上，世界上并没有十全十美的产品，虽然产品的优点越多越好，但真正能够影响客户购买决定的关键点并不多，补偿法可以有效地弥补产品本身的不足。例如："我们的产品确实价格有些高，但我们会赠送您五年的售后服务。"

（3）转化法

当客户提出某些不购买的异议时，销售人员可以立刻回复说"这正是我认为您要购买的理由"，然后把客户的反对意见直接转换成他必须购买的理由，就会收到事半功倍的效果。转化法多用于处理客户并不太坚持的异议，特别是一些客户的借口。

（4）询问法

销售人员可以通过询问来把握客户真正的异议点，而且在没有确认客户反对意见的重点及程度前，直接回答客户的反对意见，很有可能会引出更多的异议。销售人员要擅长问"为什么"，千万不要过于自信地认为自己能猜出客户提出异议的原因，而应当让客户说出来。

客户在听到销售人员的询问时，可能有两种反应：一是回答自己提出异议的理由，说出自己内心的想法；二是再次检视提出的异议是否妥当。这时销售人员就可以听到客户产生异议的真实原因，明确把握异议的内容，同时也能有较多的时间思考处理客户异议的方法。

（5）委婉法

当自己的意见被直接反驳时，客户内心会非常不痛快，甚至产生愤怒情绪，尤其是遭到陌生的销售人员的正面反驳时，销售人员即使说得对，没有任何恶意，也会引起客户的反感。因此，销售人员不要直接提出反对意见，在表达不同意见时，尽量使用委婉的句式，如"是的……如果……"，以软化不同意见的部分给客户造成的不快。"是的……"这一部分是同意客户的意见，"如果……"这一部分是表达另一种情况。例如："一般情况下，您说的都非常正确，如果按照目前的情形，您看我们是不是应该找一个更好的方法？"

（6）直接反驳法

在绝大多数情况下，销售人员不要直接反驳客户的异议，但在某些情况下，如客户对公司的服务和诚信有所怀疑，或客户引用的资料有差错时，销售人员必须直接反驳，以纠正客户不正确的观点。

在使用直接反驳法时，销售人员在遣词造句上要特别留意，且要表现诚恳，对事不对人，不要伤害客户的自尊心，一定要让客户感受到专业和敬业。

├─ 即时演练 ─┤

　　全班分组，两人一组，一人扮演客户，一人扮演销售人员，对以上6种解决客户异议的方法进行实战演练，并讨论彼此的感受。

├─ 情景还原解析 ─┤

　　在"情景还原"板块中，张培完美地解决了客户的各种异议。客户第一次提出价格高时，张培没有与客户讨价还价，而是先认同客户的话，接着帮助客户建立选购护眼灯的标准，这样就证明了自己是卖灯的专家；客户第二次提出价格高时，张培把这次异议看作成交的信号，并让客户说出双方都满意的答案，使客户失去价格谈判上的主动权。而在客户的其他异议上，如客户不喜欢颜色，张培追问为什么，同时采用开放式提问和封闭式提问，表明了她对客户异议的重视，即使她问得详细一些，客户也不会反感。

六、让客户心甘情愿成交的技巧

　　当销售流程到达成交阶段时，很多销售人员喜欢使用逼单技巧，但过于强势的逼单技巧即使能够达到成交目的，客户过后也会感觉上当受骗，以后肯定不会进行二次购买，帮助介绍其他客户更无从谈起了，甚至会愤怒地要求退换货。因此，只有当销售人员精准地挖掘到客户的需求，并制定完美的解决方案，为客户创造了超出预期的价值后，客户才会满意。

　　成交需要把握火候，销售人员要留出一定的时间给客户思考，让客户自己做出购买决策。要想让客户心甘情愿地成交，销售人员要做到以下两点。

1. 识别客户的购买信号

　　销售人员要以客户为中心，在销售现场要跟着客户的节奏走。客户的购买信号有多种表现形式，主要分为语言上的购买信号和动作上的购买信号。

（1）语言上的购买信号

　　如果在与客户沟通时，客户对产品表现得挑剔，但对销售人员很热情，这就说明到了客户要做购买决策的时间了。客户之所以对产品很挑剔，是为了方便自己说服销售人员降价，而对销售人员表示热情是想展示自己的友好，为自己争取更多的优惠。

　　语言上的购买信号一般有以下几个方面。

　　① 关注产品细节。当客户开始关注产品的细节问题时，就说明客户已经对产品产生了浓厚的兴趣，到了购买阶段。在这个阶段，客户特别关注两类问题。

　　● 针对产品本身的材质、工艺等细节问题，客户开始对此吹毛求疵："这件衣服怎么有线头露在外面？"

　　● 针对产品使用或效果的细节问题，客户反问销售人员："你怎么保证这个产品能有10年的使用寿命？"

　　② 询问价格。对产品没兴趣的客户一般不太喜欢问产品的价格，而询问价格的客户基本是对产品有兴趣、准备购买的客户。客户询问价格主要集中在三个方面：一是底价是多少；二是最小订货量是多少；三是付款方式有哪些。

　　③ 关注服务问题。成交是服务的开始，从销售的整个链条来看，到了成交阶段只是完成了一半，要想让客户没有后顾之忧，销售人员就要提供优质的售后服务。因此，当客户关注成交之后的服务

问题时，就说明客户对成交已经有了充分的心理准备。

④ 客户询问合同细节。每个企业都有自己的销售政策，这涉及合同模板是否为标准模板，合同的内容是倾向于买方还是卖方，因为一旦签订合同，客户自己的主动权便不复存在，因此客户在有了购买意愿以后，会开始关注合同条款、签订合同的流程和细节。销售人员要为客户考虑，尽早把合同拿给客户看，这也是鼓励客户成交的心理暗示。

⑤ 客户开始私下交流。到了要做购买决定时，客户之间会对一些细节问题展开讨论，这时他们不希望销售人员在场。他们讨论的重点是产品匹配度、价格接受度，以及与销售人员展开价格谈判的方式。

（2）动作上的购买信号

销售人员不能只听客户说什么，还要看客户做什么，客户动作上的表现往往更能表达出他内心的真实想法。当客户有了以下表现时，就说明客户做好了购买准备。

① 面露兴奋神情。如果客户对某款产品表现出强烈的兴趣，产生购买冲动，往往会两眼充满期待和好奇的神情。客户希望销售人员多介绍一些信息，因为他想要了解更多。另外，客户的脸上会露出不易察觉的微笑，这是在找到自己喜欢的产品时所露出的释然表情。

② 沉默不语。如果客户突然陷入沉默不语的状态，就说明客户正在思考是否做出购买决定，此时销售人员要学会闭嘴，给客户留下思考的时间和空间。

③ 来回比较不同产品。如果客户的选择太多，但只能选择某一款产品，客户就必须放弃其他产品，而选择太多也会给客户带来痛苦，客户会在几款产品之间来回比较，甚至拿不定主意到底该如何选择。因此，销售人员在向客户推荐产品时，最好不要跟着客户的思路走，不要给客户太多选择。

④ 仔细研究产品。如果客户主动要求体验产品，并特别关注产品细节，认真查看产品是否存在瑕疵，这就说明客户有购买产品的冲动。

⑤ 悄悄观察销售人员。销售过程是销售人员与客户双向研究的过程，销售人员在研究客户的同时，客户也在研究销售人员，看销售人员是否足够专业、真诚，是否容易沟通，能否从销售人员身上获取更多利益。到了购买阶段，客户对销售人员的兴趣度更大了，他们会悄悄观察销售人员，从销售人员的举动和言行来判断是否适合成交。

2. 有效促单

在识别出客户的购买信号以后，销售人员要立即进行促单。有效促单的技巧有以下几种。

（1）假设成交法

要想成交，销售人员首先应有成交的思维：不要和客户讨论是否购买的问题，而是讨论如何使用的问题。假设成交法是成交思维的典型表现。假设成交法是指与客户讨论成交以后客户产品使用的问题，如确认送货时间、确认第一次上门保养的时间等。

很多销售高手非常善于使用假设成交法。例如，房产中介人员在带领客户看房子时，一般会对客户说"这是咱们家的客厅""这是咱们家的餐厅"等之类的话。第一次买房的人在参观房子时会发出赞叹声，很多时候会忽略房产中介人员的语言变化，正是这种语言上的变化潜移默化地影响着客户的决策。

（2）选择成交法

选择成交法又称二选一成交法，这种成交法的成交概率非常大。从表面上来看，这种方法的主动权掌握在客户手中，但其实恰好相反。销售人员一直掌握着主动权，使客户回避"要不要购买"

的问题，因此客户很难有拒绝的机会，客户只能在有限的范围内选择，从而最终达成交易。

（3）请求成交法

销售人员不要等到客户完全没有异议时再提出成交请求，而要在每次处理完客户的异议之后立即向客户请求成交，如"您是说只要我们的产品具有防静电的效果，您就可以做出决定了，是吗？"销售人员在每一次解决客户提出的异议后都可以这样来请求成交，这时客户的心理压力会很大，因为按照互惠原理，销售人员为客户解决了异议之后，客户也需要做点什么来回报销售人员的解答，这样一来，客户在做出购买决定的心理上会更加倾向销售人员这一边。

（4）机会成交法

如果客户在成交阶段说"我还想再考虑考虑"，这时销售人员就可以使用机会成交法。机会成交法的核心方法是限时限量，采用饥饿营销手段，使客户产生紧迫心理，从而加快做出购买决定的速度。

（5）优惠成交法

优惠成交法是销售人员通过提供优惠的交易条件来促成交易的方法。它利用了客户在购买产品时希望获得更大利益的心理，实行让利销售，促成交易，让利的形式一般有折扣、赠品、包邮、免费保修等。当然，客户买的不是便宜，而是一种占便宜的心理。例如："王经理，我们公司有一次性支付货款优惠6%的规定，如果贵公司有一次性支付能力的话，最好是一次支付全部货款。""陈经理，这批产品质量不错，希望你们多订一些，超过一千件的话，我给您打九折。"

（6）保证成交法

由于客户存在损失厌恶心理，因此在支付时会很难做出决定，他们会觉得付钱时心理空落落的。销售人员要想说服客户付款，就要想办法打消客户心中那种空落落的感觉。这时，销售人员可使用保证成交法，向客户承诺他们不会买错，购买产品将会是一个不错的选择。例如："王先生，您放心，我们的产品是经过国家质量检验的，保证10年内不会出现任何质量问题。"

在使用这种方法时，销售高手和新手的差别在于对"度"的掌握。如果销售人员只是拍着胸脯声称自己的产品如何质量好，客户反而会心里没底。"耳听为虚，眼见为实"，销售人员要从各方面为客户提供专业化和可靠性的证据来证明产品的质量和服务。

（7）从众成交法

每个人在单独做购买决策时都会特别小心谨慎，因为害怕自己买错了而吃亏，因此愿意跟着他人一起做出购买决定。这是从众效应的典型表现。从众效应是指当个体受到群体的影响（引导或施加的压力），会怀疑并改变自己的观点、判断和行为，朝着与群体大多数人一致的方向变化。也就是说，个体受到群体的影响而怀疑、改变自己的观点、判断和行为等，以和他人保持一致。这就是通常人们所说的"随大流"。

因此，销售人员要想让客户加快做出购买决定的速度，可以告诉客户有多少人和他们一样做出了这个选择，不仅要说，最好也要让客户看一看已成交的客户名单，这样更容易让客户相信。

（8）免费试用成交法

免费试用成交法也叫小狗成交法，这源于一个故事。一个卖狗的人生意一直不太好，为了卖出狗，他对客户说："先生，这狗不要钱，您先领回家养养看，一个星期之后如果觉得好养，您就留下狗，那时再给我钱；如果觉得不好养，您再

营销的最高境界——培养营销无处不在的系统思维

把狗给我送回来。"很多客户很高兴地把狗带回家养，一个星期之后，客户跟狗有了感情，就会跟卖狗的人说："这狗我留下了。"就这样，卖狗的人成功地把狗卖了出去。

免费试用成交法在生活中是十分常见的。在水果店，"老板"会让顾客免费试吃，先尝后买；在服装店，店员会让顾客免费试穿，某些快时尚品牌还会让顾客拿回家试穿一周，一周内无条件退货。其实，分期付款也是免费试用的一种形式，顾客只需要办理分期付款业务就能先拿到产品，然后在业务期间按期支付固定的金额即可。

回顾·思考·讨论·应用

一、单元知识要点

初识营销语言：营销语言的作用、特征和表达的原则。营销语言表达的策略：根据客户特点有针对性地沟通，说好开场白引发客户兴趣，向客户介绍产品的技巧，借助提问探询客户的需求，灵活应对客户提出的异议，让客户心甘情愿成交的技巧。

二、选择题

1. 关于营销语言的特征，下列描述错误的是（　　）。

　A. 目的是宣传、推广产品　　　　　　B. 语言要感情真挚

　C. 语言表达与感受不同步　　　　　　D. 语言要适应不同客户

2. 下列不属于营销语言表达的是（　　）。

　A. 真诚原则　　　B. 直接原则　　　C. 通俗原则　　　D. 生动原则

3. 根据DISC理论划分客户类型，下列选项中不属于该理论划分范围的是（　　）。

　A. 支配型　　　B. 影响型　　　C. 稳健型　　　D. 理智型

4. 销售人员在通过提问探寻客户需求时，下列做法错误的是（　　）。

　A. 在充分掌握主动权的基础上，可以使用限制式提问

　B. 在使用建议式提问时，语气要平和

　C. 如果对客户的基础信息了解较少，可使用探求式提问

　D. 销售人员应将多种提问方法结合起来使用

5. 在客户对产品提出异议时，下列做法正确的是（　　）。

　A. 猜测客户产生异议的原因　　　　　B. 不要直接反驳客户的异议

　C. 直接承认异议并给予客户补偿　　　D. 在表达不同意见时使用委婉句式

三、问答题

1. 简述营销语言的特征。

2. 阐述营销语言表达的原则。

3. 在向客户介绍产品时，销售人员可以使用哪些技巧？

四、实践与应用

1.沟通训练

（1）模拟与客户初次见面的情景。全班分组，两人一组，模拟销售人员与客户初次见面的情景。待练习熟练以后，每组派一个代表与其他组成员演练，继续模拟初次见面的情景。教师点评，重点

评价销售人员的开场白。

（2）介绍产品训练。学生准备道具，如零食、笔记本电脑、手机等，然后演练销售人员介绍产品的情景，同时演练销售人员通过提问探询客户需求，分析客户特点有针对性地沟通等方面，全方位演练销售人员与客户之间的互动与沟通方法。

（3）促单训练。客户释放某些购买信号，销售人员在看到以后立刻促单。学生可自由设置各种场景，扮演销售人员的学生要随机应变，在看到客户的购买信号后立即说出促单话术，而扮演客户的学生要尽可能拒绝购买，但如果销售人员的话说服力很强，则不能故意拒绝。

2. 应变能力训练

情景演练，客户提出下列异议时，销售人员应如何应对？

（1）客户嫌价格太高。

（2）客户还想再看看其他地方。

（3）客户觉得产品质量不好。

（4）客户摇头表示不想买。

3. 思维训练

（1）故事思维训练。在生活中多搜集和整理真实的故事，利用素材编写有趣的故事，并试着结合产品特征，让故事成为产品介绍的有力武器。

（2）数据思维训练。培养数据思维，锻炼对数字的敏感度，养成用数字解释说明某种观点的习惯。

（3）归纳思维训练。学会归纳总结，把生活中见到的人按照性格特征归类，培养自己的归纳思维。

快速打动客户的营销语言

参考文献

[1] 李真顺. 脱稿演讲与即兴发言 [M]. 北京：北京联合出版公司，2018.

[2] 王光波. 每天学点口才学大全集 [M]. 北京：中国华侨出版社，2011.

[3] 端木自在. 演讲与口才 [M]. 北京：台海出版社，2018.

[4] 屈海英. 新编演讲与口才 [M]. 杭州：浙江大学出版社，2011.

[5] 李岩，刘定. 赢在演说 [M]. 北京：中华工商联合出版社，2018.

[6] 李瑾. 力量型演讲 [M]. 北京：当代中国出版社，2019.

[7] 高学文. 你也能成为超级演讲家：商务演讲与公众表达技巧 [M]. 北京：人民邮电出版社，2017.

[8] 达夫. 图解演讲与口才 [M]. 北京：中国华侨出版社，2018.

[9] 刘志敏. 演讲与口才实用教程 [M]. 北京：人民邮电出版社，2017.

[10] 郑一群. 脱稿讲话：顶级演讲的10个秘诀 [M]. 北京：新华出版社，2016.

[11] 戴佳晋. 让脱稿成为一种习惯：敢讲能讲会讲 [M]. 广州：广东经济出版社，2017.

[12] 江彩，莫秀虹，程逊. 演讲与口才：附微课视频 [M]. 3版. 北京：人民邮电出版社，2019.

[13] 张晶，蒋红梅. 演讲与口才：双色版 [M]. 北京：人民邮电出版社，2020.

[14] 张子泉，等. 演讲与口才实用教程 [M]. 2版. 北京：清华大学出版社，2019.

[15] 余珊，王薇薇. 演讲与口才 [M]. 成都：西南交通大学出版社，2019.

[16] 刘鹏. 文形色构，职场人士必修的PPT演示设计课 [M]. 北京：电子工业出版社，2018.

[17] 钱永庆，周蕾，刘牧野. 商务PPT视觉设计高手18课 [M]. 北京：电子工业出版社，2019.